DEUS E O DIABO NA TERRA DOS CEDROS

O LÍBANO CONTEMPORÂNEO

DEUS E O DIABO NA TERRA DOS CEDROS

O LÍBANO CONTEMPORÂNEO

Organizadores
Murilo Meihy
Samira Adel Osman

Tabla

Pelos mortos e feridos no Líbano contemporâneo

Este não é mais um manifesto inexpressivo.

As imagens das vítimas dos últimos ataques israelenses em solo libanês são ultrajantes e exigem a manifestação daqueles que amam o país dos cedros. Não importa se o atual conflito envolve o Estado libanês ou apenas uma de suas comunidades. O sangue derramado de um único libanês brutalmente martirizado impõe a necessidade de unir esforços para denunciar crimes de guerra como os sofridos pelos civis em Gaza desde outubro de 2023 e, agora, pela sociedade civil libanesa.

O nível de desrespeito às normas internacionais e de desumanidade são flagrantes. O uso de objetos civis como arma de guerra é o ponto máximo de um conjunto de práticas desonrosas que, desde 1948, produz um volume incalculável de vítimas libanesas, palestinas e sírias que enterram seus familiares sem resposta internacional alguma. O número de mutilados e crianças que têm seus sonhos interrompidos ganha a dimensão de um genocídio escalonado.

A guerra não pode ser naturalizada. Em nome da fúria israelense, o Líbano já perdeu, especialmente depois de 2006, sua infraestrutura, sua estabilidade econômica, sua paz social, e o sorriso vibrante daqueles que, após uma vida inteira de trabalho digno, veem seus esforços serem transformados em escombros. Agora, mais uma vez, o ciclo de violência promovido pelo gabinete político e militar de Israel volta a ferir a alma libanesa, com mais um ataque a alvos civis no sul do país e em partes de Beirute.

Nós, organizadores desta obra, não podemos oferecer este livro ao público leitor apenas como um produto acadêmico. Como cidadãos líbano-brasileiros, que deixamos familiares, amigos e nosso coração na pátria-mãe, queremos tornar pública nossa indignação, pedindo a cada leitor que compartilhe conosco a aversão à morte de civis na escalada de um conflito que já dura mais de setenta anos.

Que esse livro toque todos os corações e abra nossos olhos para a necessidade de nos posicionarmos diante da dor do outro, em um brado uníssono de denúncia dos crimes cometidos pelo inimigo.

Nossa solidariedade aos libaneses atingidos direta e indiretamente pela nova dimensão do conflito, e aos familiares em diáspora que, como nós, querem seus parentes e amigos protegidos pela certeza de que, em algum momento, os culpados serão punidos. A solidariedade às vítimas não pode ser seletiva, pois cada libanês tombado é uma parte de todos nós amputada pela cobiça e animosidade dos algozes.

Murilo Meihy e Samira Adel Osman
23 de setembro de 2024

Sumário

Paraíso perdido, inferno encontrado

Não, este livro não é sobre o filme do Glauber Rocha numa loja de esfirras. Habitado por gente de distintas relações confessionais e políticas, o Líbano é, para muitos, o espaço da ambivalência extrema: super-ricos e grupos empobrecidos, cultura laica e ativismo político-religioso, imigração e emigração, mar e montanha e, claro, inferno e paraíso.

As descrições cristã e islâmica da vida após a morte estão cercadas de imagens que, sensorialmente, podemos encontrar no imaginário que os libaneses têm do próprio país. A ideia de uma vida de gozo e abundância, com rios, jardins, frutos doces e a oferta de sensações nunca antes experimentadas pelos fiéis, é a retórica mais convincente para religiosos e nacionalistas do chamado "país dos cedros". Mesmo que a vida cotidiana não ofereça rios de leite e mel nem flores aromáticas a serem furtivamente colhidas, a memória de uma infância repleta de impressões afetivas é parte da formação nacional. Os almoços familiares em torno de uma mesa farta aos pés de uma amoreira no quintal da casa da avó, os mergulhos refrescantes no Mediterrâneo Oriental, as bananas de Damour, os passeios em

Jbeil, o vinho de Zahle, a esfirra de Baalbeck e as boates de Jouni contrastam com o outro lado da moeda.

Em contrapartida ao que o Líbano positivamente representa, os sentidos físicos seguem como matéria-prima para o mal que acompanha a condição humana: o trânsito de Beirute, o suborno a um agente do Estado, os partidos políticos, o cheiro do lixo não recolhido no verão, o fantasma da Guerra Civil e as intervenções dos vizinhos do sul e do leste. Entre as alegrias e as dores do dia a dia, o Líbano porta em si as contradições mais desafiadoras que um Estado nacional moderno e sua sociedade civil podem viver. São décadas de altos e baixos que dão um sentido complexo ao que os analistas, jornalistas e pesquisadores irresponsáveis tentam resumir em frases de efeito inconsequentes.

No fim das contas, um novo livro sobre o paraíso e o inferno que formam o Líbano contemporâneo deve apresentar, ao mesmo tempo, velhos temas a serem tratados com abordagens originais, bem como novos debates marcados pela profundidade que esses delicados assuntos merecem. Do paraíso afetivo ao inferno cotidiano, os capítulos a seguir foram cuidadosamente escritos para oferecer ao leitor um Líbano-purgatório. O olhar e a leitura atenta de cada um é que determinarão se a República do Líbano, fundada em 22 de novembro de 1943, é, ao longo de todo esse tempo, a melhor ou a pior parte da geografia escatológica de cristãos, muçulmanos e – por que não? – laicos e ateus fiéis a seus princípios.

Independentemente de paixões e idiossincrasias, cada capítulo deste livro contou com alguns propósitos em comum que nortearam a sua escrita. O primeiro deles foi a necessidade de oferecer um texto original que permitisse ao leitor se posicionar ante a dor do outro. Essa não é uma história de libaneses "fenícios", "sunitas", "nacionalistas sírios", "maronitas", "drusos", "comunistas", "xiitas", mas do maior número possível de todos. Da origem dos autores ao conteúdo dos textos, aqui, só não há espaço para sectarismos cafonas e demônios disfarçados de anjos. As contradições e divergências de visões são incentivadas, já que para fazer um bom *knefe* (doce libanês) é preciso juntar os rios de leite e mel do paraíso e cozinhá-los no fogo do inferno.

Outro elemento importante que moldou a escrita deste livro foi a total liberdade de opinião dos autores. O critério para convidar cada escritor foi o seu envolvimento com o tema, além da qualidade do trabalho. Infelizmente, muitos especialistas, com trabalhos de grande valor, não puderam ser incorporados, mas acreditamos que essa obra sirva como estímulo para que pesquisadores consagrados e novos interessados se sintam animados a ingressar no desafio de refletir sobre o Líbano e seu povo. Um aspecto central dos convites feitos foi considerar pessoas sem vínculos com interesses específicos, já que o único financiamento que este livro permitiu foi o da Fundação Carlos Chagas de Amparo à Pesquisa do Estado do Rio de Janeiro (FAPERJ), no interior do projeto intitulado "Petróleo e Comércio Exterior: por uma análise dos dados históricos e econômicos dos países exportadores de petróleo para o auxílio do planejamento estratégico brasileiro". Um agradecimento à FAPERJ e ao programa Jovem Cientista do Nosso Estado se faz obrigatório, pois, sem esse incentivo, o projeto de um livro com distintos especialistas brasileiros em Líbano não seria possível.

O último ponto a ser destacado sobre os parâmetros de elaboração deste livro é a necessidade de lembrar que todo o projeto, desde a sua execução inicial até a publicação da versão definitiva, ocorreu durante o período em que o mundo inteiro viveu os impactos da pandemia da covid-19. A compreensão de todos os envolvidos em relação aos atrasos de produção e a seriedade com que todas as etapas foram cumpridas dentro da possibilidade de cada um são algo importante a ser mencionado.

Entre perdas pessoais, dificuldades coletivas e surpresas gerais, todos nós, escritores, editores e leitores finais, vivemos pequenos infernos. Essa é uma ausência infelizmente sentida neste livro: pelo cumprimento de prazos formais, não houve tempo para a escrita de um capítulo específico sobre o impacto brutal da pandemia no Líbano. Ainda que ela tenha sido indiretamente citada em um dos capítulos, o choque econômico, político, social e cultural desses tempos sombrios sobre o país ainda é uma realidade que fez com que o empobrecimento da população se transformasse em uma nova pandemia inflacionária. Quem era da classe média empobreceu; quem era pobre ficou miserável; e quem era rico emigrou. Essa foi mais uma praga a ceifar os jardins e pomares de um paraíso agonizante. Por todas essas razões, o Líbano é Deus e diabo de sua história mais recente.

Para melhor compreender, portanto, esse longo processo de instabilidades, Karime Ahmad Borraschi Cheaito e Paula Carolina de Andrade Carvalho discutem os impactos do imperialismo e do colonialismo no Líbano, partindo das características da região sob controle dos otomanos até a submissão dessa mesma área ao protetorado francês pós-Primeira Guerra Mundial. Em continuidade à análise dos fatores históricos que forjaram a nação libanesa em sua origem contemporânea, Rodrigo Ayupe Bueno da Cruz se dedica ao estudo do processo de conquista libanesa de sua independência, tocando em temas espinhosos, como a presença do sectarismo como elemento político originalmente consensual e a disputa entre os distintos projetos nacionais para o país. Concentrando-se no sectarismo a partir de uma leitura mais complexa sobre o problema, Isabelle Christine Somma de Castro aprofunda-se nesse que é um dos temas mais controversos da formação nacional libanesa e que perpassa toda a história recente do país. Na sequência, Andrew Patrick Traumann e Devlin Biezus discutem, por um viés conjuntural geopolítico, um dos eventos mais traumáticos vividos pelo Líbano em sua trajetória nacional: os quinze anos sangrentos da Guerra Civil, acompanhados de invasões estrangeiras que alteraram a geografia e a sociedade locais.

Ampliando o debate para as populações vulneráveis e a arte no Líbano, Carolina Ferreira de Figueiredo e Nina Fernandes Cunha Galvão analisam a política libanesa e a questão dos refugiados, sobretudo a tensa relação da sociedade local com os palestinos. Com base no filme *O insulto*, de 2017, dirigido pelo cineasta libanês Ziad Doueiri, as autoras refletem sobre a disputa narrativa em torno da Guerra Civil, e como essa é uma ferida longe de estar cicatrizada. Ainda sobre Guerra Civil e cinema, mas a partir de um olhar geral sobre a sétima arte no Líbano, Ahmed Zoghbi e Geraldo Adriano Campos mostram como a relação entre produção artística e documentação histórica é o antídoto e o veneno para as noções de memória e ruína no Líbano contemporâneo. O ambiente político do “pós-guerra” no Líbano é uma espécie de novidade mofada: o primeiro passo para esquecer os erros do passado é recordá-los pela arte.

Sobre um Líbano mais atual e não menos instigante, Juliana Foguel Castelo Branco analisa a atuação da UNIFIL (United Nations Interim Force in Lebanon; em português, Força Interina das Nações Unidas no Líbano). Essa força internacional de paz, criada pelas Nações Unidas em 1978, tem sua atividade naval comandada pelo Brasil desde 2011, o que intensifica ainda mais a necessidade de uma avaliação acadêmica sobre os resultados obtidos por esse esforço militar no Líbano nos últimos anos. Já Fernando Brancoli e Tamires Alves discutem o país a partir das noções de migração forçada e refúgio, principalmente tomando como caso de análise a situação de palestinos e sírios na sociedade libanesa. A proposta dos autores é retomar a história do Líbano pelo viés dos grupos de refugiados presentes em seu território, o que se mostra um desafio constante ao seu já combalido Estado nacional.

Por fim, os dois últimos capítulos, escritos por nós, tratam de um Líbano em que a relação entre passado, presente e futuro segue como a maior ambiguidade vivida pelo seu povo: entre deslocamentos de recursos humanos e energéticos, o porvir a Deus pertence, mas o presente está nas mãos do "tinhoso".

Murilo Meihy e Samira Adel Osman

1.
Imperialismo e colonialismo no Líbano: de província turco-otomana a protetorado francês

KARIME AHMAD BORRASCHI CHEAITO
PAULA CAROLINA DE ANDRADE CARVALHO

O século XIX foi marcado pela expansão dos impérios europeus pelo resto do mundo, que dominaram tanto de forma direta quanto indireta vastas regiões dos continentes africano e asiático, além de ilhas do Pacífico, enquanto reafirmavam algumas possessões no continente americano, em meio às declarações de independência de antigas colônias. Com o objetivo de refletir sobre os processos imperialista e colonialista que levaram à criação das atuais fronteiras do Oriente Médio, incluindo-se aí o Líbano, o presente capítulo apresentará o tema em duas partes. A primeira seção propõe trazer uma discussão teórica sobre os conceitos de imperialismo e colonialismo, procurando situar historicamente o aparecimento desses termos, assim como apresentar o conceito de colonialidade. Já na segunda parte do capítulo, viajaremos por um panorama histórico que demonstra como ocorreram os processos de imperialismo e colonialismo no pequeno país libanês, com foco em dois momentos: o Império Turco-Otomano e o colonialismo francês.

Estudar o Oriente Médio exige uma análise crítica e aprofundada que seja capaz de ir além das questões puramente religiosas e dos momentos conjunturais, descritos, em sua maioria, de forma simplista e superficial. O fato de estar localizado em um ponto de interesse geoestratégico para as potências europeias, por exemplo, tornou-se um elemento fundamental para compreender as práticas colonialistas ocorridas e que deixaram suas marcas e influências no local. Para isso, torna-se necessário entender alguns elementos considerados centrais: a localização geográfica do Líbano; as religiões coexistentes e o sectarismo; o domínio do Império Turco-Otomano; a divisão do Levante; e a colonização francesa e seus efeitos.

DEFININDO CONCEITOS

Com relação ao surgimento do termo "imperialismo", Eric Hobsbawm explicou que ele foi difundido no discurso político e jornalístico a partir da década de 1890, em meio aos debates sobre a conquista colonial europeia. Ou seja, era um "termo novo criado para descrever um fenômeno novo". Era usado, portanto, para definir o "movimento mais poderoso na política atual do mundo ocidental" (HOBSBAWM, 1977, p. 111), que marcou a expansão econômica e territorial de alguns países, acirrando as rivalidades entre os impérios. Portanto, o colonialismo é visto pelo autor como uma das características do imperialismo.

Edward Said definiu imperialismo como

> a prática, a teoria e as atitudes de um centro metropolitano dominante governando um território distante; o "colonialismo", quase sempre uma consequência do imperialismo, é a implantação de colônias em territórios distantes (SAID, 2011, p. 42).

Ao mesmo tempo, segundo Said, o império é sustentado por formações ideológicas que afirmam a ideia de que certos territórios e povos precisam ser dominados, e que um vocabulário foi criado para estruturar essas ideologias. Como exemplo, o uso corriqueiro na cultura imperial oitocentista de palavras e conceitos como "raças servis" ou "inferiores", "povos subordinados", "dependência", "expansão" e "autoridade". Esse vocabulário decorrente da ideologia imperial estava amparado no próprio desenvolvimento de ciências, como a antropologia e a história, que desenvolviam teorias raciais e evolucionistas para legitimar as práticas imperialistas e colonialistas.

Já para Ania Loomba, o imperialismo é compreendido como uma entidade econômica, uma vez que está no seio do capitalismo e, por estar relacionado com a dominação e o controle de mercado, não é afetado por mudanças políticas. Assim,

> o imperialismo ou neoimperialismo como fenômeno se origina na metrópole, o processo que leva à dominação e ao controle. Seu resultado ou o que acontece nas colônias como consequência da dominação imperial é o colonialismo ou neocolonialismo. Por isso, o país imperial é a "metrópole" de onde flui o poder, e a colônia ou neocolônia é o lugar onde ele penetra e controla. O imperialismo pode funcionar sem colônias formais (como o imperialismo dos Estados Unidos hoje), mas o colonialismo não pode. (LOOMBA apud LEMOS, 2008, p. 32)

Para a crítica literária indiana, a colonização é um processo de conquista e controle de territórios e bens por outros povos por meio do estabelecimento de novas comunidades. Porém, Loomba distingue as colonizações do continente americano entre os séculos XVI e XVIII das colonizações europeias de regiões africanas e asiáticas no século XIX, uma vez que as práticas coloniais dessas últimas alteraram o mundo inteiro de uma forma que as primeiras não fizeram. Ela justifica esse argumento lembrando que as colonizações na América foram organizadas em um período pré-capitalista, enquanto as outras aconteceram em um período capitalista. Assim, as práticas sociais, econômicas e políticas dos colonizadores em relação aos colonizados foram bastante alteradas.

> O capitalismo moderno fez mais do que extrair tributos, matérias-primas e riqueza dos países conquistados – reestruturou as economias dos últimos, levando-os a uma relação complexa própria deles, para que houvesse um fluxo de recursos naturais e humanos entre os colonizados e os países coloniais. [...] Não importasse qual direção os seres humanos e os materiais viajassem, os lucros sempre voltavam para o chamado "país natal". (Ibid., p. 33)

Em resumo, "o colonialismo foi a parteira que ajudou o nascimento do capitalismo europeu [...] sem a expansão colonial, a transição para o capitalismo não poderia ter acontecido na Europa" (Ibid., p. 34).

Samir Amin situou o conflito entre os imperialismos como um ponto decisivo na transformação do mundo por meio da luta de classes, que manifesta as contradições fundamentais do capitalismo. A articulação entre lutas sociais e conflitos entre imperialismos foi, segundo Amin, o que comandou a história do capitalismo existente. O ponto de inflexão foi a Segunda Guerra Mundial, que provocou uma transformação maior nas formas de imperialismo:

> A substituição de um imperialismo coletivo, associando o conjunto dos centros do sistema mundial capitalista (para simplificar, a "tríade": os Estados Unidos e sua província exterior canadense; a Europa Ocidental e a Central; e o Japão) à multiplicidade de imperialismos em conflito permanente. Essa nova forma de expansão imperialista passou por diferentes fases em seu desenvolvimento, mas ainda está presente. O papel hegemônico eventual dos Estados Unidos, cujas bases será necessário precisar, bem como as formas

> de sua articulação com o novo imperialismo coletivo, deve ser situado nessa perspectiva. (AMIN, 2005, p. 90)

Aníbal Quijano, ao refletir sobre a globalização, cunhou o termo colonialidade, que é distinto de colonialismo. Segundo ele, um dos principais eixos desse padrão de poder é a classificação social da população mundial seguindo critérios de raça,

> uma construção mental que expressa a experiência básica da dominação colonial e que desde então permeia as dimensões mais importantes do poder mundial, incluindo sua racionalidade específica, o eurocentrismo. Esse eixo tem, portanto, origem e caráter colonial, mas provou ser mais duradouro e estável que o colonialismo em cuja matriz foi estabelecido. Implica, consequentemente, um elemento de colonialidade no padrão de poder hoje hegemônico. (QUIJANO, 2005, p. 117)

Ao mesmo tempo, essa classificação social em raças também se refletiu na divisão internacional do trabalho – os lucros da exploração de uma mão de obra não assalariada iam para a "metrópole" europeia, base também de relações trabalhistas assalariadas, enquanto as populações indígenas americanas e africanas permaneciam sob relações não salariais, como a servidão e a escravidão – em meio à configuração do capitalismo mundial iniciada com a colonização das Américas. Nesse sentido, a Europa não apenas teve o controle do mercado mundial, mas também impôs seu domínio colonial sobre todas as regiões do planeta, incorporando-as ao "sistema-mundo" que estava se constituindo, e a seu padrão específico de poder.

Ramón Grosfoguel (2007) usa "colonialidade" para tratar de situações coloniais em que as administrações coloniais foram praticamente abolidas do sistema-mundo capitalista. O colonialismo é, então, definido pela existência da "administração colonial", enquanto a colonialidade é a continuidade após a eliminação das administrações coloniais. Em suma, enquanto o colonialismo traz a ideia de uma relação de dominação colonial no âmbito político e econômico de um povo sobre outro, a colonialidade vai além das relações formais de dominação colonial, envolvendo a articulação de relações entre sujeitos calcadas em posições de domínio e subalternidade por um viés racial.

É importante refletir sobre esses conceitos, uma vez que, mesmo após a independência político-administrativa das ex-colônias europeias, as estruturas coloniais ainda se mantêm em suas relações e articulações tanto externas quanto internas. Feito esse panorama conceitual, é necessário olhar para as diferentes dominações ocorridas na região onde hoje se encontra o Líbano. Para tanto, é importante analisar dois atores imperialistas e colonialistas que marcaram e influenciaram o país: o Império Turco-Otomano e a França.

O LEVANTE SOB O IMPÉRIO TURCO-OTOMANO

Apresentadas as definições conceituais, observa-se como essas se efetivaram na história libanesa. Mas, antes de analisar os diferentes processos de colonização que perpassaram o Líbano, cabe examinar sua localização geográfica.

O local em que o pequeno país se encontra representa um ponto geoestratégico que, historicamente, foi (e ainda é) cobiçado pelos interesses das potências europeias. Esses interesses se devem ao fato de a região realizar o encontro entre três continentes: Europa, Ásia e África, servindo como uma porta de entrada para os países árabes. O Líbano faz fronteira ao norte e a leste com a Síria; ao sul, com Israel; e todo o seu lado oeste está em contato com o Mar Mediterrâneo.

Quanto às religiões – elemento de suma importância para analisar a política e a sociedade libanesa –, cabe ressaltar que o Líbano possui dezoito comunidades religiosas reconhecidas oficialmente, sendo o local com a maior diversidade religiosa do Oriente Médio. Como exemplo, podemos citar os cristãos, que são, em sua maioria, de origem oriental, com destaque para os maronitas a partir do século VII; os gregos católicos ou melquitas, que foram separados da Igreja Grega Ortodoxa em 1724; os católicos armênios; os sírios católicos; e os caldeus. Já os muçulmanos se dividem, basicamente, em três vertentes: os sunitas, os xiitas e os drusos.*

Em diálogo com os conceitos de imperialismo e colonialismo apresentados, analisamos, nesta seção, como o Império Turco-Otomano, conhecido como um dos impérios mais longos da história (1299-1923), dominou e atuou na região do Levante** a partir de sua expansão. O território que hoje se conhece por Líbano passou a fazer parte do domínio imperial no ano de 1516, usufruindo de uma autonomia parcial e privilégios administrativos. Foi apenas no século XVIII que a região dominada, conhecida de forma geral como Síria, foi dividida em quatro províncias: Damasco, Alepo, Trípoli e Saida. André Gattaz (2012) descreve que as famílias que ali habitavam tinham uma independência quase total, sendo, muitas vezes, governadas pelas próprias lideranças locais, que, geralmente, coincidiam

* Existe um debate que permeia a designação dos drusos como muçulmanos ou não. Para os muçulmanos sunitas e xiitas, embora os drusos tenham também sua base fundamental no Islã, eles apresentam um caráter heterodoxo e místico em sua crença, além de uma tendência isolacionista. Por isso, para algumas comunidades muçulmanas, os drusos são considerados hereges e não representam uma vertente islâmica.

** Este termo é bastante elástico e varia conforme as diferentes culturas e especificidades geográficas às quais se aplica. Pode-se considerar, de modo geral, toda a área do Mediterrâneo ao leste da Itália. Nesse capítulo, entretanto, adotaremos o termo para nos referirmos aos territórios do Líbano, da Palestina, da Síria e da Jordânia.

com lideranças religiosas. De acordo com o autor, essa era uma forma de garantir uma relativa autonomia diante das exigências feitas pelo Império.

Uma característica da organização social do período era seu caráter hierárquico, em que

> o ápice da pirâmide social era o *amir*, ou *hakim*. Investido pelo *pasha* otomano de Saida ou Trípoli, devia pagar-lhe um pequeno tributo, porém sofria interferência mínima em sua administração. Abaixo do *amir* vinham as famílias nobres (*muqata'ji*), ou *lordes das montanhas*. Estes, em sua maioria, eram drusos, mas também havia maronitas, greco-ortodoxos e xiitas. A massa da população (*'amiya*) constituía-se de camponeses – alguns proprietários, outros meeiros, principalmente maronitas e drusos, mas também xiitas, greco-católicos, greco-ortodoxos e sunitas. (GATTAZ, 2012, p. 18)

Conhecido como Monte Líbano ou Pequeno Líbano, essa região é considerada, segundo Samira Osman (2007), o embrião do Líbano geográfico e histórico. Robert Fisk (2007) descreve o território como a "espinha dorsal do cristianismo maronita", visto que essa comunidade lá habita desde o século VII. Durante o Império Turco-Otomano, com o objetivo de ampliar sua força, os maronitas estabeleceram uma aliança com os drusos que também habitavam o local. Contudo, observa-se que essa aliança foi favorável às potências europeias.

> Essa aliança permitiu que entre 1517 e 1697 a região estivesse governada pela dinastia drusa dos Maanis, cujo representante mais destacado, Fakredin El Maan II, governou de 1590 a 1635 e, sem que o sultão otomano soubesse, assinou com os Médici florentinos um tratado que abriu as portas do Líbano à penetração cultural europeia. (PINO, 1989, p. 48)

Fakredin El Maan II, ou Fakhr al-Din II, pode ser considerado o primeiro idealizador da concepção de "nação libanesa", de acordo com Renato José da Costa (2006). Seu governo se mostrou aliado aos interesses ocidentais, principalmente aos dos franceses. Essa mudança refletiu-se diretamente nas políticas de seu governo, que se mostrou aliado aos interesses ocidentais, principalmente aos dos franceses. O líder político realizou a abertura de consulados europeus no território e favoreceu as diversas missões religiosas católicas que existiam na época. Seu governo representava um enfrentamento dos otomanos e objetivava conquistar a província libanesa. Por esse motivo, investiu em um exército próprio, que resultou no temor dos governantes do Império, que identificavam Fakredin El Maan II como um líder difícil de ser controlado.

> O acordo secreto realizado entre Fakredin e os Médici florentinos, como fora mencionado, por exemplo, visava a uma colaboração militar para que fosse possível ao governo da província enfrentar os otomanos governantes do Império. Como resposta, os otomanos reagiram com uma violenta repressão que objetivava reconquistar a sua supremacia no local. Durante este governo na província onde se localizava o Monte Líbano, a região vivenciou um período de intenso progresso econômico e o sonho da independência se tornou cada vez mais próximo. Como consequência da ameaça que Fakredin El Maan II representava à unidade do Império Turco-Otomano, esse líder foi executado em 1635 e a província foi novamente invadida na tentativa de reconquistar o controle do território. (CHEAITO, K. A. B., 2019, pp. 57-8)

O que se conhece hoje como o Estado do Líbano não tinha, até o início do século XX, um território delimitado, e a independência política ainda se mantinha como um sonho distante. Mesmo com a relativa autonomia concedida no interior do Império, em última instância, o local ainda era submisso aos interesses dele. Desde o fim do século XIX, na fase final do Império Turco-Otomano, o sectarismo passou a ser construído na região. Esse modelo de relações políticas e sociais moderno se caracteriza pela transposição das identidades religiosas para identidades políticas. Os conflitos locais a partir de 1840, embora parecessem religiosos por envolver comunidades religiosas, eram, de fato, políticos e territoriais. As repetidas ocupações e confrontos de interesses fizeram com que esses diferentes grupos lutassem para garantir a sua sobrevivência (CARDOZO, 2012). Essa instabilidade social interna fez com que, desde o século XIX, a presença de milícias armadas e exércitos particulares entre as comunidades religiosas e as principais famílias da região fosse comum.

Desse modo, durante esse período de imperialismo e colonização, o território se apresentou segregado. Não existia um sentimento de unidade territorial compartilhado entre as diferentes comunidades coexistentes. Essa fragmentação social e a ausência de uma identidade comum favoreciam diretamente o domínio externo. Como afirma a máxima dita por diversos imperadores: dividir para conquistar.

A partir das características gerais e das informações apresentadas sobre a atuação do Império Turco-Otomano na região correspondente ao atual território libanês, daremos um salto temporal para o ano de 1840. Ainda sob o domínio imperialista turco-otomano, foi nesse ano que se intensificaram os conflitos de cunho sectário no território e ocorreram as primeiras intervenções francesas diretas no Monte Líbano. Nesse momento, a potência europeia propôs uma solução para o conflito que ocorria entre os drusos e os maronitas, apresentando um plano de divisão do Monte Líbano em dois principados: um controlado pelos maronitas e o outro pelos drusos. Essa proposta foi aceita pelos governantes do Império em 1842, período no qual a presença da França se mostrava de forma ainda mais intensa e, concomitantemente, fortaleceram-se as relações entre os franceses e as comunidades maronitas.

Esse vínculo cultural e comercial estabelecido garantiu aos cristãos maronitas o apoio e a proteção dos franceses diante das ameaças realizadas tanto pelas demais comunidades religiosas coexistentes quanto pelo próprio Império. Do outro lado, os drusos contavam com o auxílio dos britânicos, que tinham como objetivo frear, no território, a presença francesa e o poder dos otomanos, que perdiam gradualmente seu domínio no Pequeno Líbano. Essa perda de poder fez com que o Império optasse por, novamente, intervir no local na tentativa de reconquistar seu controle e dominação (COSTA, 2006).

Foi a partir de 1860 que se reconheceu oficial e internacionalmente o termo Líbano, o qual, naquele momento, se referia apenas ao território do Monte Líbano subordinado ao Império Turco-Otomano. No decorrer do século XIX, os diversos conflitos nos quais o Império se envolveu favoreceram seu enfraquecimento e, consequentemente, sua fragmentação.* Mais uma vez, a máxima "dividir para conquistar" se mostra presente. No entanto, quem se favoreceu com a fragmentação do Império foram as potências europeias, que intensificaram sua presença no território por meio do estabelecimento de empresas europeias e da realização de altos investimentos na esfera econômica, aumentando, gradativamente, a dependência regional do capital ocidental.

Contudo, o grupo que mais se beneficiava dos privilégios advindos da Europa, especificamente da França, era a elite maronita, que passou por um processo de aprimoramento intelectual no final do século XIX e construiu uma nova forma de

* Como o conflito com a Pérsia em 1822 e 1823, em que se disputou a supremacia no Oriente Médio muçulmano, ou a Revolução Grega de 1821, conhecida também como Guerra da Independência da Grécia, que visava à independência dos gregos em relação ao domínio do Império Turco-Otomano.

ver e compreender o Império, devido às ideias nacionalistas originárias do aliado europeu. Beirute, além do Cairo, no Egito, tornou-se um local de grande desenvolvimento cultural e um centro de difusão dos ideais políticos vinculados às propostas nacionalistas. De acordo com Costa (2006), os projetos de cunho nacionalista que emergiram apresentavam pontos de convergência e divergência, que variavam de acordo com o movimento a que se alinhavam.

O enfraquecimento do Império, somado aos movimentos nacionalistas que eclodiam, fez com que, durante a Primeira Guerra Mundial (1914-1918), o Império mais duradouro do Oriente Médio começasse a declinar. Na guerra, os otomanos participaram ao lado da Alemanha e do Império Austro-Húngaro, e suas terras foram utilizadas como campos de batalha por diversas nações (GATTAZ, 2012). Nesse período, todo e qualquer movimento nacionalista foi fortemente reprimido pelo governo otomano, que objetivava preservar a unidade territorial do Império. No entanto, seu esforço para garantir sua manutenção foi em vão, e o Império Turco-Otomano vivenciou seu fim logo ao término da Primeira Guerra Mundial. Encerrou-se um tipo de colonização no território do Líbano e, imediatamente, iniciou-se outro.

"PARIS DO ORIENTE MÉDIO"? A COLONIZAÇÃO FRANCESA NO LÍBANO E SUAS CONSEQUÊNCIAS

Comumente, quando o Líbano é retratado pela imprensa hegemônica ocidental, é utilizada a expressão "Paris do Oriente Médio" para se referir, especificamente, à capital, Beirute. No entanto, o que muitas pessoas não sabem é que essa expressão remete ao período da colonização francesa e às constantes tentativas de "europeizar" o país, como uma forma de afirmar sua relação de aproximação da França, assim como sua subordinação aos franceses.

Como descrito no tópico anterior, a presença francesa no território se intensificou durante a segunda metade do século XIX. De modo geral, a França objetivava construir, em um primeiro momento, uma base de apoio que facilitasse sua atuação no local e atendesse aos seus interesses. Devido às afinidades religiosas, estabeleceu-se um vínculo com os cristãos maronitas que habitavam o Monte Líbano, como uma relação de troca: os franceses intervinham militarmente em prol das comunidades cristãs nos conflitos confessionais, ofereciam a elas privilégios políticos e econômicos e garantiam proteção e segurança a essa comunidade; em contrapartida, os cristãos maronitas serviam como sua base de apoio político, vinculando-se aos interesses e projetos políticos dos franceses. Em 1860, realizou-se um acordo entre o governo francês e os turco-otomanos, em que "fizeram pública sua decisão de reorganizar politicamente a convivência no Líbano e decidiram-se pelo estabelecimento de uma entidade autônoma governada por um oficial cristão otomano" (PINO, 1989, p. 50). Com isso, podemos observar que a presença francesa no Levante já era uma questão incontornável naquele momento.

Esse acordo resultou no primeiro texto oficial que afirmava a autonomia do Monte Líbano* em relação ao Império Turco-Otomano e reconhecia o direito da França de intervir nos negócios internos do local. Podemos notar que o processo de reconhecimento de uma suposta autonomia da província foi

---

* É importante ressaltar que essa entidade autônoma, até então, correspondia geograficamente à região do Pequeno Líbano. Com uma população de 300 mil habitantes, era composta de 89% de cristãos. Essa reorganização política que atribuiu o cargo de governador a um cristão maronita serviu, posteriormente, como base para o Pacto Nacional de 1943, que reforçou e institucionalizou o sectarismo na sociedade libanesa.

acompanhado da dificuldade da região de conquistar sua independência plena. A presença francesa, além disso, exacerbou as diferenças políticas, econômicas e sociais entre as comunidades religiosas, já que, politicamente, os cristãos maronitas detinham maiores privilégios em detrimento das demais comunidades.

> Segundo o raciocínio da Igreja e dos Estados europeus, era importante proteger e aparelhar (inclusive educacionalmente) a população cristã do Líbano, que dessa forma resistiria à expansão islâmica, funcionando como uma cabeça de ponte cristã-europeia em um ambiente plenamente islâmico-árabe. (GATTAZ, 2012, p. 21)

Com o início da Primeira Guerra Mundial e a decadência do Império Turco-Otomano, a França e a Inglaterra explicitaram seus interesses pela região.* Desse modo, as potências assinaram entre si uma série de acordos que faziam referência ao território, como o acordo Sykes-Picot, que foi assinado em 1916, mas só veio a ser divulgado em 1917.** O tratado tinha como objetivo, em síntese, consolidar e oficializar o domínio da França e da Inglaterra no Levante. Com a queda do Império Turco-Otomano durante a Grande Guerra, os franceses e os britânicos executaram o acordo Sykes-Picot.

Como pressuposto da lógica imperialista, as potências europeias buscaram, no século XX, expandir seus domínios pelo Oriente Médio, África e Ásia, com o objetivo de maximizar seus poderes políticos e econômicos naquelas regiões,

---

* O Império Russo também cobiçava os territórios do Império Turco-Otomano havia muito tempo, principalmente Constantinopla. No entanto, resolveu se retirar da guerra por causa da Revolução Russa, que eclodiu em 1917, reconfigurando o sistema político, econômico e social da região. Por isso, acabou não participando da divisão dos territórios turco-otomanos com França e Inglaterra, de quem era aliado na guerra.

** Segundo Costa (2006), o acordo só veio à tona após a Revolução Russa de 1917, com a publicação, pelos bolcheviques, de documentos diplomáticos secretos em que a Rússia havia tomado parte.

utilizando desde investimentos econômicos até ações militares. A partir de 1918, desse modo, a França e a Inglaterra repartiram entre si as regiões que possuíam interesses geopolíticos no Levante. Estipulou-se que a região norte pertenceria à França, que dividiu seu território em Síria e Líbano; e o sul à Inglaterra, que dividiu sua parte territorial em Palestina e Transjordânia (CARDOZO, 2012). Foi na Conferência de Paris de 1919 que o Líbano passou a pertencer, oficialmente, ao domínio francês, que colonizou a região de 1920 a 1943. No entanto, cabe destacar que, assim como aconteceu no Império Turco-Otomano, a dominação francesa não ocorreu sem uma oposição e um movimento de resistência vindo dos povos que ali habitavam.

Os franceses executaram um tipo de protetorado, com a implementação de um poder colonial indireto* que, embora reconhecesse relativa autonomia ao território libanês, este ainda permanecia submetido aos interesses dos novos colonizadores (MEIHY, 2016). O Líbano vivenciou, no início do século XX, o fim de uma dominação imperialista e colonialista exercida pelo Império Turco-Otomano e foi submetido, consecutivamente, a uma outra dominação, agora de cunho francês e vinculada aos interesses imperialistas das potências europeias. Os novos colonizadores daquelas terras impuseram não apenas seu domínio político, mas também sua cultura e sua economia, e exploraram recursos e mão-de-obra locais.

Porém, como já mencionado, essa dominação não ocorreu sem resistência. O sentimento nacionalista sírio começou a emergir e ganhar significativas proporções. Composto de uma maioria sunita, o movimento nacionalista sírio criou uma frente de oposição à presença francesa no local, e, como resposta, a França retirou da província, em 1920, a região de Tiro, Sidon,

---

* Segundo Gattaz (2012, p. 31), "apesar de contar com instituições nacionais como Presidência da República e Parlamento, o poder de fato concentrava-se nas mãos do *haut comissaire* francês".

Trípoli, Vale do Bekaa e a própria Beirute, anexando-as ao território do Monte Líbano, que, como descrito, correspondia ao Pequeno Líbano e era composto, majoritariamente, de cristãos maronitas aliados aos interesses franceses. Desse modo, a partir de 1920, os territórios antes ocupados pelos turco-otomanos foram divididos em cinco entidades: o Estado Independente de Damasco, o Governo de Alepo, o Território Autônomo dos Alauítas, o dos Drusos e o novo Grande Líbano, formado pela anexação dos territórios mencionados ao Monte Líbano.

Observa-se que, ao anexar as regiões muçulmanas sunitas da Síria às terras montanhosas de maioria maronita do Monte Líbano, a França congregou, em um mesmo território, comunidades que possuíam, dentro de uma lógica sectária, agendas políticas diferentes e divergentes. Essa nova organização criou as condições propícias para os confrontos confessionais que eclodiram no decorrer do século XX e ameaçaram a própria manutenção do domínio francês sobre o território (CHEAITO, K. A. B., 2019).

Assim, a definição das fronteiras do Líbano tais como as conhecemos hoje foi oficializada apenas em 1920, na Conferência de San Remo, na Itália, com a presença dos futuros aliados da Segunda Guerra Mundial – Reino Unido, França, União Soviética e Estados Unidos. Como Fisk (2007) descreve, a formação desse Estado, constituído pelo Monte Líbano e por terras anexadas da Síria, deu-se de modo totalmente artificial. Desde o início, os muçulmanos se mostraram insatisfeitos, pois perceberam que, nessa nova organização política que se moldava, os cristãos maronitas, aliados dos franceses, deteriam privilégios políticos e econômicos que permitiriam que essa comunidade específica exercesse seu poder sobre o local.

A partir disso, as comunidades muçulmanas sunitas que habitavam as regiões sírias anexadas ao Monte Líbano se rebelaram e exigiram sua incorporação novamente à Síria. Essas manifestações foram reprimidas e silenciadas. Desse modo, de um lado havia os maronitas em cooperação com os colonizadores franceses em troca de proteção e privilégios e, de outro, os partidos nacionalistas muçulmanos que exigiam o fim das fronteiras impostas em 1920 e posicionavam-se contrários ao domínio francês. Segundo Meihy (2016), os anos da década de 1920 foram importantes para a formação política do Líbano. "Houve, em 1922, a formação de um Conselho Representativo e, em 1926, a adoção de uma Carta Constitucional provisória de tipo liberal inspirada na Constituição francesa de 1875 e na Constituição belga" (MEIHY, 2016, p. 57).

Além disso, em 1923, a Liga das Nações formalizou, por meio de um documento com conteúdos contraditórios, aquilo que havia sido acordado no Sykes-Picot em 1916. Segundo Costa (2006), ao mesmo tempo que esse documento declarava a autodeterminação dos povos, legitimava também o domínio francês sobre o território, restringindo e limitando a liberdade dos árabes na política e nos cargos administrativos. Foi em meio a essa nova organização territorial, política e social que o Líbano enfrentava que a concepção de uma identidade libanesa começou a surgir e a se fortalecer, preocupando os franceses, que temiam novos movimentos de resistência no país. Com o aumento das pressões internas, a França nomeou um conselho que escreveria a primeira Constituição libanesa. As discussões acerca dessa Constituição se deram, de acordo com Costa (2006), de julho de 1925 a maio de 1926. Embora possuísse uma fachada democrática, já que o conselho fora formado por representantes dos diversos grupos religiosos, na prática a França detinha o poder de vetar qualquer artigo que prejudicasse seu mandato no país. Assim, setores estratégicos, como as relações diplomáticas, os assuntos militares e temas relativos à segurança interna, permaneceram sob o controle dos colonizadores franceses.

A Constituição foi estruturada, basicamente, em seis partes, com um conteúdo repleto de contradições. O Alto-

-Comissariado Francês, que deveria ser responsável apenas por consultar e supervisionar as funções político-administrativas, tinha, em última instância, o controle de execução de todo o poder, legitimado pela Constituição. Desse modo, caso se sentisse contrariado, o Alto-Comissariado poderia substituir o poder local a qualquer momento e teria respaldo constitucional para isso. Foi a partir desse documento, também, que se consolidaram as primeiras bases do que caracterizaria, posteriormente, o confessionalismo, regime político do Líbano vigente até os dias atuais.

> Os artigos 7 e 12 sustentavam o direito de igualdade civil e política, assim como de igual acesso aos postos públicos. Para tanto, fundamentam essa escolha unicamente no mérito, contudo, no artigo 95 há a afirmação do compromisso estatal para com o regime confessional, mas não a contextualização de como isso seria aplicado sem ferir os direitos antes elencados. (COSTA, 2006, p. 56)

Durante a colonização francesa, o francês se tornou a língua obrigatória nas escolas, e, para os libaneses, essa imposição foi vista como um insulto, já que os árabes desfrutavam do triunfo linguístico de seu idioma sobre o turco com a queda do Império Turco-Otomano (FISK, 2007). Além disso, o domínio francês também foi responsável por reestruturar as organizações políticas que existiam até então, como

> [...] a mudança do centro de poder do Monte Líbano para Beirute, nova capital do Grande Líbano e quartel-general do Alto-Comissariado Francês. Os líderes tradicionais das comunidades drusas, xiitas e maronitas continuavam a exercer influência na política local, porém eram menos influentes em Beirute. (GATTAZ, 2012, p. 31)

Durante as duas décadas de colonização, cabe ressaltar, os conflitos sectários se intensificaram, principalmente entre os cristãos maronitas e as comunidades muçulmanas sunitas, que não reconheciam a legitimidade do território libanês da forma como ele havia sido estruturado e criticavam veementemente os privilégios e benefícios atribuídos aos maronitas, que, naquele momento, já se consolidavam como classe hegemônica do Líbano (CHEAITO, K. A. B., 2019).

Em 1932, realizou-se uma conferência em Beirute em que os líderes das comunidades drusas, xiitas e sunitas se reuniram para reivindicar direitos políticos para os muçulmanos e as demais comunidades religiosas que coexistiam naquele território. Entre as demandas apresentadas, pode-se destacar: a possibilidade de candidatura de membros de outras religiões, que não maronitas, para o cargo da Presidência; e a atribuição de metade dos cargos públicos aos muçulmanos, já que na organização do Parlamento estipulada em 1920, por exemplo, a proporção implementada era de 6:5 (seis cristãos para cinco muçulmanos). No mesmo ano, como forma de protesto, o muçulmano sunita Muhammad al-Jisr apresentou sua candidatura à Presidência, já que, como explicitado, esse direito era exclusivo dos cristãos maronitas. Essa ação política gerou agitação tanto nos maronitas como nos franceses, que logo intervieram. A partir de então, a luta dos muçulmanos por direitos políticos no interior da tutela francesa se intensificou.

Como forma de conter as manifestações contrárias ao domínio francês, a França suspendeu a Constituição e realizou um censo demográfico para identificar o número de adeptos de cada comunidade religiosa: a população cristã apareceu como maioria, com 402.363 cristãos, dos quais 226.378 eram maronitas; os muçulmanos apareceram com 383.180 seguidores, dos quais 175.925 eram sunitas, 154.208 xiitas e 53.047 drusos (PINO, 1989). Alguns autores, no entanto, como Murilo Meihy, defendem a ideia de que o censo demográfico de 1932 foi um censo forjado, que tinha como objetivo legitimar e garantir a manutenção dos cristãos maronitas no poder e de seus privilégios.

> O projeto nacional libanês, seja pela experiência histórica dos mutassarifatos,* pelo censo demográfico forjado em 1932 ou pelo Pacto Nacional oficializado em 1943, foi uma tentativa original de garantir à comunidade maronita sua condição de maioria político-administrativa, em resposta aos anos de segregação social que permitiram massacres e preconceitos contra os cristãos na região do Líbano. (MEIHY, 2016, p. 61)

A Constituição foi reativada em 1936, com um novo artigo, o 95, o qual estabelecia que "provisoriamente, e para garantir a equidade e o entendimento, as comunidades estarão representadas *equitativamente* nas funções públicas e na formação do governo". Explicitou-se, desse modo, que o caráter confessional presente na representação política do Líbano desde 1840, influenciado pelas interferências francesas na região, estava cada vez mais consolidado e institucionalizado. No mesmo ano, assinou-se também o Tratado Franco-Libanês, que objetivava conter os movimentos populares contrários ao domínio francês. Esse tratado foi responsável por atribuir relativa autonomia à região libanesa, porém a França continuou autorizada a manter seu Exército no país e a exercer certo controle político (FISK, 2007).

As promessas de independência continuaram vindo, como uma forma de silenciar e conter os movimentos contrários ao colonialismo francês, mas não se efetivaram. Foi apenas no

---

* Mutassarifato refere-se a um distrito administrativo sob o domínio turco-otomano, criado após as reformas Tanzimat pelo Império. Mutassarif é o título do governador do distrito.

contexto da Segunda Guerra Mundial, quando uma série de movimentos pela independência eclodiu na Ásia e na África, que o cenário político do Líbano, de fato, se alterou, e o país se viu, pela primeira vez em centenas de anos, como um Estado independente. Mas as consequências e os reflexos de décadas de colonização e imperialismo se mostram presentes até os dias atuais.

CONSIDERAÇÕES FINAIS

A partir das definições teórico-conceituais apresentadas sobre imperialismo, colonialismo e colonialidade, é possível analisar como, na realidade libanesa, a dominação colonial executada tanto pelo Império Turco-Otomano como pela França gerou impactos diretos na política, na economia, na cultura e na sociedade libanesa.

As consequências desses anos de dominação, que não ocorreu sem a resistência dos povos locais, ainda se fazem sentir no Líbano. Como exemplo, podemos mencionar a própria estrutura política libanesa, pautada no confessionalismo, que foi influenciada pelas interferências francesas no local desde o século XIX. Nesse período de colonização, os franceses concederam privilégios e garantiram proteção aos maronitas, que se alinharam aos seus interesses e se consolidaram como classe hegemônica do Líbano. Essa relação, estabelecida como uma espécie de "troca de favores", resultou em um conjunto de desigualdades sociais, políticas e econômicas entre as comunidades religiosas coexistentes, presente até hoje.

Podemos notar que na origem de diversos conflitos confessionais que eclodiram no decorrer do século XX, como a Guerra Civil Libanesa de 1975, encontram-se os resquícios desses períodos coloniais, que modificaram uma organização social e política para atender aos seus interesses e objetivos. Sendo assim, destacamos a importância de analisar o imperialismo e o colonialismo vivenciados pelo Líbano, já que seus reflexos repercutem até hoje no país.

2. Independência e formação do Pacto Nacional: projetos nacionalistas e sectarismo no Líbano

RODRIGO AYUPE BUENO DA CRUZ

A independência do Líbano e a formação do Pacto Nacional, ambos realizados em 1943, são processos históricos intrinsecamente relacionados e reveladores da heterogeneidade de forças que compõem o jogo político do Estado do Grande Líbano, consolidadas durante o período do mandato francês. Esse campo político e estrutura de poder estiveram associados principalmente à clivagem maronita-sunita. Além disso, em linhas gerais, cada um dos representantes dessa clivagem acreditava em um diferente projeto nacionalista: os cristãos maronitas eram os principais representantes do libanismo, enquanto os muçulmanos sunitas eram apoiadores incontestáveis do arabismo, isto é, do nacionalismo árabe. Portanto, na lógica dessas divergências ideológicas e políticas, os dois processos que serão aqui analisados só foram possíveis mediante um acordo em que cada uma das partes fez alguma concessão.

Embora a estrutura sectária libanesa apontasse para uma oposição principal entre maronitas e sunitas, a formação histórica desde o século XIX já desenhava uma estrutura social bem mais complexa, haja vista a atuação nesse campo social, político e religioso de diversas outras comunidades, tais como a greco-ortodoxa e a greco-católica, entre os cristãos; a xiita, entre os muçulmanos; e a drusa. Mesmo tendo como essência uma orientação religiosa, essas confissões (em árabe, singular: *taifa*; plural: *tawa'if*) foram sendo construídas, ao longo da dominação otomana, na região que atualmente é o Líbano, como entidades políticas separadas (MITRI, 1986; MAKDISI, U., 2000; TRABOULSI, 2007; SCHIOCCHET, 2012).

Esse modelo de organização social e política do Líbano, no qual se produz uma politização de comunidades religiosas, é normalmente conhecido como sectarismo. Segundo Melani Cammett, "sectarismo é um fenômeno fundamentalmente político ao invés de uma manifestação essencial de diferenças culturais ou religiosas". Por exemplo: membros de diferentes confissões do Islã, do cristianismo e de outras religiões adotam práticas distintas, mas não há nada inerente na prática ou na interpretação de uma religião que necessite de tradução em identidades políticas. Na verdade, a identidade sectária se torna politicamente relevante por meio de ações intencionais e inconscientes de atores políticos que utilizam sua diferença religiosa como componente de ideologias e projetos políticos (CAMMETT, 2015, p. 11).

Para o historiador Ussama Makdisi, o sectarismo libanês é um fenômeno cultural construído historicamente a partir do encontro colonial entre otomanos, franceses, britânicos e egípcios no Monte Líbano no século XIX. Segundo Makdisi, desde então esses diferentes colonizadores passaram a utilizar a diferenciação religiosa como estratégia de dominação sobre a população local. O argumento desse autor não é o de que as comunidades político-religiosas não existiam anteriormente, mas sim que somente com a atuação de agentes externos na região é que foi criada uma consciência de diferenciação confessional em termos políticos no Monte Líbano, tendo como consequência os conflitos religiosos de 1841 e 1860, que apresentaram um perfil evidentemente sectário.

Além das questões políticas já discutidas, a cultura do sectarismo foi também construída, nesse século, pelo impacto dos missionários católicos e protestantes que, por meio de suas instituições educacionais inauguradas no local, ajudaram a inculcar na mente dos montanheses a ideia de um pertencimento distinto de outras confissões. Os maronitas, sendo o grupo protegido dos franceses, passaram a matricular seus filhos nas escolas fundadas por esses últimos, em sua maioria de orientação jesuíta, ao passo que os drusos, sendo próximos dos ingleses, eram matriculados nas escolas protestantes britânicas e também nas americanas. Portanto, segundo Makdisi, a rivalidade entre os franceses, ingleses e americanos no Monte Líbano foi exercida a partir dessas instituições que permitiram aos sujeitos, que anteriormente conviviam “normalmente” no espaço das aldeias e vilas locais, imaginar-se separadamente e construir histórias particulares em linhas sectárias (MAKDISI, U., 2000, p. 91).

A transformação do Monte Líbano em mutassarifato em 1861 representou um dos processos históricos mais importantes nas relações sectárias que seriam estabelecidas no século XX. O mutassarifato foi o sistema político arquitetado pelos franceses e apoiado pelos diplomatas ingleses e otomanos, que garantia uma condição relativamente autônoma para o Monte Líbano em relação ao Império Turco-Otomano e que estabelecia como regra a escolha de um governador (mutassarif) cristão, em geral um maronita. O resultado disso foi a consolidação da comunidade maronita como a principal força política da região e como ator político fundamental na formação do Estado do Grande Líbano.

No que diz respeito ao papel dos maronitas no momento histórico que marcou a formação do Estado do Líbano, Kamal Salibi destaca que, desde a virada do século XIX, a elite dessa comunidade político-religiosa pressionava pela expansão de seu pequeno território libanês para o que, segundo eles, eram suas fronteiras naturais e históricas. O objetivo era incluir as cidades costeiras de Trípoli, Beirute, Tiro e Sidon e seus respectivos interiores, que pertenciam à província de Beirute, e o fértil Vale do Bekaa (os quatro distritos administrativos de Baalbeck, Bekaa, Rachayya e Hasbayya) que pertenciam à província de Damasco. De acordo com o argumento dos maronitas, esse Grande Líbano sempre teve um caráter especial histórico e social, diferentemente de seus vizinhos; portanto, seria necessário, segundo eles, o estabelecimento de um Estado libanês (SALIBI, 1988a, p. 25).

Esse projeto se tornou efetivamente possível no contexto pós-Primeira Guerra Mundial, quando o Império Turco-Otomano deixou de existir e as províncias que atualmente formam a Síria e o Líbano passaram a constituir dois mandatos franceses separados em 1920. Nesse novo momento político, a França estabeleceu como um dos primeiros atos de sua administração a criação oficial do Estado do Grande Líbano com base no desenho geográfico esboçado pela elite maronita. Contudo a anexação de províncias com população majoritariamente muçulmana pôs em xeque o sonho da elite maronita de exercer sua dominação política no recém-criado Estado libanês e, nele, colocar em prática o ideal de nação baseado no particularismo libanês, em oposição ao nacionalismo árabe. Para além do perfil demográfico cada vez mais muçulmano, em função tanto do declínio da população cristã, que emigrava para as Américas, quanto do crescimento do número de muçulmanos, talvez o principal erro político no projeto maronita de criação do Estado do Grande Líbano tenha sido o de não levar em consideração o potencial de engajamento político de uma elite muçulmana, sobretudo sunita, nas questões internas do país e o envolvimento dessa com o nacionalismo árabe, cada vez mais organizado e presente no território libanês.

A oposição política entre a elite maronita e a sunita e seus respectivos projetos de nação libanesa – a primeira voltada para o particularismo libanês (libanismo) e a segunda para o nacionalismo árabe (arabismo) – transformaram-se em uma rivalidade que perdurou por grande parte do mandato francês (Ibid.). Os processos históricos de independência do Líbano e a realização do Pacto Nacional só foram possíveis a partir de um entendimento temporário entre as partes, com o objetivo de equilibrar seus diferentes projetos nacionalistas e posições políticas.

PROJETOS NACIONALISTAS

O processo de formação do Estado do Grande Líbano não foi acompanhado pela adesão de seus indivíduos a uma identidade nacional compartilhada, e se explica, segundo o historiador libanês Kamal Salibi (1988a), pela grande rivalidade entre as forças que compõem o país, que se dividem sobretudo em dois projetos nacionalistas principais, o arabismo e o libanismo. Na visão de Salibi, a diferença de projetos nacionalistas nesse país reside nas diferentes visões acerca de seu passado; não existe uma ideia oficial de nação libanesa, já que o projeto de construção das nações depende da definição de um passado único a ser reconhecido pelos seus membros como diacrítico da identidade nacional (ANDERSON, 2008).

A oposição entre o arabismo e o libanismo já estava presente no Monte Líbano desde o século XIX, quando os missionários protestantes e os políticos ingleses, por um lado, encorajaram entre os drusos o sentimento de pertencimento árabe a partir do interesse na língua árabe e na herança cultural dessa civilização (ANTONIUS, 1969, pp. 36-7). Por outro lado, a despeito dos maronitas o projeto de nação foi construído de forma separada da de seus rivais drusos, uma vez que não houve a mesma preocupação entre os missionários católicos franceses de aproximar seus seguidores da língua e da cultura árabes. Além disso, os intelectuais maronitas formados nessas instituições, ávidos por demarcar suas fronteiras em relação aos muçulmanos, lutavam para construir um Líbano diferente dos demais países árabes, em que eles fossem os protagonistas, e para isso escreveram uma história particular baseada em um passado mítico fenício.

Apesar de o libanismo ser um projeto vinculado a uma elite maronita e o arabismo ser normalmente associado aos drusos e muçulmanos (sunitas e xiitas), seria um erro simplificar esses dois nacionalismos a partir de uma clivagem cristã-muçulmana. Isso porque nem todas as comunidades cristãs aderiram ao libanismo, como é o caso da confissão greco-ortodoxa, que normalmente esteve mais próxima do nacionalismo árabe (MITRI, 1986), ou da greco-católica, que variava situacionalmente entre esses dois projetos (CRUZ, 2018). Nem mesmo entre os maronitas a adesão ao nacionalismo particularista libanês foi unânime; muitos líderes e membros dessa comunidade político-religiosa eram apoiadores do arabismo ou se aproximavam dessa ideologia pan-árabe em função de algum objetivo político maior.

De acordo com Kamal Salibi, o nacionalismo árabe cristão foi um fenômeno anterior àquele defendido pelos muçulmanos. Em se tratando dos cristãos, a construção do arabismo e a adesão a ele se deram no contexto do Império Turco-Otomano do século XIX, em que a política pan-islâmica do sultão Abdul Hamid II fez com que as comunidades cristãs utilizassem a ideia da língua árabe e de uma herança cultural comum dos cristãos árabes do Império como elementos construtivos de uma nação separada e independente dos otomanos (SALIBI, 1988b, pp. 268-70).

Entre os muçulmanos, a adesão mais significativa ao nacionalismo árabe ocorreu no início do século XX, quando crescia o movimento nacionalista dos Jovens Turcos, que rompia com o projeto religioso pan-islâmico de Abdul Hamid II e comunicava uma ideologia pautada no fortalecimento da etnicidade turca como base linguística e cultural do Império Turco-Otomano. Em contrapartida, como reação à expansão do movimento nacionalista turco, muçulmanos de províncias da região do Levante, como Damasco, Alepo e Beirute, passaram a defender o nacionalismo árabe anteriormente elaborado por intelectuais cristãos como Butrus al-Bustani e Nasif Yaziji. E assim, com base em um argumento secularista, cooperavam com os nacionalistas cristãos no projeto separatista em relação à Sublime Porta (Ibid., pp. 271-3).

Embora o engajamento dos muçulmanos com o nacionalismo árabe fosse mais estável do que o dos cristãos, seu nível de movimento também variou de acordo com o contexto, até mesmo entre os sunitas, os quais demonstravam ser os representantes mais assíduos desse projeto nacionalista. O mesmo se pode dizer da relação da comunidade maronita com o libanismo, tendo em vista que em determinadas situações alguns líderes, como Bchara al-Khoury, flexibilizaram sua ideologia particularista libanesa por meio da articulação com alguns princípios do nacionalismo árabe. E foi exatamente na moderação entre esses projetos opostos que libanistas e arabistas chegaram ao acordo que permitiu a conquista da independência em 1943.

O SECTARISMO NO PRÉ-INDEPENDÊNCIA

O período que antecedeu a independência do Líbano foi marcado pelo acirramento da rivalidade sectária, sobretudo a partir de uma oposição principal entre a elite maronita e a sunita acerca da própria existência do Estado criado em 1920 e da sua nova configuração territorial. Segundo o cientista político libanês Farid El Khazen, a polêmica centrou-se na rejeição dos sunitas de um Grande Líbano separado da Síria, que era vista por eles como o bastião do nacionalismo árabe. Para os sunitas, a anexação das províncias de população árabe muçulmana para formar o Estado libanês foi um ato do colonialismo francês para dividir o que eles consideravam uma "nação árabe" unida. Os maronitas, por sua vez, eram os principais defensores desse território ampliado, visto que foram eles que projetaram o Líbano dessa forma, com o objetivo de controlar politicamente a região (EL KHAZEN, 1991, p. 7).

Cabe destacar que essa polarização com relação à existência do Estado do Grande Líbano esteve também associada ao vínculo de cada comunidade político-religiosa com os projetos nacionalistas apresentados acima. Os maronitas, adeptos do libanismo, eram os principais apoiadores desse território ampliado, o qual em sua concepção configurava as fronteiras históricas libanesas. Por outro lado, os sunitas, os xiitas, os greco-ortodoxos e os drusos, que eram defensores do nacionalismo árabe, se uniam na oposição a esse projeto franco-maronita (SALIBI, 1988b, pp. 290-1).

O posicionamento político das outras confissões, como a xiita, a greco-ortodoxa e a drusa, no que diz respeito a essa questão, revela que, apesar do protagonismo dos maronitas e sunitas, o sectarismo no Líbano pré-independente alcançava toda a sociedade libanesa. Ademais, outro ponto a ser enfatizado nessa polêmica da expansão é o estabelecimento de duas configurações sectárias: uma em nível confessional, isto é, no âmbito de cada comunidade político-religiosa (maronita, sunita, xiita, drusa, greco-ortodoxa...); a outra em nível mais amplo, a partir de alianças como a observada entre as comunidades que se posicionaram contra o Estado do Grande Líbano em oposição a um grupo ou projeto rival.

Além disso, é fundamental reforçar o papel da metrópole na produção do sectarismo do Líbano. A atuação corriqueira do Alto-Comissariado Francês era incentivar a proliferação de práticas e identidades sectárias no nível confessional. De acordo com Maya Mikdashi, o sectarismo representava um modelo de organização político e social extremamente vantajoso para o dominador e era resultado da prática do imperialismo francês adotado no território libanês como parte de uma velha tradição de dividir para governar. Dessa forma, quanto mais fragmentada a sociedade libanesa, menos riscos haveria de revoltas locais contra o mandato (MIKDASHI, 2013, p. 269).

O estímulo imperialista francês ao sectarismo no Líbano foi confirmado por meio de ações adotadas sobretudo a partir da proclamação da República Libanesa e da promulgação da primeira Constituição, em 1926. Nesse documento, o Alto-Comissariado do governo da França no território libanês decidiu que haveria uma representação de cada confissão na burocracia administrativa do mandato, embora não houvesse a separação de cotas para cada setor no Parlamento, tampouco a separação prévia de cargos no Executivo em função de sua expressão democrática e capital político, tal como foi estabelecido após o Pacto Nacional de 1943 (SALIBI, 1988b, p. 288). Apesar disso, mesmo sem a divisão formal do poder em linhas sectárias nos poderes Legislativo e Executivo, essa se configurava na prática por intermédio dos comissários franceses.

Em linhas gerais, pode-se dizer, de acordo com o cientista político Dominique Oliver, que o Alto-Comissariado Francês no Líbano atuava localmente por meio de técnicas contraditórias de poder (OLIVER, 2018). Por um lado, o núcleo administrativo do mandato buscava reproduzir as instituições e a burocracia em estilo europeu, que no sentido weberiano é chamada de dominação racional-legal. Em contrapartida, e ao mesmo tempo, adotavam-se práticas informais de dominação tradicional (WEBER,

2004), isto é, a partir de alianças com líderes locais, cristãos e muçulmanos, que passaram a ocupar posições na burocracia e eram apoiados em candidaturas para ocupar cargos no Legislativo e no Executivo.

A aliança com lideranças muçulmanas significou uma iniciativa do comissariado para conter a oposição que crescia na área das províncias anexadas, a qual se manifestava tanto a despeito da criação do Estado do Grande Líbano como em relação ao mandato. As manifestações contra a administração francesa eram organizadas sobretudo por sunitas como contestação ao lugar de marginalidade que essas províncias ocupavam no mandato, tanto do ponto de vista político como do econômico, visto que os gestores franceses privilegiavam os cristãos maronitas e a região do Monte Líbano.

A atração desses líderes sunitas para a cidade de Beirute para ocupar cargos administrativos e políticos importantes durante o mandato gerou duas consequências significativas: a primeira foi a intensificação do sectarismo e da rivalidade entre maronitas e sunitas, que os gestores franceses tentavam administrar por meio de iniciativas de mediação e acordos de divisão de poder; a segunda foi o empoderamento desses líderes locais, que aos poucos foram organizando uma resistência ao mandato que, somada à oposição que crescia também entre os maronitas a partir da década de 1930, levou à conquista da independência.

INDEPENDÊNCIA

Em articulação com esse cenário de rivalidade entre diferentes projetos nacionalistas e identidades sectárias que se intensificara durante o período do mandato francês, uma série de outros eventos ocorreu, principalmente ao longo da década de 1930, que contribuíram para a conquista da independência, efetivada em 1943.

Um dos fatores fundamentais do crescimento da oposição ao mandato foi o aumento do autoritarismo do Alto-Comissariado ao suspender a Constituição da República Libanesa em diversas ocasiões. Destaca-se inicialmente a suspensão da Constituição em decorrência da crise econômica e alimentar que afetou o Líbano nos primeiros anos da década de 1930 em consequência da Grande Depressão de 1929. O argumento do alto-comissário Henri Ponsot para justificar sua decisão era que a intensa rivalidade sectária entre os parlamentares dificultaria a resolução do problema que o país estava enfrentando.

Outro exemplo do autoritarismo francês se deu quando o muçulmano sunita Muhammad al-Jisr se apresentou como candidato à Presidência da República nas eleições de 1932, rompendo assim um acordo tácito no qual somente cristãos ocupariam esse cargo do Poder Executivo. Segundo Kamal Salibi, a atitude arbitrária do governo francês no Líbano se justifica pelo fato de que, apesar da aliança com lideranças muçulmanas, o governo francês não confiava e não tolerava um governo que não fosse conduzido por um cristão (SALIBI, 1988b, pp. 300-1).

Esse excesso de autoritarismo do Alto-Comissariado acabou não apenas intensificando a rejeição de lideranças muçulmanas ao mandato francês, mas passou a acender a oposição de alguns líderes maronitas, principalmente Bchara al-Khoury, fundador do Bloco Constitucional em 1934. Assim, pode-se dizer que a mobilização de muçulmanos e cristãos em defesa da Constituição revela a rejeição desses libaneses a mais uma forma contraditória de poder implementada no mandato; isto é, por um lado, o governo francês tentava reproduzir as instituições de regimes políticos democráticos da Europa, mas, por outro, adotava, em diversas situações, medidas arbitrárias de enfraquecimento das instituições no espaço colonial.

O aumento da pressão organizada pelo Bloco Constitucional e pelos muçulmanos em defesa da Constituição fez com que os franceses reconsiderassem sua decisão e convocassem eleições para a Presidência da República em 1935. Nesse pleito, a comunidade maronita apresentou dois candidatos: Bchara al-Khoury, líder do Bloco Constitucional, e Émile Eddé, político aliado dos franceses, assíduo defensor do nacionalismo libanês e opositor declarado do arabismo e da presença muçulmana no Líbano (EL KHAZEN, 1991, p. 24; SALIBI, 1988b, pp. 295-6).

Por uma estreita margem de votos dos parlamentares, Émile Eddé foi eleito presidente da República, enquanto Bchara al-Khoury continuou com seu cargo no Parlamento e, nessa posição, manteve a oposição por meio de seu Bloco Constitucional contra qualquer arbitrariedade do Alto-Comissariado Francês. As lideranças muçulmanas, por sua vez, reagiram à vitória de Eddé, a partir da mobilização organizada do projeto de união com a Síria fortalecido por sua adesão ao Partido Nacionalista Sírio.

Além da oposição das lideranças muçulmanas e dos políticos do Bloco Constitucional, o mandato francês enfrentava as críticas de lideranças religiosas, tais como as conduzidas pelo bispo maronita de Beirute, Inácio Mubarak, e endossadas pelo Patriarcado Maronita. Entre as principais críticas, destacavam-se a rejeição ao monopólio francês acerca da produção e do comércio do tabaco libanês e a falta de autonomia política no que diz respeito a decisões importantes do país. De acordo com Farid El Khazen, o Patriarcado oficializou seus questionamentos em forma de um comunicado enviado ao Alto-Comissariado no ano de 1935, por meio do qual se reivindicava maior autonomia para a economia nacional, além da adoção de uma nova Constituição que reconhecesse as liberdades individuais e coletivas e que proclamasse a independência do Líbano sob forma de um tratado semelhante ao assinado com a Síria (EL KHAZEN, 1991, pp. 9-10).

No intuito de amenizar a crescente oposição que se organizava por parte de diversos atores político-religiosos do país, o Alto-Comissariado decidiu formalizar, em 1936, um acordo com o presidente da República Émile Eddé, comprometendo-se a garantir a independência do Líbano. Todavia algumas lideranças cristãs e grande parte dos políticos muçulmanos rejeitaram esse tratado franco-libanês, uma vez que os termos do acordo estabeleciam que: haveria privilégio dos diplomatas franceses sobre os de outras nações; o Exército libanês seria controlado pela França; o governo deveria solicitar o conselho da França para importantes decisões políticas no país. O resultado foi a deflagração de conflitos sectários travados em Beirute nesse mesmo ano entre muçulmanos mais exaltados e maronitas pró-França, que enfraqueceram ainda mais a já comprometida estabilidade do mandato (SALIBI, 1988b, p. 309).

Com o começo da Segunda Guerra Mundial, em 1939, o alto-comissário francês no Líbano, Gabriel Puaux, optou por suspender a Constituição libanesa e manteve Émile Eddé no cargo de presidente da República, uma vez que seu mandato já estava na fase final e novas eleições deveriam ser convocadas naquele ano. O objetivo de Puaux com essa nova suspensão constitucional era conter, durante a guerra, as ações dos parlamentares opositores. Ademais, a decisão de manter Émile Eddé no poder justificava-se pelo fato de que ele era um presidente favorável aos interesses franceses.

Em junho de 1940, a França foi invadida pelas tropas alemãs e, em algumas semanas, seu Exército se rendeu oficialmente. Por conseguinte, o presidente Charles de Gaulle fugiu para o exílio em Londres e formou um governo de resistência com o nome de França Livre. No início de 1941, forças militares da França Livre e da Inglaterra invadiram a Síria e o Líbano, para organizar um contra-ataque contra a Alemanha e as forças do Eixo a partir do Oriente Médio. Em contrapartida, para evitar qualquer reação negativa por parte das lideranças locais, os diplomatas ingleses e franceses prometeram a proclamação de independência da Síria e a do Líbano, as quais foram declaradas oficialmente em novembro daquele mesmo ano.

Apesar disso, na prática os ingleses continuavam exercendo um controle estratégico da região em virtude do contexto de guerra, ao passo que os franceses mantinham sua autoridade administrativa. De acordo com Albert Hourani, os ingleses, mesmo com esse controle estratégico, estavam mais próximos de cumprir o acordo de independência do que os franceses, que eram mais resistentes a garantir de imediato um autogoverno para os libaneses (HOURANI, 2001, p. 360). A resistência dos franceses confirmava-se em virtude da permanência da suspensão da Constituição libanesa (até 1943), enquanto os ingleses pressionavam o governo francês a restabelecer a Constituição, e seu general, Edward Spears, foi quem insistiu na realização das eleições e passou a exercer um papel importante na negociação entre cristãos maronitas e muçulmanos sunitas, o que permitiu a efetivação da independência libanesa (EL KHAZEN, 1991, p. 22).

Diante das pressões de ingleses e de lideranças políticas locais, o governo da França Livre no Líbano proclamou o restabelecimento da Constituição e convocou as eleições parlamentares, que foram realizadas em agosto de 1943. O resultado foi uma vitória esmagadora dos políticos do Bloco Constitucional e de seus aliados. Em setembro do mesmo ano, o Parlamento se reuniu e elegeu Bchara al-Khoury como presidente da República. Ele, por sua vez, indicou seu principal aliado muçulmano como primeiro-ministro, o líder sunita Riad al-Solh, que teve o papel de formar uma equipe de ministros que representasse as principais confissões do país: a maronita, a sunita, a xiita, a greco-ortodoxa, a drusa e a greco-católica (SALIBI, 1988b, p. 320).

Logo após a confirmação do resultado das eleições, o novo governo formado votou no Parlamento uma emenda constitucional, que foi aprovada com unanimidade, no intuito de afirmar o estatuto soberano do Líbano, retirar as referências constitucionais que atribuíam qualquer tipo de poder ao mandato e suprimir o francês como segunda língua oficial. A consequência foi a reação imediata dos franceses, que rejeitavam veementemente a limitação de sua influência no território e na sociedade libaneses. Em seguida, desencadeou-se uma crise ainda maior na relação entre os dois países quando a Marinha da ex-metrópole capturou e prendeu, em Beirute, Bchara al-Khoury, Riad al-Solh e seus principais ministros (SALIBI, 1988b, pp. 320-1; HOURANI, 2001, p. 360).

A situação política só foi normalizada algumas semanas depois em virtude da intervenção da Grã-Bretanha e dos Estados Unidos, bem como da mobilização dos políticos locais. Por conseguinte, cada vez mais isolada no território libanês e no cenário internacional, a França libertou, em 22 de novembro de 1943, os membros do governo do Líbano que estavam presos. Essa data, portanto, passou a ser consagrada como o dia oficial da independência do Líbano. No entanto a independência completa só foi alcançada em 1946, quando um acordo com os britânicos e com os políticos libaneses permitiu a retirada do país das últimas tropas francesas.

A FORMAÇÃO DO PACTO NACIONAL

Um elemento fundamental para a análise tanto do processo político que conduziu a independência do Líbano quanto das relações político-sectárias do pós-independência indubitavelmente é a formação do Pacto Nacional, um acordo verbal estabelecido em 1943 entre uma elite maronita, representada por

Bchara al-Khoury, e uma elite sunita, representada por Riad al-Solh. O conteúdo desse acordo se deu a partir de um entendimento pragmático entre essas elites, que protagonizaram um cenário de rivalidade durante o período do mandato francês.

Para além de um acordo entre elites rivais libanesas, o Pacto Nacional configurou um escopo bem mais amplo – haja vista ter representado também um entendimento entre representantes de projetos nacionalistas antagônicos, isto é, o nacionalismo libanês e o nacionalismo árabe. Por fim, esse pacto ainda simbolizou uma tentativa de estabelecer um equilíbrio sectário por meio de um projeto de distribuição de poder não apenas entre maronitas e sunitas, mas também entre as confissões consideradas mais relevantes, com base no discurso de maioria demográfica estabelecida no censo de 1932 (MAKTABI, 1999; TRABOULSI, 2007).

De acordo com Farid El Khazen, o nascimento do Pacto Nacional ocorreu durante uma reunião promovida pelos britânicos na cidade do Cairo em 1942. Nesse encontro estiveram presentes Bchara al-Khoury, o primeiro-ministro egípcio Mustafa Nahas Pacha e o presidente sírio Jamil Mardam. A estratégia da Grã-Bretanha, ao tomar essa iniciativa, foi aproximar os nacionalistas libaneses dos nacionalistas árabes. Para isso, seus diplomatas, e o general Edward Spears, investiram suas expectativas em Bchara al-Khoury, um representante da comunidade maronita e do nacionalismo libanês que apresentava um perfil mais pragmático e flexível para negociar com importantes lideranças do nacionalismo árabe (EL KHAZEN, 1991, p. 18).

Considerando os objetivos envolvidos na realização dessa reunião, pode-se dizer que o resultado foi positivo, uma vez que foi nesse encontro que Bchara al-Khoury manifestou a vontade de aceitar uma versão moderada do nacionalismo árabe no território libanês. Por outro lado, os nacionalistas árabes, principalmente o presidente sírio, se comprometeriam a renunciar à atitude negativa em relação ao Líbano bem como ao projeto de recuperar para a Síria as províncias anexadas ao Estado do Grande Líbano em 1920.

Após esse entendimento prévio, a segunda etapa seria encontrar uma liderança muçulmana libanesa que apresentasse o mesmo perfil pragmático e conciliador de Bchara al-Khoury. A figura escolhida após negociações entre al-Khoury, lideranças muçulmanas aliadas e diplomatas ingleses foi o parlamentar sunita Riad al-Solh. Ele despontava desde a década de 1930 como uma importante figura política por seu perfil público de excelente orador e negociador, características adquiridas provavelmente em sua profissão de advogado, sem contar a popularidade conquistada entre os eleitores libaneses. Ademais, cabe destacar que Riad al-Solh, ao longo das conferências organizadas por líderes muçulmanos, atuava no sentido de atenuar as manifestações mais radicais do nacionalismo árabe enquanto se mostrava cada vez mais favorável a um Estado libanês independente.

Com efeito, a aceitação do acordo por parte de Riad al-Solh e a concretização da aliança com Bchara al-Khoury revelam um elemento essencial: ambos estavam dispostos a flexibilizar suas convicções nacionalistas e suas disputas sectárias pelo fato de apresentarem um objetivo comum, isto é, o respeito à Constituição libanesa e o fim do mandato francês. O esforço conjunto desses dois líderes e de seus aliados, associado ao apoio inglês, fez com que os franceses concordassem em dar uma prova de que iriam fazer cumprir a declaração de independência assinada em 1941. Para isso, o governo da França Livre restabeleceu a Constituição e convocou para o verão de 1943 as primeiras eleições do Líbano independente.

Um pouco antes da realização das eleições, o Pacto Nacional progrediu para a concretização de mais uma etapa em seu desenvolvimento. Nessa fase, ficou definido o sistema de distribuição de poder: o presidente da República seria um cristão maronita; o primeiro-ministro, um muçulmano sunita; e o porta-voz do Parlamento, um muçulmano xiita. As cadeiras do Parlamento também seriam distribuídas em linhas confessionais sob forma de uma proporção de 6:5 a favor dos cristãos. Assim, com base nos detalhes definidos nessa reunião pré-eleitoral, foi formado o primeiro governo do Líbano independente, bem como os próximos até o Acordo Taif assinado no pós-Guerra Civil (1975-1990), quando a proporção de 6:5 foi modificada para metade dos cargos do Parlamento reservada para os cristãos e metade para os muçulmanos (MAKTABI, 1999; NORTON, 1991).

Portanto, a partir desse entendimento não verbal, tornou-se oficial o sistema político libanês que perdura até os dias de hoje, normalmente classificado como um tipo de consociativismo* organizado sob uma distribuição de poder entre as comunidades político-religiosas (FAKHOURY, 2016). Apesar de receber o nome de "Pacto Nacional", esse acordo não forjou, e não teve a intenção de forjar, uma identidade nacional que resumisse todos os seus diferentes projetos nacionalistas (EL KHAZEN, 1991, p. 60). O termo "nacional", todavia, foi concebido segundo o discurso político oficial libanês não como uma coesão nacional, e sim como um compromisso de coexistência no território, na sociedade e na política libaneses.

CONSIDERAÇÕES FINAIS

O processo que culminou no estabelecimento do Pacto Nacional em 1943 provou-se decisivo na consolidação da independência do Líbano, já que foi por meio desse acordo de entendimento de

* Forma de governo que garante representatividade a diferentes grupos marcados por divisões étnicas, históricas ou religiosas, compondo uma unidade nacional.

elites nacionalistas e sectárias rivais que se tornou possível unir forças contra um mandato francês cada vez mais impopular entre as lideranças políticas libanesas. Ademais, esse acordo também foi fundamental para negociar os interesses das comunidades político-religiosas na construção do sistema político do país, que passou a ser pautado pela divisão de poder no Executivo e no estabelecimento de cotas sectárias no Parlamento.

Contudo, apesar de sua relevância no contexto político de sua elaboração, pode-se dizer que a solução pautada por essa coexistência confessional com base nessa divisão de poder tem se mostrado bastante frágil para lidar com os desafios locais e regionais. Do ponto de vista local, a principal fragilidade reside nos próprios critérios que justificaram a dominação maronita e a vantagem proporcional dos cristãos em relação aos muçulmanos na estrutura de poder. Na construção do acordo, a base argumentativa desenvolvida pelos cristãos maronitas foi o resultado do censo de 1932, que, como chama a atenção Rania Maktabi (1999), foi elaborado a partir de procedimentos suspeitos e se afastavam da realidade demográfica do Líbano, que, na prática, era cada vez mais favorável aos muçulmanos.

A tomada de consciência de lideranças muçulmanas libanesas sobre a imprecisão do censo de 1932 e o questionamento do Pacto Nacional como um instrumento para uma justa divisão de poder no sistema político fizeram com que a segunda metade do século XX fosse marcada por uma crescente reivindicação das comunidades sunita e xiita por maior participação política. A reação muçulmana, por sua vez, provocou uma contrarreação dos cristãos maronitas e uma série de tensões sectárias tem movimentado as relações políticas do Líbano até os dias de hoje.

Por outro lado, do ponto de vista regional, o cenário político e ideológico configurado no Oriente Médio a partir do fim da Segunda Guerra Mundial vem, desde então, impactando as relações sectárias libanesas. Um exemplo foi a ascensão de

Gamal Abdel Nasser no Egito e sua influência conquistada no mundo árabe. A radicalização do nacionalismo árabe promovido por esse líder egípcio reacendeu no Líbano a diferença entre arabistas e libanistas, fato que contribuiu para as tensões sectárias de 1958. Outro caso de influência regional foi a Guerra Civil Libanesa, quando a presença armada palestina se aliou aos muçulmanos e drusos em oposição aos cristãos da Frente Libanesa, apoiados por Israel (TRABOULSI, 2007, pp. 183-204). Contemporaneamente, a rivalidade regional entre Irã e Arábia Saudita tem acentuado as tensões sectárias no território libanês, principalmente entre xiitas, apoiados pelo Irã, e sunitas, pela Arábia Saudita (WILKINS, 2016).

Ademais, cabe ainda destacar a fragilidade do Pacto Nacional em construir um Estado libanês preparado para garantir os direitos sociais dos cidadãos. Esse acordo significou muito mais um entendimento entre as elites sectárias, no que diz respeito à conciliação entre os diferentes interesses, do que uma aliança para fazer surgir um Estado que utiliza os recursos públicos para fornecer os serviços que a população necessita, tais como saúde, educação, trabalho e transporte. Por isso o que se observa no Líbano é a perpetuação de relações clientelistas de poder enraizadas durante o mandato francês e que a independência e o Pacto Nacional não foram capazes de alterar. A ineficiência do Estado em garantir os direitos de seus cidadãos faz com estes continuem vinculados a seus líderes partidários e confessionais (*zu'ama*, alimentando a relação de poder tradicional, que permanece até a atualidade (MERMIER e MERVIN, 2012; CAMMETT, 2015).

Todas as crises políticas e tensões sectárias ocorridas no Líbano desde sua independência revelam que o Pacto Nacional falhou em sua proposta de garantir a unidade nacional a partir da coexistência confessional. Podemos concluir também que esse acordo falhou na sua ideia – ou discurso – de construir um

Estado democrático pautado na garantia de direitos. Embora "normalmente" os cidadãos gozem de direitos políticos, seus direitos sociais são constantemente violados. A crise econômica enfrentada pelo Líbano nos últimos anos e intensificada em 2019 tem acentuado a incapacidade do Estado libanês de superar os interesses sectários no intuito de recuperar o país economicamente e atender às demandas da população.

3. Juntos mas divididos: tensões intersectárias e intrassectárias no Líbano

ISABELLE CHRISTINE SOMMA DE CASTRO

A explosão que destruiu o porto de Beirute no final da tarde de 4 de agosto de 2020 e a paralisia posterior das autoridades locais em atender às necessidades dos milhares de atingidos não foram somente uma clara manifestação da ineficiência estatal. Foram também um dos mais duros efeitos colaterais de uma série de fissuras na sociedade libanesa que têm as mais distintas origens, mas atualmente recaem quase exclusivamente sobre o sistema político libanês. Críticos do atual arranjo político se mostram cada vez mais céticos quanto à possibilidade de que os problemas do Líbano se resolverão enquanto for mantida a divisão de poder entre grupos confessionais. Contudo, para problemas complexos, as soluções não são tão simples como parecem.

Divisões internas e interesses externos evoluíram para conflitos sangrentos, que macularam o país idílico que por muitas vezes não foi somente fruto da imaginação da diáspora espalhada pelo mundo. O país dos imponentes cedros, da hospitalidade, da mesa farta, das montanhas nevadas e do litoral festivo existiu e ainda resiste. Porém os conflitos relacionados a disputas por recursos e por poder dentro de um território exíguo e acidentado, cercado de ameaças regionais por todos os lados e forjado por interesses de grandes potências mundiais, provocaram instabilidades que não somente afetaram as condições de vida, mas deixaram marcas na vida social e política do país. Há fissuras nas relações comunais; paradoxalmente observam-se também alianças intersectárias e conflitos intrassectários. A história do Líbano é uma prova da resiliência de seu povo, assim como uma sequência de episódios e dinâmicas que cultivaram o instinto de sobrevivência comunal e acabaram por alimentar tensões não somente entre distintos grupos confessionais, mas também dentro deles.

Muitos dos desafios do Líbano são originários de suas virtudes. Uma delas é a localização privilegiada. A cobiça por seus recursos e por sua posição estratégica atraiu invasores, que deixaram marcas culturais materiais e imateriais, assim como um rastro de cisões que se refletem ainda hoje na sociedade libanesa. Na Antiguidade, a parte oriental do Mar Mediterrâneo já se mostrava um ponto estratégico para a passagem de exércitos, comerciantes e peregrinos. Não é à toa que o Levante abriga um grande número de localidades continuamente habitadas. Beirute é uma delas: os fenícios se estabeleceram no aprazível território à beira-mar há pelo menos 5 mil anos. Nos arredores, encontravam-se as pujantes florestas de cedros, vitais para a construção das embarcações que os levaram a dominar as águas mediterrâneas e promover comércio e trocas com grande parte do sul da Europa e com o norte da África. Por ali ainda passariam gregos, romanos, árabes, europeus, turcos. A influência externa, via ocupação, foi e ainda é uma marca do país.

MARCAS DAS OCUPAÇÕES

As ocupações antigas deixaram marcas extraordinárias, como as ruínas romanas de Baalbeck, mas também algumas cicatrizes. As mais recentes, em sua longa história, provocaram feridas que ainda não se fecharam. O período otomano é uma delas. Etnicamente e linguisticamente diversos, os otomanos ocuparam a região a partir do século XVI e expandiram seu império nos séculos seguintes, englobando territórios onde viviam diferentes grupos étnicos e confessionais. Os otomanos eram muçulmanos sunitas e em suas vastas posses havia xiitas, drusos, alauítas, judeus e cristãos de vários segmentos, como gregos ortodoxos, gregos católicos, armênios ortodoxos, armênios católicos, maronitas, católicos e protestantes. No melhor estilo "dividir para conquistar", foi instituído o sistema de *millet*, que concedia reconhecimento oficial às comunidades cristãs e à judaica, preservando, bem como enfatizando, a diferença religiosa. Cada uma dessas comunidades detinha certa autonomia, que outorgava a seus líderes não somente o controle sobre assuntos relacionados à religião, mas a outras esferas importantes como a educacional e a relativa ao status pessoal – que envolve questões como casamento e herança, por exemplo. Também era de responsabilidade das lideranças desses grupos confessionais a coleta de impostos, cuja maior parte era revertida e regulada pelo governo central (DAVISON, 2005, p. 61).

Essa falta de coesão entre os não muçulmanos sob o sistema *millet* ainda era potencializada pela ocupação característica da região. Os acidentes geográficos, como vales e montanhas, colaboraram para o distanciamento de vilarejos e refletiram na diversidade de costumes, línguas – além do árabe, o siríaco também era encontrado – e dialetos. Eram sociedades altamente estratificadas, sem grandes oportunidades de mobilidade social, o que também reforçava a prevalência de laços endogâmicos.

O Monte Líbano é um exemplo dessa fragmentação. Nessa cadeia montanhosa que empresta o nome ao país se instalaram comunidades que buscavam proteção de invasores e também distância do poder central. Ou seja, ideal para um perfil específico: o de grupos minoritários, como os cristãos maronitas e os drusos.

A convergência dessa combinação de fortes laços de solidariedade local, isolamento geográfico e consciência de autoproteção pode ter sido um estímulo à ocorrência de revoltas (KHALAF, 2002). No final do século XVIII houve pelo menos duas na região, e ocorreriam ainda outros episódios de insurgência mais violentos ao longo do século XIX. A instabilidade já se dava na década de 1820, mas foi com a chegada ao Levante dos exércitos de Muhammad Ali, na década seguinte, que as estruturas locais foram ainda mais abaladas. A intervenção sob Ibrahim, general e filho de Ali, governador do Egito que desafiava o governo otomano, foi crucial nessa nova cizânia entre grupos locais. Ibrahim empreendeu a conscrição obrigatória entre os levantinos, ao mesmo tempo que investiu no desarmamento das populações locais. Parte dos habitantes do Monte Líbano, drusos que temiam ficar vulneráveis – e dando vazão ao instinto de defesa –, resistiu à ordem. O preposto local dos egípcios, Bachir II, armou um grupo de maronitas e o enviou para o embate contra seus vizinhos em 1838. Além de derrotar os rivais de Hawran, a força recém-criada recebeu o armamento como pagamento pelos serviços e aproveitou a ocasião para aumentar seus domínios locais. Em 1840, os até então aliados de Ibrahim, que haviam sido armados por ele, também se insurgiram e colaboraram com as forças anglo-turcas que ali desembarcaram para expulsar as tropas vindas do Egito. O episódio de Hawran instalou de vez a hostilidade entre os grupos confessionais envolvidos. Segundo Albert Hourani (1981, p. 132), a questão comunal se tornou um problema dominante na vida libanesa a partir desse conflito.

Além da imposição de um número maior de conscritos, da exigência mais abusiva da corveia, houve um significativo aumento da carga de impostos para a população local. Em 1840, a taxação era 3,5 vezes maior do que duas décadas antes. O valor coletado também ajudava a manter os exércitos ocupantes. Os descontentes ganharam o incentivo dos clérigos maronitas, um grupo influente e extenso – havia pelo menos um padre para cada grupo de 200 fiéis (HARIK, 1968, p. 154). Desde o século XVIII, os integrantes das classes mais baixas ascenderam nos meios religiosos, em detrimento do nepotismo anterior, que resultava em um grupo mais homogêneo e com interesses comuns aos das elites. Eles passaram a desafiar a autoridade feudal dominante, mobilizando os camponeses contra um sistema cada vez mais adverso. A nova estratégia dos religiosos também gerou novas formas de consciência coletiva e de lealdades comunais entre os cristãos maronitas.

Mas a divisão de poder escamoteou o vácuo de autoridade. No período de 1858 a 1861 houve uma revolta camponesa em Kisrwan, um conflito que se estendeu para Damasco, onde cristãos foram massacrados, incluindo diplomatas europeus. Nesse momento de crise, o sentimento comunal foi estimulado pelas potências estrangeiras e canalizado para o ódio religioso (HOURANI, 1981, p. 134). Pressionados por governos europeus, preocupados em proteger seus compatriotas e comunidades sob sua zona de influência, os otomanos concordaram em dar maior autonomia ao Monte Líbano por meio de uma unidade política, o sistema *iqta'*.

O novo tipo de governo era liderado por um cristão otomano não libanês, com o apoio europeu, e um conselho com representantes de cada comunidade religiosa do distrito. O sistema era organizado de maneira quase feudal, dividido em distritos, entre famílias que obedeciam a um líder com considerável autonomia dentro do governo otomano. Entre suas atribuições estava a cobrança de impostos, a manutenção da ordem, o exercício da autoridade judicial. Era uma sociedade em que havia uma relação entre patrões e clientes, o que forjou uma interdependência alimentada por alianças baseadas na troca de apoio por proteção. É importante notar que não havia bases sectárias, podendo existir vários grupos religiosos sob uma mesma liderança, cujo poder passava de pai para filho (KHALAF, 2002, p. 65). Várias dessas famílias se mantêm influentes ainda nos dias de hoje na cena política libanesa. O sistema duraria até 1914.

A partir do arranjo de 1861, a vida política se desenvolveu à custa de um fosso maior entre os distritos inseridos nessa moldura e os que se encontravam fora dela. Dentro do sistema havia uma sociedade de pequenos proprietários que cultivavam o bicho-da-seda para o mercado europeu e uma consciência política forjada através da educação formal ministrada em escolas missionárias francesas e uma intensa emigração para as Américas. Fora desse contexto se encontravam meeiros que trabalhavam para donos de terras que viviam em centros urbanos. Nas cidades, observava-se uma predominância de cidadãos com consciência política basicamente em torno da ideia de uma comunidade muçulmana, com influências do liberalismo otomano, do pan-islamismo e do nacionalismo árabe, que levavam ao apoio em torno de um ideal de Estado grande, independente e unido, contrário à existência de territórios autônomos sob proteção estrangeira – uma demanda que crescia entre cristãos.

Mesmo com o olhar para o Ocidente e antes mesmo do arranjo francês, integrantes da elite maronita também buscaram outras formas de distinguir-se culturalmente e de forjar uma nova identidade. No início do século XX e ainda sob ocupação otomana, buscou-se o mito da origem fenícia para justificar o distanciamento da língua e da cultura árabes, vistas como atreladas ao Islã e aos otomanos. Muitos desses "novos fenícios" haviam estudado na Universidade Saint Joseph, mas outros não eram nem maronitas nem afiliados à igreja. A partir do final da Primeira Guerra Mundial, a ideia do fenicismo passou a ser associada a uma separação territorial da Grande Síria e a linguagem foi "libanizada", ou seja, adequada a um projeto exclusivo de uma única comunidade confessional (KAUFMAN, 2001, p. 189).

Durante a Primeira Guerra, a região sofreria um de seus períodos de maior dificuldade. A região da Grande Síria, que abrangia os atuais territórios da Síria, do Líbano, da Palestina, da Jordânia e de Israel, foi atingida por fome e doenças, resultantes do conflito. A perda de vidas também viria do front de guerra: a população árabe foi convocada para o Exército otomano, enquanto outros lutaram do lado oposto. Muitos jamais voltariam a seus vilarejos. Ao todo, calcula-se que aproximadamente 600 mil levantinos morreram durante o conflito, ou o equivalente a 18% da população da região na época (THOMPSON, 1999, p. 23). Para fugirem da obrigação de servir, muitas famílias enviaram seus filhos, mesmo os muito jovens, para a "Amrik" (América), destino que correspondia a portos localizados nos Estados Unidos, na Argentina e, eventualmente, no Brasil. Na década de 1930, assim como outras partes do mundo, o Levante também sofreria com as consequências da crise econômica de 1929. Não foi à toa que, entre 1860 e 1947, cerca de um terço dos habitantes do Monte Líbano deixou a região (SAFA, 1960).

A derrota otomana e a divisão do território do antigo império por parte dos vencedores resultaram na possessão francesa do território hoje correspondente à Síria e ao Líbano. O correspondente aos atuais Palestina, Israel, Jordânia e Iraque foi para os britânicos. O interesse francês pela região se dava não somente por motivações estratégicas, a fim de contrabalançar a influência britânica, mas também econômicas e religiosas. As econômicas se explicam pelo desejo de catapultar negócios relacionados à venda de serviços de infraestrutura, como ferrovias e portos, além de criar mais mercados exclusivos para a venda de outros produtos. As motivações religiosas são originárias da longa relação com os cristãos do Monte Líbano, especialmente os católicos maronitas. A França professava ter o dever moral de proteger a comunidade, o que acabou por alienar ainda mais a maioria muçulmana, potencializando as disputas locais através da institucionalização das lealdades comunais (CLEVELAND e BUNTON, 2012, p. 202).

A partir da ideia de criar um enclave cristão sob proteção e orientação de Paris, o general Henri Gouraud, comandante das forças francesas no Levante e alto-comissário, dividiu novamente a região em 1920. O militar criou por decreto o Grande Líbano, um território que abrangeria, além do Monte Líbano, a planície costeira entre Tiro e Trípoli, que inclui Sidon e Beirute, além do Vale do Bekaa e parte da cadeia de montanhas Antilíbano (ROGAN, 2012, p. 264). Mais uma vez, os novos ocupantes investiram na velha política de dividir para governar, promovendo políticas que aprofundavam as divisões religiosas, étnicas e regionais. Tal divisão aumentou a possibilidade de um conflito sectário especialmente fora de Beirute, onde a população era predominantemente muçulmana e via o controle cristão europeu com natural desconfiança. No novo Estado, contudo, os maronitas constituíam apenas 30% da população (CLEVELAND e BUNTON, 2012, p. 209), sendo o restante, além de muçulmanos, cristãos de outras denominações, judeus e drusos.

As divisões internas ainda seriam institucionalizadas por meio da Constituição de 1926. Sua promulgação foi resultado de um processo de barganha política que privilegiou a representação confessional e manteve o território sob o mandato francês. O Pacto Nacional de 1943, promovido por líderes das comunidades maronita e sunita, selou a independência do território e ainda validou, mais uma vez, o arranjo que solidificou a fragmentação regional e étnica. Com base no censo realizado em 1932, que indicava uma maioria maronita sobre os demais, o pacto instituiu que a Presidência seria exclusivamente exercida por um integrante do grupo confessional majoritário. O cargo tinha poderes extensos, entre eles o de nomear o ocupante da cadeira de primeiro-ministro.

Enquanto a Presidência poderia ser ocupada por um único grupo confessional, o Parlamento teria maior variedade, mas com uma proporção de 6:5 (seis cristãos para cinco muçulmanos). Cada distrito eleitoral tinha um *za'im*, uma espécie de líder político local, em geral o chefe de uma influente família, com caraterísticas de senhor feudal. Ele tinha total controle sobre os eleitores locais, exercido através da distribuição de favores e presentes, e especialmente por meio da manipulação das votações. O eleito de cada distrito tinha em mente, portanto, apenas os interesses locais e de seu grupo. Assim, desde cedo, os laços familiares, locais e religiosos prevaleceram sobre um projeto comum de unidade nacional. Esse tipo de representação não encorajou a ascensão de partidos com bases ideológicas, mas promoveu a formação de "blocos com base sectária leais a um único indivíduo" (Ibid., p. 311). Um político com as características de um *za'im* tradicional foi Bchara al-Khoury (1943-1952), o primeiro presidente da República.

Os anos pós-independência foram marcados por disputas entre clãs políticos, mas não se caracterizavam por embates violentos. O próprio governo de Al-Khoury acabou sendo derrubado por uma ampla coalizão de líderes sectários, que se uniram para insuflar protestos contra a corrupção e o nepotismo crescentes de seu governo. Contudo, no final da década de 1950, a escalada para embates diretos se mostrou inevitável. Elementos presentes em conflitos anteriores se repetiram: revolta social alimentada pela desigualdade, liderança impopular pouco adepta à negociação e ao diálogo e intervenção militar estrangeira. Esses elementos juntos, somados a uma conturbada dinâmica regional, levariam o país à beira de uma guerra civil.

As pressões internas, relacionadas à crescente desigualdade social, marcadamente nas comunidades muçulmanas, que se viam marginalizadas diante da crescente prosperidade de outros setores, coincidiram com a ascensão do pan-arabismo. O presidente egípcio Gamal Abdel Nasser conquistou multidões no Oriente Médio por meio de transmissões radiofônicas, com discursos que exaltavam a união entre os árabes contra a ingerência estrangeira. Sua mensagem ressoou especialmente após a vitória na crise de Suez, em 1956, quando britânicos, franceses e israelenses atacaram a península egípcia após o anúncio da nacionalização do canal. A vitória era um sopro de esperança entre os árabes, ainda mais após a Nakba, a catástrofe palestina decorrente da criação do Estado de Israel, em 1948, que resultou em milhares de mortos e refugiados espalhados por vários países da região, especialmente Jordânia, Líbano e Síria.

A empolgação com o discurso mobilizador de Nasser não seria diferente no Líbano, especialmente entre a população não cristã, que tradicionalmente tinha laços com a França. A fim de também se contrapor ao popular líder egípcio, o presidente libanês Camille Chamoun continuou a manter relações com os agressores europeus do país árabe e calou-se diante da ingerência ocidental em Suez. Chamoun já havia se aproximado dos integrantes do pacto de Bagdá, uma aliança militar forjada como bloco antissoviético em 1955, e era próximo de regimes antinasseristas, duas frentes que ameaçavam o discurso pan-arabista. Não somente Chamoun mas outros grupos libaneses também temiam a pressão para uma eventual adesão do Líbano à República Árabe Unida, uma nova nação formada por egípcios e sírios em fevereiro de 1958, mas que fracassaria três anos depois.

A hostilidade de Chamoun com figuras e temas populares estremeceu as relações com outras lideranças libanesas. Como se não bastasse essa frente de desavença, o presidente maronita, que tinha poderes especiais concedidos pelo Pacto

Nacional de 1943, ainda promoveu uma reforma eleitoral que prejudicava diretamente seus opositores. O arranjo instaurou novas divisões dentro das zonas eleitorais que tinham dinâmicas de poder consolidadas e assim alienou famílias e grupos tradicionais da cena política do país. Uma eleição para o Parlamento realizada em junho de 1957 mostrou como o efeito da reforma foi um sucesso para o presidente: o governo e seus aliados conquistaram nada menos do que 58 das 66 cadeiras, devastando os adversários. O episódio trouxe motivos para aumentar o número de descontentes e, portanto, mais incentivos para uma mobilização em torno da deposição do presidente.

Somando-se ao embate político, havia também a insatisfação popular com a desigualdade social, demonstrada principalmente por ondas de greves de trabalhadores que demandavam melhores condições de trabalho e o aumento de salários. O descontentamento contra o presidente, assim como ocorreu durante o período de Al-Khoury, não teve somente um contorno sectário – vários maronitas também cerraram fileiras com a oposição, com base no fracasso de uma distribuição mais equânime de recursos e na repressão. A agitação social e política foi recebida pelo governo com medidas duras, que incluíam censura aos meios de comunicação, prisões de manifestantes e atos de coerção. Os conflitos se intensificaram e explodiram nas ruas, resultando em protestos e altercações entre revoltosos e tropas governamentais. Vários episódios de violência se seguiram, fomentados em especial pelos líderes políticos alijados de suas bases eleitorais devido às reformas promovidas pelo presidente.

1958, o ano que não acabou

À beira de uma guerra generalizada, e percebendo que a coerção com os próprios meios não estava surtindo efeito, Chamoun apelou para os americanos, que prontamente se propuseram a intervir militarmente. Nesse episódio, o presidente Dwight D. Eisenhower poria em prática sua doutrina de contenção da influência soviética por meio de interferência direta. Essa atitude foi bem diferente de outra tomada dois anos antes, quando Eisenhower não aderiu à invasão de Suez e instou a retirada de França, Reino Unido e Israel. Dessa vez, um efetivo de mais de 15 mil fuzileiros navais americanos foi enviado para Beirute, em julho de 1958. Ao lado da força militar, um enviado do presidente dos Estados Unidos intermediou um acordo entre os dois lados do conflito, que permitiria a Chamoun completar seu mandato em setembro e a um novo presidente maronita assumir a Presidência. No mês de outubro, os ocupantes começaram a deixar o país.

Nesse conflito, ficou claro que as disparidades econômicas e as diferenças regionais de desenvolvimento fomentaram a tensão. Mas existia um ressentimento com a questão identitária. De um lado, havia os que defendiam maior integração com outros países da região, ou que viam a necessidade de preservar uma "face árabe"; estavam, portanto, mais associados às comunidades muçulmanas. De outro, havia os grupos cristãos, especialmente os maronitas, que viam essa aproximação com ansiedade e desconforto. A apreensão se baseava numa sensação de que perderiam seus privilégios e seriam marginalizados caso houvesse uma aderência do país a um bloco pan-árabe. E, claro, outras matrizes também se somaram ao jogo, dando-lhe novos contornos: socialistas drusos, baathistas, comunistas, palestinos.

O período entre 1958 e 1975, por outro lado, é visto por muitos como um período de ouro e prosperidade. As nacionalizações ocorridas no Egito, na Síria e no Iraque ajudaram a atrair investidores e capital para os bancos libaneses. O sistema bancário com ordenamento que emula o suíço – em que os correntistas contam com sigilo, controles escassos e poucos entraves para transações – foi um incentivo a mais. Mas o problema é que nem toda a riqueza ficava no Líbano ou era investida no país. Na verdade, o sistema era mais um trampolim, pois a maior parte dos depósitos era endereçada à especulação e à compra de ações em países europeus. E os poucos benefícios ficavam em Beirute, enquanto em outras regiões, como o Vale do Bekaa, por exemplo, a prosperidade continuava distante. A concentração de renda beneficiou um setor: o turismo de alto padrão, que contava com hotéis de luxo, cassinos e boates, principalmente na capital.

Além de ser localizada, a riqueza também fluía na mão de poucos. Por isso, o apelido de "Suíça do Oriente Médio" ofuscou a compreensão de que esse período de crescimento econômico foi desigual e promoveu um aumento das disparidades sociais. Cinco famílias dominavam metade dos negócios de importação e exportação do país. Entre 1967 e 1975 o custo de vida dobrou, fazendo com que Beirute fosse mais cara que Washington – um índice que impactou especialmente as famílias de baixa renda (TRABOULSI, 2007, pp. 157 e 159). Houve ainda aqueles que afirmaram que o estilo de vida "frívolo" teria colaborado para mascarar as tensões sociais crescentes, além de outros sintomas que apontavam para uma guerra civil iminente (KHALAF, 2002, p. 151).

Outros fatores também influenciaram decisivamente no clima de instabilidade do país. O principal deles foi a chegada de novos contingentes de refugiados palestinos a Beirute e ao sul do Líbano após a derrota árabe na Guerra de Junho de 1967 (ou Guerra dos Seis Dias), quando Israel ocupou os territórios palestinos de Jerusalém, Gaza e Cisjordânia, além da Península do Sinai, no Egito, as Colinas de Golã, na Síria, e as Fazendas de Chebaa, no Líbano. Outro catalisador da desestabilização surgiu após o conflito conhecido como Setembro Negro, em 1970, que ocorreu na Jordânia. O Exército jordaniano e palestinos, que operavam um Estado paralelo dentro dos campos de refugiados a fim de atender a necessidades não abrangidas pelo governo local, entraram em choque. Com a derrota palestina, parte dos refugiados e toda a liderança da Organização para a Libertação da Palestina (OLP) partiram para o Líbano em 1971, juntando-se aos outros milhares de refugiados que ali se encontravam desde as guerras de 1948 e de 1967.

No Líbano, os recém-chegados encontraram novos aliados e novos inimigos. Entre os primeiros, estavam os drusos sob Walid Jumblatt, que se identificava com os palestinos em termos ideológicos (socialistas). Jumblatt foi se firmando como uma importante liderança entre os muçulmanos. Na outra ponta do espectro, em oposição tanto ideológica quanto identitária, estavam os maronitas. Apesar de haver cristãos entre os palestinos, os maronitas tinham uma visão menos abrangente de sua religião por associá-la, em termos simplificados, ao território e a seu grupo comunal. Essa visão também os levou a criar as próprias milícias: entre elas a Falange, grupo fundado em 1936 por Pierre Gemayel e inspirado no fascismo, e os Tigres de Chamoun, grupo ligado ao ex-presidente que deu origem ao nome.

Enquanto as milícias se armavam, as autoridades libanesas sob comando maronita se mostraram omissas não apenas na defesa da fronteira sul, mas até de sua capital – Israel chegou a atacar o aeroporto de Beirute em 1968. Ao mesmo tempo, as Forças Armadas do país eram usadas para reprimir protestos de trabalhadores e estudantes. A pouca habilidade em lidar com ameaças externas ficou demonstrada após uma audaciosa ação israelense, em plena Beirute e a poucos metros de um quartel, que eliminou três líderes da OLP em 1973. Milhares de pessoas acompanharam o cortejo fúnebre, o que demonstra a inserção obtida pela causa palestina. O atentado ainda criou um impasse no governo, em que o primeiro-ministro Saeb Salam pediu a demissão do comando do Exército. O presidente Suleiman

Frangieh, por outro lado, negou a demanda e Salam deixou o governo em protesto. É verdade que o Exército era tradicionalmente pouco guarnecido, por medo de que se tornasse uma força capaz de promover um golpe de Estado, fato comum entre os países vizinhos. Mas a sensação de pouco-caso ficou, aliada aos frequentes escândalos de corrupção que envolviam a compra de armas e a proteção a carregamentos para milícias. Como afirma o historiador Fawwaz Traboulsi, o Exército estava lá para "defender o sistema, e não a pátria" (2007, p. 174).

ENTRE OPOSITORES E PRAGMATISMO

As tensões explodiram em uma guerra civil que durou quinze anos, matou mais de 120 mil pessoas e provocou danos psicológicos e materiais incalculáveis. O conflito teve várias fases, o que demonstra que havia muitas camadas de tensões que foram se desdobrando ao longo do tempo, intensificadas ainda por intervenções externas, especialmente de Israel e da Síria. Inúmeros grupos políticos e sectários surgiram e durante a guerra foram se compondo e descompondo, unindo-se a antigos inimigos e também se opondo a antigos aliados. O estopim da primeira fase foi resultado das tensões crescentes entre falangistas e palestinos: um ataque dos falangistas a um ônibus, que resultou na morte de 27 refugiados. A OLP revidou, e o conflito se transformou em uma guerra civil generalizada.

O ditador sírio Hafez al-Assad, que cobiçava se envolver mais ativamente na vizinhança, talvez para reviver a Grande Síria ou se contrapor aos israelenses, aproveitou a desordem e enviou tropas para cerrar fileiras com os falangistas. Além dos sírios, os israelenses também invadiriam o país. Em 1978, com o objetivo de cortar as relações das milícias locais com a Cisjordânia ocupada, as tropas avançaram até o Rio Litani, no sul. Mas, além de deslocar e massacrar civis tanto libaneses como palestinos, fracassaram em sua tentativa de eliminar a guerrilha palestina. Muitos xiitas, que vivem ao sul do Litani, fugiram e se refugiaram nos subúrbios de Beirute, o que inflou os bolsões de pobreza, que já contavam com milhares de refugiados palestinos. Em junho de 1982, em uma nova operação, as tropas israelenses avançariam mais adiante, até a capital libanesa, atendendo a apelos de grupos cristãos.

Beirute, uma cidade que até pouco tempo antes era o símbolo da vida de opulência do jet set, agora se transformaria num campo de batalhas e ruínas. Seria também a face mais nítida do caos e da divisão entre os libaneses. Moradores começaram a ser expulsos da própria casa por vizinhos armados que tinham como objetivo manter a região sob seu grupo confessional. Enquanto o resto do país se fragmentava em enclaves, uma fronteira foi demarcada no meio da capital. Conhecida como Linha Verde, ela separava a leste os cristãos e a oeste os muçulmanos. Falangistas liderando a Frente Libanesa de um lado e o Movimento Nacional Libanês (MNL) de outro, integrantes de movimentos de esquerda, pan-arabistas, nacionalistas sírios, denominações muçulmanas e palestinas. O Exército foi se desintegrando e seus membros se alocando em milícias, de acordo com suas bases sectárias e políticas. De um lado havia os inseridos, que lutavam para manter os privilégios que tinham e o status quo. De outro, os *outsiders*, que buscavam uma cota mais justa de participação no sistema político e maior inserção na economia do país.

Naquele momento, houve aqueles que imaginaram que a solução para os impasses era passar por uma reforma política total, que instaurasse um Estado com base secular. A ideia, que ainda precisaria de uma transição para acabar com as divisões confessionais, encontrou barreiras de ambos os lados: os maronitas se recusavam a abandonar a proporção de 6:5 no Parlamento; e os muçulmanos viam com reservas a ideia de um Estado que tivesse um código civil para o status pessoal. O casamento no Líbano era – e ainda é – uma atribuição de cada grupo religioso, que oficializa o enlace dentro de sua comunidade ou com eventuais convertidos. No caso dos muçulmanos, a religião é passada somente pelo pai, e por isso mulheres não poderiam se casar com não muçulmanos. O código civil retira o poder dos clérigos e permite que casamentos intrarreligiosos ocorram.

Além da existência de alianças intersectárias, as disputas intrassectárias eram uma realidade na fragmentada Guerra Civil Libanesa. As rivalidades se davam em termos mais pragmáticos, tanto dentro das próprias milícias como dentro do próprio grupo confessional. Há vários exemplos. Os falangistas atacaram e expulsaram os palestinos do campo de refugiados de Dbayeh mesmo sabendo que aquela ocupação era de cristãos. Dentro do grupo maronita, houve também violentas brigas fratricidas: em 1978, um grupo de falangistas invadiu a vila onde morava o ex-presidente Frangieh, contrário aos acordos do grupo com Israel. O ataque resultou na morte de um de seus filhos, Tony Frangieh, da nora e da neta de dois anos. Os drusos libaneses sob Jumblatt se colocavam ao lado dos palestinos enquanto, ao mesmo tempo, outros membros de seu grupo confessional, que tinham cidadania israelense, lutavam no Exército de Israel. Entre os xiitas, houve muita tensão e disputas armadas entre os do AMAL (abreviatura de *Afwaj al-Muqawma al-Lubnaniyya*, partido político libanês)* e os do Hezbollah.

Da mesma forma, os massacres de civis não eram exclusividade de um dos lados: eram usados por todos como retaliação. Em janeiro de 1976, as milícias cristãs libanesas fizeram mais de

---

* Destacamento de Resistência Libanesa. A sigla AMAL também faz referência ao vocábulo árabe *amal*, que significa "esperança".

mil mortos em Karantina, uma vizinhança do porto de Beirute habitada principalmente por curdos e armênios, mas controlada pela OLP e habitada também por muçulmanos palestinos e libaneses. Dois dias depois, a OLP e o MNL retaliaram na pequena cidade cristã de Damour, ao sul da capital, ceifando a vida de mais de trezentas pessoas. A prática se aplicava especialmente quando dirigentes eram os atingidos, mas nem sempre os alvos eram os perpetradores. O druso Kamal Jumblatt, líder do MNL, foi morto em 1977 e seu grupo executou novas represálias contra os maronitas, suspeitos de serem responsáveis pelo seu assassinato – na verdade, teriam sido os sírios. Em 1982, o presidente eleito do país e líder da Falange, Bachir Gemayel – além de outras 26 pessoas –, foi assassinado na explosão de um carro-bomba. Dois dias depois, veio a retaliação que resultou no mais conhecido massacre da guerra. Sob proteção das tropas invasoras israelenses, as milícias cristãs agiram durante três dias nos campos de refugiados palestinos de Sabra e Chatila, onde eliminaram mais de 1.700 pessoas, principalmente mulheres, crianças e idosos (FISK, 2007). O único condenado pelo crime foi um maronita afiliado ao Partido Nacional Social sírio, que escapou da prisão em 1990.

Para completar a lista de invasores, depois de sírios e israelenses, agora era a vez de franceses, americanos e italianos enviarem tropas ao país, em 1982. Os militares seriam observadores da evacuação dos membros da OLP, que estavam sitiados pelos israelenses na parte oeste de Beirute juntamente com a população que ali vivia. As lideranças e os combatentes palestinos concordaram em se mudar para a Tunísia, a milhares de quilômetros dali, em troca de uma saída com proteção, assim como de garantias de segurança para os civis que ficariam para trás. Logo que saíram, Gemayel foi assassinado. E os israelenses rasgaram o acordo ao entrar na parte oeste de Beirute, onde se encontravam os campos de refugiados de Sabra e Chatila, que, desprotegidos, seriam alvo do massacre falangista. As tropas internacionais ainda se manteriam no país e seriam alvo de novos ataques. Em 1983, suicidas, carros-bomba e por controle remoto foram usados para atacar a embaixada americana, em abril, e os quartéis onde se encontravam os militares franceses e americanos, em outubro. No total, houve mais de trezentos mortos, entre militares e civis, estrangeiros em sua maioria. Os Estados Unidos acusam o Hezbollah de ter promovido os atentados.

A guerra ainda continuaria e as contendas intersectárias e intrassectárias idem. Os novos conflitos seriam conhecidos como a "Guerra dos Campos", em que os militantes do AMAL, apoiados pelo governo sírio, opunham-se a palestinos em campos de refugiados. Foram pelo menos três grandes embates, em 1985 e 1986. A contenda também selaria uma divisão entre os próprios xiitas: de um lado o AMAL, associado a uma classe de novos-ricos, com posição contrária à dos palestinos, e de outro o Hezbollah, com membros de segmentos desprovidos e mais jovens, que defendiam o direito palestino de se defender de Israel a partir do território libanês. Ambos os grupos entraram em confronto armado em 1988. Desde então, o Hezbollah, que também passou a participar das eleições como partido político, vem crescendo e é certamente a facção mais poderosa do país. O grupo passou a se associar ao clero iraniano, adicionando mais um país à lista de interessados no caldeirão libanês.

Nos anos finais da guerra, uma nova fase entraria em operação, marcada pela total fragmentação do país. Agora as milícias se encontravam entrincheiradas em territórios demarcados. As operações seriam mais relacionadas com atividades extramilitares, como a venda de proteção e o estabelecimento de taxas sobre produtos. Tal prática demonstra uma readequação enquanto o conflito militar se exauria e as motivações anteriores já se tornavam secundárias. A necessidade de sobrevivência se impunha. Por um lado, um acordo de paz para conciliar tantos interesses era difícil, mesmo dentro dos grupos políticos e confessionais. Por outro lado, o impasse se mantinha, e nenhum grupo tinha força suficiente para se impor aos demais. A perspectiva de uma mudança significativa era mínima, mas a exaustão era evidente. Talvez a frase "sem vitorioso, sem subjugado", usada por um ex-presidente para se referir ao conflito de 1958, também sirva para o fim da Guerra Civil.

O fato é que, em 1989, a Liga Árabe reuniu os remanescentes do último Parlamento eleito, em 1972, entre outros representantes das facções envolvidas no conflito na cidade de Taif, na Arábia Saudita. O país que abriga as cidades mais sagradas para o Islã não pareceu um local neutro para negociações com tantos campos religiosos. Mas dali saiu um acordo que levou seu nome e redefiniu a representação política no Líbano. Agora, metade do Parlamento seria ocupada por cristãos e a outra metade por muçulmanos. A Presidência se manteria com um maronita, mas parte dos poderes seria transferida para o primeiro-ministro, cargo ocupado por um sunita. O líder do Parlamento, um xiita, também teria maiores capacidades. Uma troica, portanto, operaria o governo. A resolução ainda implicaria a entrega de armas pelas milícias para o Exército libanês, tendo as tropas sírias como garantidoras.

Tal concessão aos sírios provocaria uma nova crise: o comandante das Forças Armadas do Líbano, o general maronita Michel Aoun, não aceitou. Indicado pelo presidente para ser primeiro-ministro, foi desafiado pelo ocupante do cargo, que era voltado aos sunitas. Aoun manteve-se entrincheirado e organizou uma resistência que provocou ainda mais mortes, até ser desalojado de seu bunker pelos sírios e fugir para a embaixada francesa em 1990. Inicialmente, Aoun contou com o apoio de vários grupos sectários que se mobilizaram contra os sírios, mas a violência acabou por diluir sua popularidade mesmo entre os maronitas, dando espaço para os vizinhos agirem. Com a fuga de Aoun, a guerra finalmente acabou. Mas não sua carreira: o general voltaria ao país anistiado mais de duas décadas depois e seria eleito presidente em 2016.

O NOVO VELHO CLIENTELISMO

A longevidade da guerra provocou efeitos colaterais que ainda foram consolidados pelo acordo de Taif. Os laços comunais ficaram mais sólidos e se transformaram em redes de solidariedade imprescindíveis para obter ajuda tanto para promover um casamento quanto para arranjar um emprego. O próprio acordo de Taif não somente reafirmou mas promoveu em nova escala as diferenças confessionais. Da mesma forma, a anistia aos senhores da guerra fez com que eles se mantivessem no cenário político – mesmo que entre eles houvesse líderes que ordenaram massacres durante o conflito e deles participaram. Os sobrenomes quase não mudam: Jumblatt, Gemayel, Gegea, Berri. Quando não é um parente próximo, é um correligionário. Entrincheirado no poder, por acordos para manter um bloco parlamentar, o governante divide os ministérios entre sua base e os recursos escassos do Estado, que não tem como arcar com gastos básicos de infraestrutura.

A ameaça de uma volta à Guerra Civil ainda pairaria no país, uma década e meia depois de Taif. Em 14 de fevereiro de 2005, um carro-bomba matou Rafiq Hariri, ex-primeiro-ministro do Movimento Futuro, um dos homens mais ricos do Líbano. A explosão também despedaçou a comitiva de Hariri e parte do centro revitalizado de Beirute, que ele como empreiteiro e governante ajudou a reconstruir. O crime provocou vários protestos, que se espalharam pelas ruas da capital e de outras cidades libanesas. Foram muitas semanas de revolta, ainda que pacífica, que ficaram conhecidas como a Revolução dos Cedros. Entre as principais demandas populares estavam a saída das tropas sírias do país, a queda do governo pró-Síria, novas eleições parlamentares e uma investigação internacional do atentado.

O atentado escancarou, mais uma vez, a cisão incontornável entre os apoiadores e os opositores da influência síria, que daria origem a dois blocos políticos. O primeiro deles, pró-Síria e liderado pelo Hezbollah, foi para as ruas no dia 8 de março e por isso ganhou esse nome. O bloco opositor, a Aliança 14 de Março, foi convocado pelo filho de Hariri, Saad, e pelo Movimento Patriótico Livre, do maronita Michel Aoun. Os dois grupos ainda se mantêm como antagonistas, mas Aoun mudou de lado e atualmente é um fiel parceiro do Hezbollah e da Aliança 8 de Março. As tropas sírias deixaram o país, mas as elites libanesas, por sua vez, permanecem fazendo a dança das cadeiras no cenário político, com Saad, Aoun e demais protagonistas.

Outras crises levariam os libaneses para as ruas, mas as divisões parecem estar ficando menos nítidas ou, pelo menos, aparentam lidar com problemas que atingem a todos: o atendimento às necessidades básicas. Em 2015, um protesto em Beirute lançou o movimento You Stink ("você fede", em inglês) contra a incapacidade do governo de resolver questões básicas como coleta de lixo, entre outros problemas crônicos do país, geração e distribuição de energia, distribuição de água. Em 2019, uma nova onda de manifestações traria, pelo menos em seu início, pessoas de várias denominações em repúdio à corrupção endêmica em todas as esferas do governo, à incompetência em gerenciar o país e, principalmente, à crise econômica e financeira que fez com que os depósitos dos libaneses não ficassem mais disponíveis para retirada completa nos bancos locais.

E é a desigualdade o que parece aprofundar ainda mais o desassossego popular. Entre 2005 e 2014, o 1% mais rico do país detinha 25% do PIB. Em 2017, 25% de todos os depósitos bancários domésticos estavam em 0,1% das contas (SALTI, 2019). O país tem registrado um êxodo de jovens integrantes da classe média, que não veem perspectivas de trabalho e sobrevivência no país. Ao mesmo tempo, tem recebido grandes contingentes de refugiados: quase 1 milhão de sírios e mais de 30 mil palestinos – que viviam em campos na Síria – registrados, que fugiram da guerra civil no país vizinho. Calcula-se que haja mais de 500 mil não contabilizados. Ao mesmo tempo, ainda existem os milhares de palestinos deslocados, que vivem há décadas em campos de refugiados sob condições degradantes. Calcula-se que atualmente 20% da população total do Líbano seja de refugiados.

Os problemas do Líbano não podem ser relacionados somente a seu sistema político e às suas divisões confessionais. O consociativismo vigente pode ser um freio para uma sociedade heterogênea como o Líbano, pois envolve a necessidade de acordos e coalizões para a formação de um governo. Mas as tensões internas só terão alguma chance de ser minimizadas se as elites se desgarrarem do poder, as desigualdades sociais forem ajustadas, a questão dos refugiados for minimizada e a economia encontrar um rumo. Caso contrário, os velhos problemas serão somente travestidos de roupa nova.

4.
A disputa por Beirute: a Guerra Civil Libanesa e as invasões sírio-israelenses

ANDREW PATRICK TRAUMANN
DEVLIN BIEZUS

Tratar da Guerra Civil do Líbano não é tarefa simples. Essa complexidade se dá não apenas pelas características minuciosas do conflito e das partes em conflito, mas também devido às cicatrizes deixadas pela guerra. O Líbano saiu de seu sangrento conflito civil querendo superar os estigmas da pobre nação que é definida a partir de suas guerras, buscando se demonstrar como um Estado que tem muito a oferecer com sua riqueza cultural. Sabendo disso, este capítulo objetiva descrever a segunda Guerra Civil Libanesa de forma crítica. Isso significa que alguns fatores que antecedem a guerra serão analisados para que possamos compreender esse conflito de modo racional. O intuito dessa descrição é evitar o estereótipo do "choque de culturas" ou, nesse caso, o choque entre diferentes grupos religiosos. Após essa introdução, a Guerra Civil será analisada em duas seções distintas: a primeira examina o conflito até 1982; e a segunda apresenta os principais aspectos da Guerra Civil a partir da invasão israelense.

SECTARISMO INSTITUCIONALIZADO E PARAMILITARES PARTIDÁRIOS: AS BASES DA GUERRA CIVIL

Entendemos que três fatores são essenciais para compreender as bases do conflito libanês: 1) o sectarismo, 2) o Pacto Nacional e 3) a migração palestina. O primeiro fator, o sectarismo, está presente desde a formação moderna do Estado libanês. Essa característica ilustra como a sociedade libanesa é dividida a partir de seus grupos religiosos. Entre esses grupos, destacam-se os principais: os cristãos maronitas, os drusos, os muçulmanos sunitas e os muçulmanos xiitas. Essa divisão confessional vai além do aspecto demográfico, sendo uma importante característica também na esfera política e de segurança, pois o sectarismo era capaz de formar Estados paralelos dentro do próprio Líbano por meio do desenvolvimento de grupos armados que representavam interesses particulares no interior de cada grupo confessional (FISK, 2007).

As principais lideranças religiosas e políticas formavam os próprios clãs familiares, que também funcionavam como uma força paramilitar. Nesse sentido, existiam diversos grupos armados no Líbano formados a partir dos interesses particulares de diferentes clãs. A composição desses grupos paramilitares por si só já é um desafio para a formação do Estado libanês moderno, uma vez que uma das principais características do modelo moderno de Estado é sua capacidade de deter o monopólio coercitivo. Além disso, muitos desses grupos paramilitares também compunham a Casa Legislativa, o que era visto como uma ocupação desejável para tais lideranças familiares. Por exemplo, em 1964, o poder político e econômico do Líbano era exercido por alguns grandes clãs (PINO, 1989, p. 20). Para citar os principais: o Partido Socialista Progressista (PSP), o primeiro partido druso a obter relevância nacional e fundado por Kamal Jumblatt, tinha sua milícia armada e se aliou à Organização para a Libertação da Palestina (OLP); o Partido Nacionalista Sírio, fundado por Antun Saadeh e defensor do projeto de unificação entre Líbano e Síria; a Falange (Kataeb), o principal partido maronita fundado por Pierre Gemayel, detentor de uma milícia composta de cerca de 10 mil homens; e o Partido Nacional Liberal, liderado pelo cristão maronita Camille Chamoun, que também tinha um braço armado conhecido como Tigres de Chamoun (Ibid.).

O segundo fator essencial para a compreensão dos antecedentes do conflito no Líbano é o Pacto Nacional, um acordo não escrito realizado entre grupos maronitas e muçulmanos após a independência do país do protetorado francês. O Pacto Nacional pode ser interpretado como o resultado das negociações entre esses grupos religiosos sobre o destino do Líbano após a independência. Os dois grupos tinham o objetivo comum de tornar o Estado libanês totalmente independente e livre das influências diretas francesas. Pressionada pela comunidade internacional, a França reconheceu a independência libanesa em 1943. Assim, o Pacto Nacional foi o tratado que buscou conciliar as diferentes propostas que os grupos maronitas e muçulmanos apresentavam para o Líbano pós-independência e que também guiou a formação política do país. Ele "estabeleceu a participação de todas as elites políticas no Estado independente e reforçou o sectarismo" (MEIHY, 2016). Nesse sentido, o acordo previa que os grupos muçulmanos desistiriam de sua proposta pan-arabista de unificação com a Síria e, em contrapartida, os cristãos concordariam em cooperar com os países árabes no que tange aos assuntos regionais. Foi também decidido que a Presidência do país seria sempre exercida por um maronita, o cargo de primeiro-ministro por um muçulmano sunita e a presidência da Câmara por um muçulmano xiita. A quantidade de cadeiras no Parlamento e os postos administrativos seriam distribuídos de acordo com a proporção do censo feito em 1932 (WINSLOW, 1996).

Como mencionado, o Pacto Nacional reforçou o caráter sectário da política libanesa. Isso porque ele foi capaz de formar um status quo entre as principais elites políticas do país. A partir dessa lógica, é possível destacar uma importante falha que o Pacto Nacional carrega. Trata-se do fato de que a comunidade maronita, a principal beneficiada com esse acordo, representava apenas 30% do total da população libanesa. O mito de que os cristãos maronitas seriam a maioria foi sustentado por um censo realizado em 1932 e que não havia sido atualizado no cenário pós-independência de 1943 (FISK, 2007). Essa falha fez com que o Pacto Nacional se desgastasse ao longo das décadas e fosse cada vez mais questionado pelos grupos muçulmanos, criando uma crise de representatividade no Líbano que teve um papel ímpar para que um conflito civil se iniciasse.

O terceiro fator que auxilia na compreensão das bases do conflito civil libanês é a questão da diáspora palestina. Aqui se faz importante ressaltar a relação que cristãos maronitas libaneses tinham com o Estado de Israel. Grupos maronitas apoiavam abertamente a criação do "Lar judeu na Palestina", com base no ideal de uma aliança natural entre judeus israelenses e cristãos libaneses. Essa postura pôde ser evidenciada quando, em 1948, o então presidente libanês optou por não participar da primeira guerra árabe-israelense ao lado dos países árabes, mantendo apenas uma posição de apoio a esses países (COSTA, 2006).

A criação do Estado de Israel, em 1948, acarretou a primeira guerra árabe-israelense. Como consequência do conflito e da expansão israelense pelos territórios palestinos, milhares de árabes foram forçados a deixar seu lar para se instalar na região da Cisjordânia, que mais tarde seria anexada pela Jordânia. O Líbano e o Reino da Transjordânia também foram destinos dos refugiados palestinos (FISK, 2007). Tratar da questão palestina no contexto da Guerra Civil Libanesa se faz necessário devido ao importante papel que a Organização para a Libertação da Palestina (OLP) exerceu durante esse conflito.

Em 1964, a cúpula da Liga Árabe no Cairo fundou a OLP. O presidente maronita do Líbano daquele período, Charles Helou, aceitou a criação do grupo. Contudo ele não teria permitido que a OLP operasse dentro do território libanês (PINO, 1989). Depois de sua criação, a OLP teve um significante fortalecimento com a vitória israelense perante os países árabes na Guerra dos Seis Dias (1967). Diante da derrota da frente árabe, formada por Síria, Jordânia e Egito, a OLP compreendeu que deveria ser a principal agente e tomadora de decisões em relação à reconquista da Palestina. Assim, a partir de 1968, a Resistência Palestina começou a utilizar os territórios do sul do Líbano como base de ataques contra colônias israelenses na região da Galileia. O Exército libanês, formado majoritariamente por cristãos, retalhou a Resistência, iniciando, então, uma série de protestos da população muçulmana a favor dos palestinos (Ibid.).

Em 1969, o líder da OLP na época, Yasser Arafat, negociou um acordo com o comandante do Exército libanês que permitiria que qualquer palestino no Líbano participasse da luta armada palestina. Denominado Acordos do Cairo, seu principal objetivo era um cessar-fogo entre o Exército libanês e as guerrilhas palestinas que realizavam ataques contra Israel ao sul do Líbano. Assim, ficou definido que os palestinos deveriam se submeter à autoridade libanesa fora dos campos de refugiados e que também não poderiam realizar ataques contra Israel. Contudo, foi-lhes concedida autonomia para atuar dentro dos campos, o que permitia que os palestinos se autogovernassem, criando, na prática, um Estado dentro de um Estado (WINSLOW, 1996).

A presença da OLP no Líbano aumentou drasticamente após a expulsão da Resistência Palestina da Jordânia, em 1970. Depois dessa expulsão, as forças palestinas se reagruparam em Beirute e começaram a buscar aliados políticos que endossassem a autonomia de atuação do grupo dentro do Líbano (HUDSON, 1997). Mesmo após os Acordos do Cairo, a OLP continuou realizando ataques ao território de Israel a partir do Líbano. Contudo, a represália israelense era sempre desproporcional aos ataques palestinos. Além disso, as forças israelenses passaram a adentrar cada vez mais o território libanês para conduzir tais represálias (FISK, 2007).

Assim, o crescimento da OLP no Líbano passou a ser visto como uma ameaça por alguns grupos maronitas. Cristãos nacionalistas acreditavam que a estratégia da OLP era depor o governo libanês e substituí-lo por uma coalizão que serviria a seus interesses (HUDSON, 1997). Ao mesmo tempo, a maioria dos libaneses muçulmanos e os nacionalistas árabes, em conjunto com grupos de esquerda e progressistas, apoiavam a presença militar palestina no país (ROWAYHEB, 2011).

A relação entre as guerrilhas palestinas, o governo libanês e as milícias confessionais era frágil e provocativa. Confrontos entre milícias cristãs, combatentes palestinos e grupos libaneses muçulmanos começaram em pequena escala. Mas as retaliações e os sentimentos de vingança aumentavam na proporção de cada ataque. Nesse sentido, os três fatores destacados aqui podem ser considerados como problemáticas básicas que culminaram com o conflito civil libanês. O sistema confessional institucionalizado pelo Pacto Nacional já se encontrava desgastado e era alvo de debates sobre uma reforma política e jurídica (PINO, 1989). A diáspora palestina no Líbano e o crescimento da OLP serviram não apenas para fortalecer o questionamento das bases demográficas em que o Pacto Nacional se consolidava, mas também para aumentar as animosidades entre cristãos e muçulmanos, que entendiam a atuação da OLP como uma ameaça à soberania libanesa.

O INÍCIO DA GUERRA CIVIL

Em um contexto de grupos armados partidários, desgaste do Pacto Nacional e divisão da sociedade libanesa em relação à causa palestina, as animosidades entre os diferentes grupos sectários se acirraram. Em 1975, ano que marca o início da Guerra Civil, aconteceu a primeira grande escalada dos conflitos entre os grupos cristãos e os muçulmanos. Na cidade de Sidon, pescadores muçulmanos protestavam contra algumas medidas econômicas adotadas pelo presidente Chamoun, temendo que elas pudessem afetar sua fonte de renda. Durante o protesto, o prefeito de Sidon foi ferido e o conflito evoluiu para confrontos entre o Exército Nacional libanês, formado majoritariamente por maronitas, e combatentes muçulmanos e da OLP (FISK, 2007, p. 126). Em Beirute, no mesmo ano, um confronto entre maronitas e muçulmanos é considerado o estopim para o início do conflito civil. Em 13 de abril de 1975, a milícia falangista fazia o controle da região em que seu líder, Pierre Gemayel, inaugurava uma igreja. A milícia deteve um veículo ocupado por palestinos, resultando em uma discussão que culminou com um dos chefes falangistas baleado. Logo depois, um ônibus ocupado por combatentes palestinos, mulheres e crianças passou pelo local. Seus ocupantes desconheciam o que acabara de acontecer, mas, como represália, os milicianos da Falange metralharam o veículo, matando os 26 passageiros (PINO, 1989, p. 85).

As respostas desse massacre vieram tanto da parte libanesa muçulmana quanto da OLP. Kamal Jumblatt, líder da oposição e do Partido Socialista Progressista, e demais líderes nacionalistas declararam que não iriam apoiar um gabinete composto de membros da Falange, referindo-se, principalmente, a Pierre Gemayel, que era membro do Parlamento de Beirute. Por sua vez, alguns grupos palestinos, milícias muçulmanas e os combatentes do Al Fatah começaram uma guerra contra a Falange (FISK, 2007). Nos dias subsequentes, as represálias de ambos os lados tensionavam ainda mais o conflito. Em 16 de abril, um grupo palestino dinamitou diversas empresas e comércios de cristãos, causando danos que foram avaliados em 50 milhões de dólares. Em menos de 72 horas desde o massacre dos passageiros palestinos, estima-se que trezentas pessoas tenham morrido e mais de mil tenham ficado gravemente feridas (PINO, 1989).

Em meio ao fracasso das negociações de cessar-fogo entre as partes em conflito, a Síria buscou mediar diversas tentativas de armistício. Em dezembro de 1975, o presidente sírio, Hafez al-Assad, propôs um plano de quatro pontos para solucionar o conflito: igualdade de representação entre cristãos e muçulmanos no Parlamento; eleição do primeiro-ministro feita pela Câmara; criação de um conselho econômico; e abolição do confessionalismo na administração pública (Ibid.). O plano acabou se tornando apenas mais uma das falhadas tentativas de chegar a um consenso sobre a reforma do Pacto Nacional.

A participação síria no conflito civil não se ateve ao papel mediador. Em dezembro de 1976, o Exército de Libertação da Palestina (ELP) adentrou o Líbano. Originalmente, o ELP era um braço armado da OLP na Síria. Mas, devido a sua permanência no país e ao apoio que o governo de Damasco fornecia ao grupo, ele pôde ser compreendido como um apêndice do Exército sírio (Ibid.). Em suma, o objetivo do ELP era servir como uma força de contenção dentro do conflito.

Após a entrada do ELP no Líbano, a Síria mais uma vez protagonizou uma tentativa de negociação entre as partes em guerra. Em fevereiro de 1976, o então presidente libanês, Suleiman Frangieh, foi a Damasco negociar o que ficou conhecido como Programa de Ação Nacional. Esse acordo continha dezessete pontos cujo objetivo era traçar as novas bases da convivência entre grupos confessionais no Líbano (Ibid.). A principal característica do Programa de Ação Nacional era a reafirmação da divisão de poderes cunhada pelo Pacto Nacional em relação ao cargo da Presidência da República, do primeiro-ministro e do presidente da Câmara. A modificação trazida pelo acordo era em relação aos assentos no Parlamento libanês. Com o Pacto Nacional, ficara estabelecido que a maioria das cadeiras deveria ser ocupada por cristãos maronitas. Assim, o Programa de Ação Nacional propunha que o Parlamento deveria ser dividido em partes iguais entre cristãos e muçulmanos (Ibid.). Apesar da tentativa das negociações, o Programa de Ação Nacional não foi capaz de terminar com o conflito civil libanês. Nem muçulmanos nem cristãos ficaram satisfeitos com o acordo. Para os grupos cristãos, o acordo consagrava a presença muçulmana na esfera política do país; e para os grupos muçulmanos progressistas, o acordo preservava a essência da mesma característica confessional do Pacto Nacional (Ibid.).

A intervenção síria indireta no Líbano por meio do ELP e as tentativas de negociações podem ser interpretadas como um prelúdio da internacionalização do conflito civil libanês. Essa fase de internacionalização conta com o marco da intervenção militar síria em 1976, a primeira intervenção israelense em 1978 e a segunda em 1982.

A INTERNACIONALIZAÇÃO DO CONFLITO: A INTERVENÇÃO MILITAR SÍRIA DE 1976 E A INVASÃO ISRAELENSE DE 1978

Em 1976, após um ano do início da Guerra Civil, as facções não demonstravam interesse algum em cessar o conflito armado. Além disso, a guerra se encontrava em um impasse, já que todos os atos de violência contra um grupo eram respondidos com atos ainda mais violentos, o que contribuiu também para que as negociações políticas não avançassem. Nesse sentido, os líderes maronitas se voltaram para Israel em busca de auxílio contra seus inimigos muçulmanos libaneses e palestinos. Yitzhak Rabin, então primeiro-ministro israelense, respondeu ao pedido de ajuda dizendo que "Israel ajudaria os cristãos a se ajudarem". Ou seja, a assistência israelense se restringiria a armamentos e conselhos para as forças cristãs. Não satisfeitos com a resposta de Israel, as lideranças maronitas e o governo libanês se voltaram para a Síria, requerendo uma intervenção militar no país. A Síria aceitou o pedido e, em junho de 1976, suas forças oficiais entraram no território vizinho (ZISSER, 2009).

A intervenção militar síria no Líbano não foi vista com indiferença por Israel. No mesmo ano, instalou-se uma "linha vermelha" entre Síria e Israel. Esse arranjo foi o resultado de uma negociação em que os dois países se comprometeram a não transpassar os territórios delimitados pela linha vermelha (MEIHY, 2016). Assim, a Síria se manteria no leste e no norte do Líbano, não avançando ao sul do Rio Litani e mantendo distância da fronteira israelense.

Já em território libanês, e aliados ao governo de Frangieh, as primeiras ações militares dos sírios foram bombardear diversos campos de refugiados palestinos. A posição de Hafez al-Assad na Guerra Civil do Líbano, a princípio, parece contraditória e dúbia. Afinal, por que um Estado árabe bombardearia campos palestinos, sendo que Al-Assad já havia auxiliado financeira e militarmente tanto a OLP quanto partidos da esquerda libanesa? Por que se aliar ao governo e aos grupos cristãos? Para o presidente sírio, seus interesses seriam mais importantes que seus aliados naturais. Portanto, mudar seu apoio, mais de uma vez, a grupos adversários fazia parte das estratégias políticas de Hafez al-Assad. O interesse sírio no Líbano era poder influenciar politicamente o país, por isso a ascensão dos partidos radicais e de esquerda implicaria o desmantelamento total da ordem política. O interesse de Hafez al-Assad não era a ruína do Estado libanês, muito menos sua fragmentação. Seu objetivo era manter o

Líbano fraco o suficiente para que pudesse recorrer à Síria em busca de assistência para manter a estabilidade e a governabilidade. Além disso, uma vitória da OLP encorajaria a intervenção de Israel no Líbano e, por consequência, um conflito entre Síria e Israel. Assad entendeu que seu Exército não era páreo para as forças israelenses; portanto evitar um conflito com Israel era indispensável (YAHEL e HONIG, 2016).

O interesse sírio em influenciar a política libanesa pode ser evidenciado nas eleições presidenciais de maio de 1976. Em abril, os deputados se reuniram no Parlamento para aprovar uma emenda em que se autorizou a Câmara a eleger um novo presidente seis meses antes das eleições programadas. O presidente da República eleito pela Câmara foi Elias Sarkis. Sarkis conseguiu reunir apenas os votos suficientes para se eleger presidente – 66 de um total de 99 votos. Esse resultado só foi possível devido à pressão política e militar exercida pela Síria. Nesse contexto, os deputados de partidos progressistas rechaçaram o resultado da eleição, alegando que ela teria sido realizada sob coação. Uma das lideranças dessa ala, o imã xiita Mussa Sadr, buscou interceder diretamente com Hafez al-Assad, mas não teve sucesso (PINO, 1989).

Podemos dizer que a primeira etapa da intervenção síria no Líbano se encerrou com a invasão do campo de refugiados palestinos Tal al-Zaatar, em Beirute. O campo já estava cercado por milícias falangistas havia 52 dias (Ibid., p. 112). O objetivo dessas milícias era realizar uma limpeza étnica dos palestinos nas zonas em que os cristãos seriam majoritários. Esse objetivo pode ser ilustrado com as invasões dos campos de Dbayeh, Jisr El Bacha e, finalmente, de Tal al-Zaatar. Com o auxílio dos militares sírios, as milícias cristãs conseguiram romper a resistência de Tal al-Zaatar, resultando em mais de três mil pessoas mortas, segundo as estimativas da Cruz Vermelha (Ibid.).

Os ataques contra os campos palestinos fizeram com que Yasser Arafat recorresse à Liga Árabe com o objetivo de conseguir que a Síria se retirasse do território libanês (Ibid.). A Liga, então, optou pela substituição das tropas sírias pelas Forças Árabes de Dissuasão (FAD), que seriam compostas de soldados líbios e sírios. Na prática, a criação dessa força não ocasionou mudanças, já que a Síria possuía um maior número de soldados nesse contingente. Além disso, Hafez al-Assad declarou à Liga Árabe que ele apenas retiraria seu Exército sob solicitação do presidente libanês (Ibid.).

A aliança entre a Síria e os cristãos libaneses perdurou até 1978. Nesse ano, o consenso entre Síria e Israel em relação às posições sírias no Líbano se modificou e Israel buscou agir de forma direta no território no sul do Líbano. Um dos principais fatores que fizeram com que Israel mudasse sua posição foi o acordo de paz em negociação com o Egito, mediado pelos Estados Unidos de Jimmy Carter. Os Acordos de Camp David, como ficou nomeado o tratado, incluíam a devolução do território do Sinai ao Egito, ocupado por Israel desde 1967, e a normalização das relações entre os dois países (MEIHY, 2016). Israel, com o sudoeste de sua fronteira seguro, passou a concentrar seus esforços ao norte em um conflito com a OLP.

A milícia da Falange se aliou às forças invasoras israelenses, causando não apenas fricções com o Exército sírio, mas também com seus aliados cristãos. Com essa aliança formada, Israel lançou a Operação Litani, a qual foi iniciada em março de 1978. O objetivo dessa operação era o desmantelamento das forças da OLP ao sul do Rio Litani em território libanês. Esse objetivo pode ser evidenciado pela fala do ministro da Defesa israelense do período, Ezer Weizmann. Em uma entrevista coletiva, Weizmann afirmou que fora decidido "limpar de uma vez por todas as concentrações terroristas no sul do Líbano" (FISK, 2007, p. 183). Nesse contexto, para que as relações entre israelenses e sírios ainda continuassem equilibradas, o ministro também afirmou que esperava que a Síria compreendesse que a Operação Litani se limitaria ao sul da "linha vermelha". Weizmann enfatizou a natureza preventiva da operação para dar segurança à população civil de Israel (Ibid.).

Os ataques israelenses durante a Operação Litani não conseguiram destruir a OLP. Contudo, a milícia palestina precisou recuar a maior parte de seu contingente para as margens nortes do rio. A maioria das vítimas desses ataques foi de civis (Ibid.). No quarto dia da operação, Israel já havia conseguido formar um "cinturão de segurança" com cerca de cem quilômetros na fronteira libanesa. Em resposta a essa invasão, o Conselho de Segurança das Nações Unidas (CSNU) aprovou a Resolução 425, advertindo Israel quanto à retirada de suas forças do país. A resolução foi ignorada e as tropas israelenses se retiraram apenas em junho, deixando a faixa territorial que ocupavam nas mãos do comandante do Exército do Sul do Líbano (PINO, 1989).

A retirada de Israel não implicou o apaziguamento da Guerra Civil, que passou a apresentar conflitos cada vez mais díspares também dentro dos grupos confessionais. Aqui, é possível destacar os conflitos entre maronitas e o conflito entre xiitas e OLP. Como mencionado, o apoio da Falange a Israel desagradou a aliança maronita formada por Gemayel, Chamoun e Frangieh. Assim, enquanto Bachir Gemayel, o filho mais novo de Pierre, se aproximava dos israelenses, Frangieh continuou apoiando Hafez al-Assad. A hostilidade entre os dois grupos maronitas culminou no assassinato de Tony Frangieh, filho de Suleiman, de sua esposa e de sua filha pelas forças da Falange. Em represália, a Síria lançou seu primeiro ataque contra a Falange. Em julho de 1980, a Falange atacou os Tigres de Chamoun, como era denominada a milícia liderada pela família Chamoun. Esses ataques fizeram com que a Falange passasse a ser a principal controladora do setor cristão libanês (Ibid.).

O segundo conflito supramencionado, que surgiu e se intensificou durante 1979 e 1980, foi o confronto entre grupos xiitas e a OLP no sul do Líbano. Os xiitas, que sempre foram marginalizados e deixados ao ostracismo perante o aparato do Estado libanês, começaram a ganhar força por meio da AMAL. A população xiita via a OLP como culpada pela sua situação, já que muitas das vítimas dos ataques israelenses no sul do Líbano eram xiitas (YAHEL e HONIG, 2016).

Com a invasão israelense de 1978 e a descontinuidade das relações entre Síria e a milícia falangista, as relações entre Israel e Síria deixaram sua característica de coexistência neutra de lado, e os conflitos entre as partes passaram a se elevar. Em dezembro de 1980, a Síria atacou a cidade de Zahle, que, na prática, era um enclave cristão dentro de uma zona com maioria muçulmana. O objetivo do ataque foi interromper a construção de uma estrada que uniria Zahle ao porto cristão da cidade de Jounieh. A estratégia síria compreendia que tal acesso ao porto poderia servir às tropas israelenses em um eventual ataque militar direto entre os dois Estados (PINO, 1989).

A resposta israelense a esses ataques se deu pela derrubada de dois helicópteros sírios. Como réplica, a Síria começou a instalação de cinco rampas de foguete Sam-6 no Vale do Bekaa. Israel encarou essa resposta como uma escalada inaceitável desse conflito. Sob ameaça de um conflito em grande escala entre Israel e Síria, os Estados Unidos buscaram mediar uma negociação entre Damasco e Tel Aviv. Como a Síria não cedeu às negociações, essa crise levou a uma operação israelense formada por oitenta aviões de combate, que conseguiram abater as baterias sírias sem nenhuma baixa (Ibid.).

Depois dos ataques às forças sírias, Israel realizou uma grande ofensiva contra os campos palestinos no sul do Líbano. Mesmo após quinze dias de ataques, a Resistência Palestina não cedeu ao Exército israelense. A Resistência Palestina fez com que Israel mudasse sua estratégia militar: em vez de focar seus ataques no sul e depois avançar em etapas para os demais campos palestinos, Israel lançou seu Exército de forma maciça no sul e em seguida avançou para o restante do Líbano, incluindo a capital, Beirute (Ibid.). Assim, o Líbano se tornaria o palco da quinta guerra israelo-palestina.

PAZ PARA A GALILEIA?

Em 30 de junho de 1981, o partido Likud venceu pela segunda vez consecutiva as eleições israelenses, trazendo uma grande mudança para o cenário político local após décadas de hegemonia do Partido Trabalhista. Esse segundo mandato de Menachem Begin, com Ariel Sharon como ministro da Defesa e Yitzhak Shamir como chanceler, seria um dos mais agressivos e nacionalistas da história do país. Contrariando o que havia sido acordado em Camp David, Begin passou a ignorar o compromisso com a autonomia palestina nos territórios ocupados e a reivindicar a soberania israelense de toda a margem leste do Rio Jordão, estabelecendo como política oficial a manutenção da ocupação militar dos territórios capturados na Guerra de 1967. Os assentamentos continuaram sendo expandidos e terras árabes, desapropriadas (SHLAIM, 2004).

Dois elementos da política israelense levaram à invasão em grande escala do Líbano: a aliança com os maronitas e o desejo de destruir a Organização para a Libertação da Palestina (OLP). Em sua peculiar visão de mundo, que de forma obsessiva buscava analogias com a Segunda Guerra Mundial e o Holocausto, os maronitas seriam o indefeso povo tcheco diante da sanha de Hitler; Israel seria a França e a Grã-Bretanha; a Síria e os palestinos, a Alemanha nazista. A comparação dos árabes ou iranianos com o primeiro-ministro Neville Chamberlain, que dentro dessa narrativa simplista havia entregado os tchecos aos nazistas, tem sido recorrentemente utilizada por políticos da direita israelense nas últimas décadas. Begin, em sua defesa, diria que, ao contrário das potências ocidentais, não abandonaria seus aliados (Ibid.).

A ideia de Begin era, assim, destruir as bases da OLP no sul do Líbano e empurrá-la o mais longe possível das fronteiras israelenses. No entanto, os planos de Ariel Sharon eram muito mais ambiciosos; a ideia do ministro da Defesa era invadir o Líbano, ajudar o maronita Bachir Gemayel a chegar ao poder, assinar um acordo de paz com o Líbano, expulsar as forças sírias do país, empurrar a OLP para a Jordânia, derrubar o rei Hussein, criar na Jordânia um Estado palestino e, assim, poder anexar a Cisjordânia ao território israelense. Nessas oito tarefas hercúleas, Sharon se propunha, tal como um Átila da contemporaneidade, mudar sozinho e unilateralmente, e pela via militar, toda a geopolítica da região. Rafael Eytan, chefe do Estado-Maior, também era um entusiasta da penetração até Beirute com um desembarque marítimo no flanco norte e a destruição completa da estrutura da OLP no Líbano.

Begin apresentou a proposta a seu gabinete em 14 de dezembro de 1981, o mesmo dia em que anunciara a anexação das Colinas de Golã. A reação do gabinete à escalada proposta foi a pior possível e, a partir de então, Begin, Eytan e Sharon passaram a apresentar o plano a conta-gotas, propondo uma ação muito mais limitada com a esperança de que as retaliações palestinas levassem à etapa seguinte, até que o plano completo de Sharon fosse aprovado (Ibid.).

Sharon contava com uma aliança com os maronitas para atingir seus objetivos. No entanto, longe de representarem um grupo homogêneo, os maronitas estavam subdivididos em milícias, sendo a mais célebre (e próxima de Israel) a Falange, de Bachir Gemayel, ironicamente fundada nos moldes da Juventude

Hitlerista por Pierre Gemayel. Dentro do governo Begin, especialmente na área de segurança, havia sérias divergências sobre a confiabilidade da Falange. Para as Forças de Defesa de Israel (FDI), a milícia libanesa planejava usar Israel para alcançar o poder. O general Yehoshua Sagy estava convencido (e o tempo iria lhe dar razão) de que, depois de eleito, Gemayel não se voltaria contra o mundo árabe e não faria a paz com Israel. Mais tarde o chefe do Mossad, Yitzhak Hofi, que a princípio confiava em Gemayel, adotaria a mesma postura e não recomendaria ao governo israelense a aliança com Bachir. No entanto, naquela altura, a intimidade de Sharon com a Falange já era tanta que os falangistas frequentavam a fazenda do ministro para confabular em vez de usar os canais oficiais (Ibid.).

Entre os embaixadores que serviam seu país em Israel, um dos poucos a compreender as verdadeiras intenções de Sharon foi o estadunidense Samuel Lewis. Sua proximidade com Bachir Gemayel e as abertas declarações deste último sobre varrer a OLP do Líbano ajudavam a formar o quebra-cabeça, nada difícil, é verdade, em teoria, mas que, na prática, muitos punham em dúvida devido à magnitude do plano. É verdade também que Ariel Sharon não tinha muitos pudores em falar abertamente sobre seus planos com os estadunidenses. Na verdade, orgulhava-se deles. Num encontro com Philip Habib, diplomata estadunidense de origem libanesa e principal artífice do último cessar-fogo entre Israel e a OLP, Sharon falou abertamente de seus planos, horrorizando o diplomata, que o advertiu, entre outras coisas, de que o envolvimento sírio em caso de invasão a Beirute seria inevitável, levando toda a região a um conflito generalizado.

Já com tudo acertado com seus aliados mais próximos para uma reação massiva à primeira violação palestina de cessar-fogo, Sharon fez uma última viagem a Washington para tentar prever qual seria a reação do principal aliado israelense a uma guerra. Foi recebido pelo secretário de Estado, Alexander Haig, que manteve a posição de Habib, exasperando tanto o ministro da Defesa quanto o primeiro ministro, Menachem Begin.

Em 3 de junho de 1982, o tão esperado pretexto veio finalmente. Um grupo palestino dissidente da OLP liderado por Abu Nidal, inimigo de Yasser Arafat, comete um atentado a bala contra o embaixador israelense em Londres, Shlomo Argov. O fato de a OLP nada ter a ver com o atentado foi tratado como irrelevante por Begin, já que para ele "todos eram OLP" (SCALERCIO, 2003). A máquina da guerra começava a girar.

Em 4 de junho, exatos quinze anos após a Guerra de 1967, tem início a Operação Paz para a Galileia. Pela primeira vez, Israel ocupava de forma prolongada uma capital árabe, algo sem precedentes. Assim como também sem precedentes foi não só a aceitação, mas a festa organizada por boa parte da comunidade maronita libanesa aos israelenses, com direito a entrega de flores (PINO, 1989). No sábado, dia 5, os bombardeios aconteceram por ar e por mar. Os palestinos por sua vez revidaram com foguetes ao norte de Israel, atingindo as cidades de Sidon e Tiro. Naquele mesmo dia, o Conselho de Segurança aprovou a Resolução 508, que ordenava um cessar-fogo às quatro da manhã do dia seguinte. Antes do fim desse prazo, Israel já havia ocupado todo o sul do Líbano.

Begin disse a Ronald Reagan e ao próprio gabinete que os objetivos da operação militar então em curso eram limitados, não avançariam mais do que quarenta quilômetros em território libanês, e que no máximo em 48 horas os soldados estariam de volta (SHLAIM, 2004).

No dia seguinte já desrespeitando o cessar-fogo, penetraram em território libanês duas brigadas blindadas e um batalhão motorizado. Cerca de 80 mil soldados israelenses estavam dentro do país árabe (PINO, 1989). Ao meio-dia o Exército sírio começou a recuar de suas posições, voltando atrás na promessa de solidariedade feita ao povo libanês apenas 24 horas antes. As tropas sírias estacionaram na fronteira sírio-libanesa, próximo à cidade de Masna, e ali permaneceram (Ibid.).

A Organização das Nações Unidas (ONU) então aprovou uma nova resolução, que ordenava a retirada israelense do Líbano, sendo solenemente ignorada mais uma vez. No dia 9, as Forças de Defesa de Israel já ocupavam um quarto do território libanês, ou 2.500 quilômetros quadrados. A Liga Árabe se reuniu só três semanas após o início da invasão e rejeitou um documento apresentado pela OLP que, entre outras coisas, propunha a aproximação da Liga com a União Soviética e a declaração de que os EUA eram os grandes inimigos da Nação Árabe, e que a OLP era a única representante legítima do povo palestino. Nessa reunião ficou decidida a criação de uma comissão "interministerial" formada por Argélia, Arábia Saudita, Kuwait, Síria, OLP e Líbano (Ibid.).

Além do conflito Israel-OLP não podemos perder de vista que naquele palco também se confrontavam duas visões: o Grande Israel *versus* a Grande Síria. Begin e Hafez al-Assad reconheciam um no outro a possibilidade de destruição de tudo aquilo que acalentavam. Begin apelou a Al-Assad no Knesset que não atacasse Israel, mas esse apelo foi interpretado como um desafio e, por isso, o presidente sírio prometeu resistir. No dia 9 de junho, Sharon obteve permissão do gabinete para atacar as baterias terra-ar sírias em território libanês. Numa das principais batalhas aéreas do pós-Segunda Guerra, Israel obtém êxito estrondoso, destruindo mais de vinte MIGs sírios sem ter nenhum dos seus abatido. No dia 11, entrou em vigor o cessar-fogo promovido pelos Estados Unidos e foi nesse ínterim que Sharon finalmente se deu conta de que os falangistas não tinham a menor intenção de colaborar militarmente com Israel, conforme acordado. Entre os seus comandados, o ministro da Defesa também começou a sofrer resistências. Surgiram os *refuseniks*, jovens israelenses que passaram a se recusar a ir para a guerra por objeções de consciência. O surgimento dos *refuseniks* se deve basicamente a dois fatores. O primeiro, e principal, é o fato de que aquela guerra, ao contrário das de 1948 e 1967, não era uma guerra existencial para Israel, ou seja, a sobrevivência do Estado judeu não estava em questão. A guerra se dava em território árabe, e não judeu, e muitos não entendiam o porquê daquela aventura militar. A segunda razão tem a ver com as mudanças na sociedade israelense ocorridas desde a fundação do país, em 1948. Os jovens da década de 1980 não tinham mais o mesmo fervor patriótico de seus pais e avós, viviam um estilo de vida mais burguês e ocidental e se mostravam pouco dispostos a abandonar a namorada, seus clubes, enfim, suas diversões da juventude para morrer pela pátria (SCALERCIO, 2003).

Contudo, bem ou mal, Sharon até ali havia logrado atingir seus objetivos iniciais, cercando a OLP em Beirute e separando as tropas sírias na capital daquelas estacionadas no Vale do Bekaa. Sem poder contar com os maronitas e buscando evitar ao máximo a tragédia de uma guerra rua a rua, na qual as baixas costumam ser intoleráveis para a opinião pública, Israel optou pela guerra psicológica e pela intimidação via ataques aéreos e marítimos, deixando claro à OLP que ela não tinha saída (SHLAIM, 2004). Em 4 de julho o Exército israelense cortou o fornecimento de água e energia de Beirute, voltando atrás apenas semanas depois, em razão dos veementes protestos do presidente Reagan. Em agosto, exasperado com a indiferença de Begin a suas advertências, Philip Habib foi enviado ao Líbano. Com a interferência da comunidade internacional, o líder palestino Yasser Arafat aceitou se retirar do país juntamente com a OLP. Sharon, por meio de um emissário, disse a Arafat que, se ele fosse para a Jordânia, Israel poderia depor o rei Hussein. Arafat respondeu que a Jordânia não era a Palestina e que tal oferecimento de "ajuda" não passava de uma manobra israelense para ocupar as duas margens do Jordão (SCALERCIO, 2003).

O Plano Habib, como ficou conhecido, consistia na retirada da OLP do Líbano, bem como dos exércitos sírio e israelense, devolvendo assim a soberania do país aos seus. Sharon, sentindo-se ultrajado com o que via como uma ingerência estadunidense, ordenou um bombardeio massivo à capital Beirute, matando cerca de trezentos civis. Essa foi a gota de água para que Reagan perdesse de vez a paciência com Israel e ameaçasse Begin com "graves consequências para as relações entre os nossos países caso aquilo não parasse imediatamente". O gabinete então retira de Sharon o poder de ordenar quaisquer outros ataques (SHLAIM, 2004). Entre 21 e 30 de agosto de 1982, cerca de 11 mil homens da OLP foram conduzidos para países como Tunísia, Síria, Iraque e Iêmen. O Egito e as monarquias do Golfo não aceitaram receber membros do grupo.

VALSA COM BACHIR

Após 75 dias de conflito, conforme o plano de Sharon e Gemayel, a OLP havia sido varrida do Líbano. Começava a segunda parte do plano. Com o Líbano ainda sob ocupação militar, Israel pressionou o Parlamento a eleger Bachir Gemayel presidente do Líbano. Dificultando ao extremo a chegada de membros da oposição ao Parlamento, o líder maronita foi eleito com 57 dos 62 votos possíveis (Ibid.). Júbilo entre os maronitas e em Israel, mas Gemayel, como previram as FDI, não estava nem um pouco disposto a enfrentar o mundo árabe. Como explicar um Acordo de Paz com Israel semanas depois de este país praticamente destruir o Líbano? Em 1º de setembro, Gemayel foi chamado a uma reunião secreta com Begin em Naharya, um balneário no norte de Israel. Begin e Sharon em tom duro exigiram de Gemayel a contrapartida combinada. O líder libanês pediu mais tempo para consolidar sua posição, pois naquele momento poderia oferecer no máximo um pacto de não agressão. Sharon lembrou a Gemayel que o Líbano ainda estava sob o domínio israelense e, portanto, convinha cumprir com a sua parte. Num gesto dramático, Gemayel disse que, já que ele era escravo de Israel, que fosse acorrentado de uma vez. A exaltação dos ânimos fez com que Begin deixasse a casa onde se reuniam batendo violentamente a porta (Ibid.).

No contexto interno, a Falange liderada por Bachir Gemayel passou a ocupar a sede de seu principal rival, o Partido Socialista Progressista, com apoio de tropas israelenses. No dia 14 de setembro, Bachir Gemayel foi morto em um atentado a bomba nesse prédio. O autor confesso da explosão foi seu rival político, o também libanês maronita Habib Chartouni, do Partido Social Nacionalista Sírio (PSNS), que como o nome indica era um partido pró-Síria. Muito se disse na época que Chartouni era apenas o executor de um plano sírio, o que pareceu se confirmar com sua libertação em 1990, quando do retorno da ocupação síria ao país. Gemayel não tinha inimigos somente entre os palestinos, mas também entre pessoas de sua comunidade, e a maneira como foi eleito – não somente teve o apoio de Tel Aviv, mas soldados israelenses detinham opositores em *checkpoints* para que não chegassem a tempo de votar – acendeu vários ressentimentos. De todo modo, com a morte de Gemayel a Operação Paz para a Galileia havia desmoronado. A Falange imediatamente acusou os palestinos pela morte de seu líder. Com o ocorrido, as FDI retornaram a Beirute e Sharon ordenou a suas tropas que permitissem a entrada de falangistas nos campos de refugiados de Sabra e Chatila. O que se seguiu foi um massacre que extrapolou a repercussão regional e chocou o mundo. Cerca de 2 mil mulheres, crianças e idosos, na maioria familiares dos membros da OLP expulsos do Líbano, foram chacinados. O clamor internacional forçou Israel a nomear uma comissão de inquérito. Em fevereiro de 1983 a comissão concluiu que Israel tinha responsabilidade indireta no que ficou mundialmente conhecido como o Massacre de Sabra e Chatila, pois se comprovou que as FDI foram omissas e coniventes com o evento. Ariel Sharon foi exonerado de seu cargo, sendo essa a máxima punição recebida. Finalmente, em meados de 1983, Israel deu início a sua retirada do Líbano, estacionando a 45 quilômetros da fronteira internacional, perímetro que passou a chamar de "área de segurança". A região norte do país ficou sob o controle da UNIFIL (United Nations Interim Force in Lebanon; em português, Força Interina das Nações Unidas no Líbano) Quando Israel completou sua retirada, acabou permitindo o retorno dos sírios, que, ao alcançarem novamente a rodovia Beirute-Damasco, retomaram a ocupação de Beirute (Ibid.).

Os resultados da Operação Paz para a Galileia não poderiam ser mais desanimadores para Israel. O grande plano de Sharon dependia de uma corrente de eventos na qual, se um único elo se rompesse, tudo iria por água abaixo. E assim foi. Estrategicamente, o principal erro israelense foi supor que a força militar poderia por si só impor acordos duradouros. Não entendeu a heterogeneidade da comunidade maronita libanesa, sua fragilidade perante seus vizinhos (o Líbano definitivamente não era o Egito) e subestimou seu sentimento pan-arabista. Sharon, especificamente, subestimou a astúcia de Hafez al-Assad, que soube fazer de uma derrota militar uma vitória política. Já Begin acreditava que a derrota da OLP colocaria o povo palestino a seus pés, o que também não ocorreu.

Enquanto isso, em setembro de 1982, Amin Gemayel assumiu a Presidência no lugar de seu irmão e, tal como este, também recusou qualquer normalização de relações com Israel. A eleição de Amin levou a uma improvável aliança entre o grupo paramilitar sunita Mourabitoun e o ex-presidente maronita Suleiman Frangieh, com apoio também do líder druso Walid

Jumblatt. Contudo, Amin Gemayel governava de fato somente 20% do país. O restante estava sob ocupação síria ou israelense (MEIHY, 2016). E foi nesse contexto que surgiu o Hezbollah. Os xiitas que viviam no sul do Líbano, e que, devido a sua rivalidade com a OLP (vista como um grupo demasiado laico e esquerdista), apoiaram a princípio a iniciativa militar israelense, passaram a lutar pela retirada israelense de sua região. Com apoio militar e financeiro iraniano, o Hezbollah passou a ocupar as funções de um Estado ausente, construindo hospitais, escolas e creches em seu reduto. Sua estreia, por assim dizer, ocorreu em 1982, quando um grupo aparentemente desarmado se aproximou de um tanque israelense estacionado no litoral de Beirute, subiu no veículo e atirou um coquetel Molotov em seu interior, matando todos os seus ocupantes (SCALERCIO, 2003). No final de 1983, uma ação ainda mais audaciosa: um caminhão repleto de explosivos atingiu a embaixada dos Estados Unidos em Beirute, matando duzentos soldados. Treinado e financiado pela Guarda Revolucionária do Irã com o intuito de combater Israel ao sul, o grupo se tornaria um dos pilares da política externa iraniana no afã de romper o isolamento internacional no qual se encontrava desde o rompimento de relações com os EUA, em 1980 (ADGHIRNI, 2014). O Irã viu no Vale do Bekaa do período da Guerra Civil o ambiente perfeito para o treinamento de jovens xiitas, não apenas no uso de armamento pesado como mísseis antitanque, mas também na área de inteligência, infiltrando espiões nas fileiras inimigas e treinando atiradores de elite (EL HUSSEINI, 2010). Mesmo sendo voluntários, os recrutas recebiam em média seiscentos dólares por mês, o que representava um grande auxílio no sustento da família. O Hezbollah surgiu basicamente com três objetivos: a criação de um Estado islâmico no Líbano (mais uma carta de intenções do que um objetivo real devido à diversidade religiosa do país), a oposição a Israel e a obediência ao Governo do Jurista Islâmico (*Velayat e*

Faqih) (NORTON, 2018), criado pelo aiatolá Khomeini na década de 1970 e hoje base da Constituição iraniana. Sua ideia primordial é que, na ausência do Imã Oculto (os xiitas duodécimos creem que o último imã, desaparecido ainda jovem, está vivo e somente "oculto" por Deus – daí o nome –, e aguardam seu retorno como o Mahdi), um jurista devidamente preparado e cônscio da lei e da jurisprudência islâmica poderia guiar a comunidade muçulmana (MEIHY, 2010). O Hezbollah, que nasceu como grupo armado, logo se tornará um partido político legítimo e profundamente arraigado no tecido social libanês.

Com a disputa entre vários grupos armados irregulares, a ocupação síria ganhou legitimidade entre setores da sociedade libanesa como protetora dos civis. Esse apoio fez com que cada vez mais a ingerência síria na política libanesa se tornasse explícita. A situação chegou a tal ponto que em 1989 a Liga Árabe admoestou o governo de Hafez al-Assad para que propusesse algo realista para a obtenção da paz no país. Al-Assad exigiu então um governo de união nacional, incluindo membros do Hezbollah, do AMAL (o segundo mais importante grupo xiita libanês), das Forças Libanesas (simpáticas a Israel) e, por fim, um governo pró-Síria (Id., 2016).

Apesar de o presidente libanês Michael Aoun ter considerado as condições sírias inaceitáveis, o restante da comunidade internacional não viu assim. Na verdade, a percepção de atores como EUA e Arábia Saudita era que, se o Estado não dava conta de marcar presença em todo o território, que aceitasse a ocupação síria como um fator de estabilidade, ao menos provisoriamente. Foi agendada uma conferência na cidade de Taif, na Arábia Saudita, e lá líderes parlamentares libaneses basicamente redesenharam o Pacto Nacional sobre o qual se sustentava a política local desde 1943 (Ibid.).

Ficou acordado o estabelecimento de um regime na prática parlamentarista, com um primeiro-ministro forte, a divisão igualitária das cadeiras do Parlamento entre cristãos e muçulmanos e a distribuição também equitativa dos ministérios para os diversos grupos confessionais. Assim, finalmente foi extinto o pacto que, baseado num censo de 1932, havia décadas não refletia mais a distribuição étnico-religiosa do país.

No âmbito internacional, ficou decidido que as tropas sírias deveriam se retirar para o Vale do Bekaa e depois regressar a seu país, assim como as tropas israelenses ao sul. A partir de 1991, foi posto em prática um plano de reconstrução do país aberto a investidores estrangeiros, mais notadamente da Arábia Saudita e dos Emirados Árabes Unidos. O líder de um dos consórcios de reconstrução era um milionário libanês chamado Rafiq Hariri, que possuía fortes laços com Riad. No pleito de 1996, o grupo sunita de Hariri se fortaleceu no Parlamento, beneficiado ainda pelo boicote promovido pelos partidários de Aoun, além das famílias Chamoun e Gemayel.

Finalmente, em 2000, após 22 anos de ocupação, as forças israelenses se retiraram do sul do Líbano, o que foi considerado uma grande vitória do Hezbollah e o legitimou perante a opinião pública em nível nacional. Contudo ainda restava a presença síria. Várias lideranças políticas dos mais variados espectros passaram a apoiar a voz das ruas e em setembro de 2004 foi aprovada a Resolução 1559, que exigia o fim da ocupação síria, além do desarmamento do Hezbollah e dos palestinos no Líbano (Ibid.). Em 14 de fevereiro de 2005, Rafiq Hariri foi morto em um atentado a bomba. As manifestações anti-Síria voltaram com força total e, enfim, os sírios deram início a sua retirada do Líbano no final de abril. Porém a situação do país, mesmo sem ocupação militar, continua nebulosa, uma vez que sofre com o desabastecimento, o racionamento de energia e a falta de um consenso político que agrade aos diversos grupos étnico-religiosos do mosaico libanês.

5.
Estranhos vizinhos: uma análise da questão da Palestina no Líbano a partir do filme *O insulto* (2017)

CAROLINA FERREIRA DE FIGUEIREDO
NINA FERNANDES CUNHA GALVÃO

Pode parecer senso comum dizer que a convivência com o outro, seja este pouco ou muito diferente de nós, não é tarefa fácil. Basta imaginarmos um edifício de doze andares, onde moram cem ou mais pessoas, que dividem os corredores, os elevadores, os espaços comuns e inclusive o ar, por onde transita o que talvez seja a maior das reclamações de um prédio: o barulho. O convívio, portanto, é também uma forma de coexistência e uma constante negociação entre o "eu" e o "outro", o privado e o público. O contato do qual trataremos nas páginas a seguir, isto é, a presença de palestinos no Líbano, é, sem dúvida, mais complicado do que um encontro inusitado entre vizinhos de porta e suas querelas, mas serve como um ponto de partida para compreendermos as sensibilidades envolvidas em um dissenso. A partir das relações vivenciadas por palestinos e libaneses no território destes últimos, um dos nossos objetivos neste capítulo é abordar a complexidade dessa convivência, de modo a compreender os processos históricos que aproximam a história do Líbano e a da Palestina contemporânea.

Para isso, nossa incursão parte do filme *O insulto*, que estreou em agosto de 2017 no Festival Internacional de Veneza. O filme foi dirigido pelo cineasta libanês Ziad Doueiri – conhecido também por seu outro filme, *West Beirut* (1998) – e escrito por ele em parceria com a roteirista Joëlle Touma. O enredo acompanha a vida de Tonny Hanna, um libanês membro do Partido Cristão, residente em Beirute, capital do Líbano. Tonny tem seu próprio negócio, exercendo a profissão de mecânico, e é casado com Chirine, grávida da bebê Strida. O cotidiano de Tonny encontra o do palestino Yasser Salameh, residente do campo de refugiados de Mar Elias, na rua do apartamento dele, quando Yasser, trabalhando como mestre de obras, instrui sua equipe para a remoção de um cano, que vazava água, do apartamento de Tonny e Chirine. Diante de um encontro desagradável, o xingamento de Yasser abala estruturas e desperta sentimentos delicados em relação à presença de palestinos no país. Esse insulto marca o início de uma luta judicial por um pedido de perdão, que atravessa outras ofensas, histórias pessoais e uma acalorada opinião pública, dividida entre os que defendem palestinos e os que defendem os libaneses. Assim, um evento aparentemente trivial toma proporções grandiosas, transformando-se em uma crise política nacional.

O chefe de Yasser, na tentativa de apaziguar a situação, garante a Chirine que o acontecimento foi apenas um mal-entendido e argumenta que a vida está difícil, e "é por isso que devemos colocar as coisas em perspectiva" (THE INSULT, 2017, 00:09:03). A questão é que, ao se pretender olhar a situação em perspectiva, o insulto não ganha apenas contornos pessoais, ou seja, pontuais, mas também políticos e históricos. O encontro entre Yasser e Tonny revela camadas de problemas, memórias e traumas, já que o passado, íntimo e doloroso, permanece no presente. Nem sempre é fácil falar do próprio país, nesse caso, das críticas que os próprios libaneses ora fazem, ora evitam sobre o Líbano, e esses sentimentos têm ressonância nas reflexões propostas pelo filme, ou seja, as feridas existentes e pouco tratadas acerca dos acontecimentos das últimas décadas, e que envolvem também a relação com os palestinos.

Nesse sentido, é importante demarcar duas questões principais no início de nossas considerações: em primeiro lugar, diante da complexidade dos processos, não há benefício em simplesmente acusar alguns de vítimas e outros de algozes, ainda que se possa situar relações de poder; em segundo lugar, a compreensão dos processos históricos é fundamental, uma vez que os desentendimentos entre palestinos e libaneses não são condições ontológicas de árabes "nervosos", nem de conflitos religiosos baseados no fundamentalismo e, portanto, não são fruto de uma encarnação da barbárie, um discurso ainda muito comum e visualizado por lentes ocidentais superficiais. Pelo contrário, a presença dos palestinos no Líbano pode e deve ser historicamente situada como um fenômeno contemporâneo, fruto direto da criação do Estado de Israel, bem como de políticas regionais e internacionais diversas. Ainda que a Palestina e o Líbano tenham se "encontrado" muitas vezes ao longo da história, cultural e politicamente, o imbricamento das duas regiões e populações a partir da segunda metade do século XX acontece de maneira singular.

Tendo por referência o filme, e para situar a longa relação de desgaste entre palestinos e libaneses, bem como as posições dinâmicas dessas relações na sociedade libanesa contemporânea, os próximos tópicos serão pautados por frases impactantes proferidas por diferentes personagens da narrativa fílmica, as quais situam o micro e o macrocosmo, ou seja, são importantes comunicadoras do conflito entre Tonny e Yasser e de como a história palestina foi se adentrando na história libanesa.

"SOMOS OS NEGROS DO MUNDO ÁRABE." A POLÍTICA LIBANESA E A QUESTÃO DOS REFUGIADOS

Ao ser confrontado pelo chefe, Yasser é obrigado a pedir desculpas a Tonny, uma medida para apaziguar os ânimos e não envolver a polícia, especialmente porque, embora qualificado, o palestino não tem permissão para trabalhar naquele cargo. Yasser, então, argumenta com sua esposa sobre a situação em que se encontra e que não deveria se curvar à bondade do chefe nem a Tonny, já que este havia quebrado o cano que Yasser consertara. Nessa conversa, os sentimentos de revolta e inferioridade estão à flor da pele: de um lado, a esposa de Yasser diz que não se trata de uma conspiração contra ele; e o palestino responde não mais como indivíduo, mas enquanto grupo – a população palestina, que é sempre alvo. Sendo assim, os palestinos estão no centro do impasse. São, nas palavras de Yasser, "os negros do mundo árabe" (Ibid., 00:13:22); o que, por um lado, aproxima os palestinos da experiência de outros grupos oprimidos e, por outro, situa a relação complicada entre os palestinos e o restante do mundo árabe. Ao proferir essa frase, Yasser afirma que a condição palestina é marginalizada, invisibilizada e indesejada, assim como o são os indivíduos, que podem ser maltratados à custa de uma estrutura social (e nacional) excludente. Essa condição marginal esteve sempre em negociação, ora alargada, ora estreitada a partir das relações políticas que a luta palestina angariou durante as diferentes décadas do século XX.

Nesse sentido, a fala de Yasser nos transporta à questão fundamental da criação do Estado de Israel, em 15 de maio de 1948, e suas consequências devastadoras para os palestinos. A data, que marca a Guerra de Independência para os israelenses, demarca para os palestinos a Nakba, a catástrofe, a expulsão de seu território e a limpeza étnica. Esse processo teve início ainda no final do século XIX com o sionismo, um movimento político que defende a existência de uma nação para os judeus e que, enquanto projeto colonial, estabeleceu as diretrizes para a formação de um Estado nacional na Palestina, desconsiderando a existência da população local. A criação de Israel inaugurou o "problema"* dos refugiados, isto é, uma massiva população palestina que, expulsa de suas casas, vilarejos e cidades, foi obrigada a procurar abrigo em outras localidades.

Segundo Rashid Khalidi (2020, pp. 74-5), mesmo antes da criação do Estado de Israel, cerca de 300 mil palestinos já haviam sido expulsos; além das perdas humanas, os locais viveram o desmantelamento da economia e dos centros políticos e culturais. Após o Quinze de Maio, com a derrota dos exércitos árabes na guerra com Israel, massacres a civis continuaram, o que resultou em uma nova onda de expulsão, com cerca de 400 mil palestinos sendo deslocados para países como a Síria e o Líbano e para as regiões da Cisjordânia e de Gaza. Parte do plano sionista na consolidação de Israel se baseava na ideia da "solução de transferência", um eufemismo para a organização da remoção da população nativa, como argumenta Nur Masalha (2003). Essa ideia esteve na base da estratégia implementada no período entre 1936 e 1948, que tinha o objetivo de esvaziar o território para os imigrantes judeus e para criar um Estado nacional etnorreligioso homogêneo. O território da Palestina foi apresentado como um espaço vazio, e o vínculo identitário de seus habitantes com o local completamente desprezado, uma justificativa que foi utilizada para afirmar que não haveria problema se a população palestina fosse realocada para outros

* Referimo-nos aqui à percepção dos refugiados palestinos como um "problema" a ser "manejado", uma perspectiva tão comum quanto estigmatizante, que encontra sua maior expressão provavelmente na obra do historiador israelense Benny Morris (2004) *The Birth of the Palestinian Refugee Problem Revisited*. Voltaremos aos aspectos problemáticos desse tipo de representação mais adiante.

países árabes. A falta de reconhecimento dos palestinos e de seus direitos está no centro do "problema" dos refugiados, e a fala de Yasser revela essa ponte entre passado e presente.

Cerca de 110 mil palestinos, na condição de refugiados, se deslocaram para o Líbano após 1948, provindos especialmente da Galileia, no norte da Palestina, e do atual Israel, e de regiões costeiras como Yafa, Akka e Haifa (SAYIGH, 1994, p. 17). Os palestinos partiram em diferentes momentos da guerra, procurando abrigo no outro lado da fronteira. Espalharam-se em diferentes partes do Líbano, e campos de refugiados oficiais foram estabelecidos pela Agência das Nações Unidas de Assistência aos Refugiados da Palestina no Oriente Médio (UNRWA) em regiões onde havia grande população refugiada (PETEET, 2005, p. 107). Na travessia da fronteira, muitos pararam na cidade de Sour (Tiro), no sul do Líbano, local onde foram criados os campos de Burj Chemali, Rachidiyyah e Al-Basas. Parte da população refugiada se estabeleceu nas regiões em que havia atividade agrícola, como Baalbeck (região nordeste), Trípoli (região norte), Saida (Sidon) e Nabatieh (região sul), incluindo Sour (Tiro). Outros se deslocaram até a capital, Beirute, instalando-se nos campos de refugiados de Burj Barajneh, Mar Elias e Chatila. No caso de Mar Elias, local em que vive Yasser no filme, o campo foi fundado em 1952 pela Congregação de Santo Elias (UNRWA, 2020).

É importante destacar a diferença de experiências dos refugiados, considerando, por exemplo, as populações de origem urbana e as de origem rural. Estas últimas, geralmente mais humildes e com menos educação, estiveram expostas a maior vigilância e a aspectos mais duros da condição de refúgio. Já os palestinos que se instalaram em regiões urbanas puderam buscar alguma rede de contato e trabalho (PETEET, 2005). Ainda assim, dentro do contexto urbano, observa-se uma diferença de classe e credo, uma vez que palestinos de classe média que se instalavam nos centros urbanos conseguiam emprego com maior facilidade. Segundo Rosemary Sayigh (1994), cristãos palestinos tinham mais facilidade para obter a nacionalidade libanesa, mas muçulmanos também conseguiam mediante comprovação de ancestralidade libanesa. Até 1975, esses grupos aproveitaram uma política liberal do Líbano, com acesso à educação e direitos nacionais, diferentemente da grande maioria dos refugiados instalados na periferia de Beirute (SAYIGH, 1994, p. 23), incluindo os campos de refugiados. Esses foram incorporados como mão de obra barata pela cidade, e o país se beneficiou economicamente desses trabalhadores entre as décadas de 1950 e 1970, um momento conhecido como a "era de ouro" no Líbano, devido ao crescimento expressivo do país (KASSIR, 2010, pp. 349-56).

O Líbano, nesse contexto, teve que lidar com a entrada de um contingente populacional significativo, incorporando-o de alguma forma à sociedade. Assim, a relação com os palestinos esteve, desde o princípio, atravessada por questões políticas e econômicas, pela organização social e política sectária do país, bem como pelos poderes regionais da Síria e da Arábia Saudita. Como nos informa Peteet (2005, p. 109), a retórica inicial presente na imprensa libanesa era a relação entre anfitrião e convidado, tornando a população refugiada palestina uma questão libanesa também. Porém essa relação pressupunha que o convidado eventualmente voltaria para seu local de origem e respeitaria sem questionamentos as regras impostas pelo anfitrião. Como sabemos, os palestinos não conseguiram retornar à Palestina, e a atividade política no território libanês, especialmente na década de 1970, contribuiu para o desgaste dessa relação; ou seja, a população palestina passou a ser vista não mais como convidada, mas como fardo e indesejada, uma dimensão que tem ressonância na fala de Yasser sobre os palestinos serem os "negros" do mundo árabe.

Do ponto de vista governamental, o Líbano utilizou diferentes políticas para fiscalizar os campos de refugiados e os palestinos. No governo de Fuad Chehab (1958-1964), por exemplo, a polícia esteve presente no controle dos campos a partir do Deuxième Bureau – o ramo de inteligência militar do Exército, que tinha a função de averiguar e suprimir qualquer atividade política dos palestinos, criando um ambiente de intimidação e extorsão (SAYIGH, 1994, p. 68). Nesse ponto, a política de Chehab teve relação com o próprio jogo regional da época, uma vez que a popularidade do líder pan-arabista e socialista Gamal Abdel Nasser desestabilizava a política interna e dava força à oposição libanesa. Ainda assim, Chehab reconheceu rapidamente a Organização para a Libertação da Palestina (OLP), criada em 1964, e que se tornaria mais tarde o órgão oficial de representação dos palestinos.*

Assim, a fala de Yasser, no seu tempo presente, restitui todas as problemáticas que implicam ser palestino no Líbano desde 1948. O entre-lugar em que vive a população palestina, habitante mas *outsider*, moradora de Beirute mas em campos de refugiados, culturalmente semelhante mas com sotaque palestino, trabalhadora mas sem direitos trabalhistas, e assim por diante, demonstra a prolongada situação da questão da Palestina e do "problema" dos refugiados, bem como enfatiza as ambivalências presentes na sociedade civil e na organização política do Líbano.

---

* É importante notar que a OLP reuniu, desde sua fundação, as mais diversas correntes políticas e ideológicas, de marxistas seculares a partidos islâmicos, que disputavam intensamente não apenas os corações e mentes de possíveis militantes, mas também o apoio e o financiamento de governos e instituições internacionais. Ainda que não possamos explorar a fundo as fraturas internas do movimento nacional palestino, é importante ter em mente que, ao abordarmos a relação dos libaneses com os palestinos, ou mesmo com a OLP, estamos aplicando um certo grau de generalização inescapável.

"NINGUÉM TEM O MONOPÓLIO SOBRE O SOFRIMENTO." A DISPUTA NARRATIVA EM TORNO DA GUERRA CIVIL E O STATUS DA QUESTÃO PALESTINA

A frase, dita no tribunal pelo extravagante advogado de Tonny, Wajdi Wehbe, sintetiza de modo exemplar o argumento central do filme: as disputas narrativas travadas pela representação da Guerra Civil encobrem invariavelmente uma vasta gama de experiências dolorosas para suas muitas vítimas. *O insulto* nos leva a importantes considerações sobre os efeitos (práticos e simbólicos) da reivindicação do lugar de vítima por determinada comunidade; uma discussão nada estranha à questão palestina, ainda que no filme apareça de maneira um tanto quanto invertida.

No contexto libanês, esse é um ponto particularmente importante e espinhoso, pois o país nunca empreendeu um esforço de reconciliação nacional ou elaboração coletiva depois dos quinze anos da Guerra Civil (1975-1990), de modo que essas feridas permanecem abertas. Como ressalta no filme o líder das Forças Libanesas – a ex-milícia e agora partido cristão maronita –, "a guerra acabou em 1990, mas não na cabeça das pessoas" (THE INSULT, 2017, 1:20:05). Dessa forma, abre-se espaço também para discussões acerca do necessário trabalho de memória, ou da instituição de políticas de memória, como parte do esforço de transição para sociedades que viveram longos períodos de violência de Estado ou de guerra civil.

O esquecimento, nessa perspectiva, é uma das formas através das quais o sofrimento individual e coletivo se aloja no passado. Assim como a tendência à repetição, a reencenação compulsiva da mesma dor, que parece se reproduzir incessantemente no presente e que não é nada estranha aos palestinos na relação que estabelecem com a memória de sua própria tragédia nacional, a Nakba. O que catapulta um simples insulto a um caos político nacional é justamente a sua carga de ressentimento, que extrapola em muito a dimensão individual e particular da interação entre Tonny e Yasser; são o rancor acumulado e o sofrimento que, diante da ausência de formas de elaboração coletivas, encontram expressão na briga judicial entre os dois homens. É essa memória hipertrofiada da guerra que faz com que a contingência banal da vida dos dois personagens passe a ser englobada por uma disputa narrativa de âmbito nacional, um enredo amplificado que foge ao controle dos protagonistas.

As falas de Wajdi Wehbe e do líder do partido cristão, assim como a de Yasser quando lança sobre Tonny – já conhecendo sua história – afirmações de que os cristãos "foram turistas durante a guerra" e "não sabem o que é sofrer", explicitam o modo como a disputa narrativa, que enquadra tanto o enredo de modo geral como a constituição subjetiva dos personagens, gira em torno de quem deve ou pode ser responsabilizado não apenas pelos episódios de violência extrema, como o massacre de Damour de que foi vítima a família de Tonny, mas pela própria eclosão da guerra.

De sua parte, os nacionalistas cristãos põem toda a culpa nos palestinos, ao afirmarem que estes haviam formado um Estado paralelo dentro do Líbano e perturbado definitivamente o delicado equilíbrio político do país, levando ao conflito generalizado. Os palestinos, por sua vez, e seus apoiadores nos círculos da esquerda pan-arabista e nacionalista árabe, argumentam que o sectarismo do sistema político libanês já enfrentava sérios problemas de legitimidade desde sua concepção, com os cristãos maronitas exercendo um domínio injustificável sobre ele, e que foram esses fatores essencialmente internos que precipitaram a guerra. Historiadores e analistas também oscilam entre as duas posições, mas parecem concordar quanto ao fato de que, se a presença – inclusive militar – palestina não foi de modo algum um fator insignificante, tampouco explica sozinha o desenrolar de um conflito armado que assolou o país por quinze longos anos.

Outro ponto central dessa disputa é a associação entre a posição cristã e Israel. A narrativa habitual da Guerra Civil coloca os cristãos libaneses, se não *ao lado* do inimigo responsável por tantas invasões, ataques e privações, ao menos perigosamente no mesmo campo de interesses. Acima de tudo, Israel e falangistas parecem unidos por sua luta comum contra os palestinos, o que é ressaltado no filme pelo insulto decisivo proferido por Tonny a Yasser: "Queria que Ariel Sharon tivesse eliminado todos vocês", como veremos mais adiante.

O insulto parece em muitos sentidos corroborar a opinião do líder do partido cristão de que, "quando você perde a guerra, acaba virando o bode expiatório da história" (Ibid., 1:20:38) e de que esse é o principal motivo pelo qual os maronitas carregam o "estigma" persistente de terem colaborado com Israel nas suas ofensivas não apenas contra os palestinos, mas contra o próprio Líbano. Esse argumento latente é, como veremos, uma das principais razões para o desagravo palestino com o filme, mas nos instiga a buscar as origens do estigma de inimigos mortais dos palestinos e de colaboracionistas que, de acordo com o filme, "persegue" os cristãos maronitas. Afinal, como *O insulto* demonstra com clareza, "cachorro sionista" é um predicado infeliz para carregar no mundo árabe.

A má fama cristã certamente decorre em grande parte do fato de terem sido as milícias falangistas as responsáveis pelos famosos massacres de Sabra e Chatila em 1982, com o apoio e a complacência das forças israelenses invasoras. Mas a origem do ressentimento da comunidade cristã em relação aos palestinos, especialmente no sul do Líbano, precisa ser mais bem contextualizada levando-se em conta o enquadramento não só da Guerra Civil, mas dos anos que a precederam. A opinião pública libanesa sempre foi marcada por uma grande ambivalência em relação à presença dos refugiados palestinos no país, especialmente entre os maronitas. Enquanto muitos no campo muçulmano e entre os pan-arabistas se inclinaram a uma acolhida e apoio aos refugiados, algumas lideranças cristãs demonstraram desde cedo simpatia pelo movimento sionista (HUDSON, 1997, p. 250) e viam os palestinos como uma "quinta-coluna" ou um perigoso cavalo de Troia, pronto a desestabilizar o delicado equilíbrio do poder libanês em direção a uma posição pan-arabista e muçulmana. O desconforto do nacionalismo cristão em relação aos palestinos é portanto muito anterior à eclosão da guerra.

A partir dos anos 1960, o movimento nacional palestino começou a se reorganizar após duas décadas de certa passividade política – ao menos em termos de uma resistência articulada efetiva ao bem-sucedido projeto nacional sionista. O principal marco desse ressurgimento após as chamadas "décadas perdidas" foi, naturalmente, a criação da OLP e a adoção da luta armada como tática primordial para o alcance de seus objetivos. Nesse contexto, a resistência palestina, apoiada financeiramente por diversos países árabes, cresceu rápida e exponencialmente, em especial em países como a Jordânia e o Líbano, onde a presença massiva de refugiados representava um campo aberto não apenas para a difusão dos princípios e ideais da organização e recrutamento de militantes, mas para a instalação de todo um corpo burocrático e administrativo.

O cenário se transformou após o vácuo deixado pela derrota árabe na guerra com Israel em 1967 – um confronto que pode ser analisado a partir dos projetos para o controle da água da região, bem como o fruto de uma disputa de poder regional entre os países árabes (BARNETT, 1998). A vitória esmagadora de Israel sobre os exércitos de Egito, Síria, Jordânia e Iraque resultou na ocupação israelense dos territórios da Cisjordânia, das Colinas de Golã e da Península do Sinai e provocou instabilidade nos governos dos países árabes, levando, por exemplo, à renúncia de Nasser no Egito. Diante desse cenário, os governos passaram não só a tolerar como a apreciar as ações armadas das milícias palestinas (*fedayyin*) contra alvos israelenses, compartilhando o entusiasmo dos comandos da OLP no combate a Israel (KHALIDI, 1986).

O Líbano, que não participou da guerra, viu sua fronteira com Israel passar de relativamente pacífica a uma situação muito ativa, a partir da entrada de um novo contingente de refugiados palestinos no país, bem como o início de atividades militares da OLP a partir de 1968. Em 1969, já no governo de Charles Helou (1964-1970), foram assinados os Acordos do Cairo entre a OLP e o Exército libanês, garantindo uma autonomia da OLP nos campos de refugiados e uma liberdade para coordenação de ataques contra Israel, que resultou na formação de uma espécie de mini-Estado dentro do Estado libanês.

O ponto fundamental é compreender que, desde a Nakba até a Guerra de 1967, a questão da Palestina foi eminentemente uma questão árabe, e que, após esse período, com a consolidação do poder da OLP, surgiu uma resistência à ideia de luta armada organizada e liderada pelos próprios palestinos. Para os palestinos no Líbano, essa "era de ouro" da OLP no país no pós-1967 foi uma experiência ímpar, pois "marcou a primeira vez, com exceção do breve e limitado episódio da Jordânia, em que um número significativo de palestinos foi quase inteiramente governado por eles mesmos", além de terem se beneficiado de "uma verdadeira rede de segurança social [...] mais de 3 mil homens e mulheres foram empregados [...]" (Id., 1984, pp. 256-8).

Nesse contexto, operou-se uma distinção artificial, presente até hoje, entre a "causa" palestina e os próprios palestinos, especialmente os refugiados. O que torna a primeira "sagrada", como aponta ironicamente Wajdi Wehbe no filme, é o fato de ser vestida de uma legitimidade atemporal que transcende qualquer circunstância. Nesse sentido, é posicionada quase fora da história comum da região e das suas vicissitudes, e é precisamente aí que reside sua maior força e sua maldição.

Por um lado, a excepcionalidade da tragédia palestina tem o poder de realmente colocá-la em um certo pedestal moral, de modo que é praticamente impossível (e indiscutivelmente indigno) questionar sua gravidade ou não demonstrar solidariedade a suas vítimas. Por outro lado, é também uma certa idolatria da Nakba o que permite que o apoio conferido à causa palestina por muitos Estados árabes, por exemplo, seja pouco mais do que mera "solidariedade retórica" (MEIHY, 2014, p. 51), uma plataforma política importante para líderes e governantes em seus esforços de manipulação da opinião pública e no jogo geopolítico da região. Vale dizer, a "causa" palestina é "uma agenda moral [indispensável] a qualquer ator político com pretensões de liderança no Oriente Médio" (Ibid., p. 51), ao mesmo tempo que os seres humanos reais nela implicados são tratados como uma ameaça à instabilidade interna, o que contribui para barrar indefinidamente tanto a libertação da Palestina como a dos palestinos. Um bom exemplo de tal estado contraditório de coisas é dado em *O insulto* quando o deputado e patrão que demite Yasser por não querer assumir o risco de empregá-lo diante das autoridades libanesas é o mesmo que convoca a população a apoiá-lo quando o caso contra Tonny toma proporções nacionais, em nome de uma suposta "lealdade" à causa palestina.

Como é possível observar, o cenário ambíguo de apoio e oposição aos palestinos se estabeleceu desde o início dessa presença e se intensificou ainda mais no período após a Guerra de 1967, especialmente com a luta encampada pela OLP ao longo da década de 1970. Se havia uma euforia por parte de alguns pela resistência palestina, a população civil da região do sul do Líbano já vinha sofrendo com as represálias do Estado judeu às ofensivas da OLP, e o reconhecimento da legitimidade da presença armada palestina por parte das autoridades libanesas deu fôlego a uma situação cada vez mais tensa. Por outro lado, a transferência massiva e oficial de toda a infraestrutura da OLP para Beirute apenas acentuou o problema e a percepção, disseminada entre muitos setores da sociedade libanesa, de que a interferência palestina na política local crescia de maneira alarmante.

De fato, Yasser Arafat, líder da OLP, tornara-se, a certa altura, de acordo com Michael Hudson (1997, p. 254), "um chefe de Estado em tudo menos no nome, mais poderoso do que muitos governantes árabes", e sua crescente autoridade passou a ser vista com cada vez maior apreensão. Para Rashid Khalidi (1984, p. 255), é inócuo questionar se tal apreensão era ou não justificada; o historiador palestino ressalta que "basta dizer que havia uma contradição inevitável entre a *raison de révolution* da resistência palestina e a *raison d'État* de cada um dos regimes dos países árabes onde operava". Se os cristãos maronitas foram os primeiros a se organizar e armar-se contra o que chamavam de "ameaça palestina", as relações com outros setores da sociedade libanesa também se deterioravam a olhos vistos. No sul, onde as milícias palestinas controlavam boa parte do território e de onde partiam suas operações militares contra Israel, não só os cristãos mas também a população xiita tornavam-se cada vez mais indignados diante não apenas das represálias israelenses, mas das constantes humilhações e violações de direitos a que eram submetidos pelas "autoridades" palestinas na região, com o aparente consentimento do governo em Beirute.

Assim, a ampla aprovação política e a boa vontade de que gozaram os palestinos entre quase todos os campos do espectro político libanês até o início da Guerra Civil foram sendo paulatinamente erodidas a partir do início dos anos 1970. E se as lideranças sunitas mantiveram o apoio mesmo após a eclosão do conflito, em 1975, na altura da invasão israelense de 1982, esse apoio também estava seriamente comprometido, e o rancor diante da presença e da atuação palestinas no país parecia tão disseminado quanto fora antes o apoio à sua causa nacional. O desenrolar do conflito, que se estendeu por quinze longos anos, somado às ofensivas israelenses que culminaram na ocupação militar de 1982, marcou a derrocada da situação palestina no Líbano. Se com certeza não podem ser "culpadas" pela guerra – como defendem os cristãos maronitas em *O insulto* e na vida real –, as milícias palestinas de fato participaram ativamente dos confrontos ao lado do predominantemente sunita Movimento Nacional Libanês (MNL), e tal envolvimento custou mais aos refugiados palestinos do que a qualquer outro grupo comprometido com o conflito.

"EU QUERIA QUE ARIEL SHARON TIVESSE ELIMINADO TODOS VOCÊS." OFENSA E HUMILHAÇÃO, SENTIMENTOS DOS PALESTINOS NO LÍBANO

Como podemos observar, a questão da Palestina e as decisões institucionais, na figura da OLP, penetraram cada vez mais na política libanesa por meio de alianças, apoios e oposições. É acionando esse acirramento profundo, sentido especialmente nas décadas de 1970 e 1980, que Tonny, no seu tempo presente, profere o que talvez seja o maior insulto do filme e que tem consequências corrosivas para as decisões tomadas pelos personagens. É importante destacar, pelo menos do ponto de vista da narrativa fílmica, que Tonny é membro do Partido Cristão libanês, entusiasta dos discursos do presidente eleito assassinado Bachir Gemayel (1947-1982), crítico voraz da presença dos palestinos no país. Nesse sentido, a construção do personagem Tonny reforça uma perspectiva bem demarcada de sua relação com os palestinos, e nesse ponto uma reflexão sobre os objetivos dos roteiristas ao construir esse personagem pode ser elaborada, já que há uma diversidade de sentimentos e posicionamentos dentro da sociedade libanesa sobre esse tópico.

O encontro que poderia ter desfeito (quase) todo o mal acaba por gerar ainda mais ressentimentos. Yasser e seu chefe vão até a oficina de Tonny para, enfim, pedir desculpas pelo xingamento proferido. Ao chegar lá, Yasser tem dificuldade de pedir desculpas ao libanês, que se encontra naquele momento ouvindo um dos discursos profundamente antipalestinos de Gemayel. Diante desse cenário, a hesitação de Yasser é respondida com uma ofensa de Tonny, que afirma que têm razão os judeus quando dizem que "um palestino nunca perde a chance de perder uma chance" (THE INSULT, 2017, 00:15:56) e conclui com a impactante frase: "Eu queria que Ariel Sharon tivesse eliminado todos vocês" (Ibid., 00:16:15). Essa cena é um choque porque menciona Israel de maneira direta e porque torna a figura de Tonny controversa: ele é um sujeito "comum", trabalhador, que tem uma família (e com traumas, como descobrimos mais adiante no filme), mas é intolerante, e em um momento de raiva aciona elementos violentos, como o discurso antipalestino e a imagem de Ariel Sharon. Nesse sentido, até que ponto Tonny é resultado de um discurso que passou a vida escutando? E qual relação direta mantém com algum palestino, a não ser pela reprodução de falas e figuras políticas acerca dessa presença incômoda? De todo modo, proferir o nome de Ariel Sharon é tido como um limite ultrapassado, um ato não só de ofensa, mas de crueldade devido ao peso simbólico das palavras proferidas, colocando, do outro lado, Yasser em uma situação de ansiedade.

Nesse caso, a figura de Ariel Sharon tem um significado particular e refere-se especificamente aos resultados da invasão de Israel no Líbano em 1982. No contexto do início da década de

1980, em plena Guerra Civil Libanesa, os embates entre a OLP e o Exército israelense se deram em etapas diferentes, sendo o início da crise marcada por um confronto entre Israel e Síria no Vale do Bekaa, ainda em 1981. Meses depois, Israel virou sua atenção para o sul do Líbano e atacou as bases da OLP, bem como campos de refugiados e vilarejos na região. A resposta da OLP, como nos conta Khalidi (1986), além de mostrar uma resistência ao ataque israelense, foi diferente da usual, e a entidade organizou uma resposta militar, atacando bases militares, vilarejos e cidades do lado de Israel.

Apesar do cessar-fogo negociado por meio das Nações Unidas e do governo saudita, o então primeiro-ministro israelense, Menachem Begin, temeroso do resultado militar e diplomático da OLP, apontou Ariel Sharon para o Ministério da Defesa, que prontamente levou adiante o plano conhecido como Operação Paz para a Galileia. A operação teria a função de remover forças hostis da fronteira norte de Israel, expulsar os combatentes do Líbano e eliminar os aliados da esquerda libanesa. Com isso, o objetivo não era somente tirar a OLP da fronteira, tornando a região da Galileia "segura" novamente, mas destruir a OLP como um todo, deixando as regiões da Cisjordânia e de Gaza mais fragilizadas para a anexação de Israel (KHALIDI, 1986, p. 78). A invasão israelense aconteceu em 1982, em quatro fases: a batalha no sul do Líbano, a tomada dos arredores de Beirute, as batalhas pelo controle das montanhas ao redor da capital e o cerco de Beirute – esta última a fase mais longa, com duração de sete semanas (Ibid., p. 79).

Após o cerco e o isolamento da OLP na região oeste da capital, e a consequente derrota, acordos diplomáticos foram realizados para a saída da OLP do país a partir do Plano Habib. A preocupação, então, era com os palestinos, majoritariamente civis, que permaneceram no Líbano e que viviam sob o espectro do terror de massacres como o de Tal al-Zaatar, perpetrado pelos falangistas em 1976. Logo após as negociações para a evacuação da OLP em agosto de 1982, o líder do Partido Cristão, Bachir Gemayel – o mesmo referido no filme –, foi eleito presidente e, em 14 de setembro, foi assassinado em um atentado com um carro-bomba. Após esse fato, Israel descumpriu os acordos diplomáticos definidos e seu Exército invadiu Beirute. Em 16 de setembro, a partir da aliança entre o Exército israelense e as milícias cristãs libanesas (que apoiavam Gemayel), seguiram-se os famosos ataques aos campos de refugiados de Sabra e Chatila. O cerco do Exército israelense, controlando as saídas dos campos, foi decisivo para a entrada das milícias cristãs e o massacre brutal de civis palestinos, na maioria mulheres, crianças e idosos. Após o massacre, os palestinos retornaram aos campos e passaram a viver sob *khanq,* ou estrangulamento (SAYIGH, 1994, p. 211), com altos níveis de desemprego, desmantelamento político, medo e suscetíveis a prisões arbitrárias.

A figura de Ariel Sharon é portanto, no contexto do filme, um forte gatilho para os sentimentos de Yasser e para seu senso de identidade como palestino. Assim, a ofensa é certeira na medida em que não move somente "inimigos" políticos, mas camadas de sensibilidades quanto ao significado real, intrínseco, de um personagem como Sharon e do que ele representa, isto é, a aniquilação de palestinos. A injustiça acumulada no caso palestino, já que os responsáveis pelos massacres nunca foram responsabilizados – assim como Israel nunca o foi desde 1948 –, faz com que o sofrimento dos palestinos ganhe camadas complexas que envolvem perdas políticas e humanas. Do ponto de vista político, há um certo sentimento de impotência e humilhação, que paira sobre a vida palestina, sofrido cotidianamente, como mostra o filme, ainda que conviva com essa realidade uma ideia constante de *sumud,* uma resistência em permanecer existindo. Por pertencerem a uma identidade coletiva, Yasser sabe que as palavras proferidas por Tonny não podem ser repetidas, pois são carregadas de sentimentos e, nesse sentido, de poder. Assim, ele prefere assumir a culpa pelo xingamento diante do juiz a repetir o insulto, a humilhação e o sofrimento palestinos.

"SE AO MENOS EU FOSSE PALESTINO!" O (NÃO) LUGAR DOS PALESTINOS NO LÍBANO HOJE E A AMBÍGUA RECEPÇÃO A *O INSULTO*

A frase "Se ao menos eu fosse palestino!" (THE INSULT, 2017, 00:15:56), proferida por um Tonny indignado diante da absolvição de Yasser no tribunal de primeira instância, soa quase como um delírio para qualquer um familiarizado com a história da questão palestina e com a situação dos palestinos no Líbano em particular – e ajuda a compreender a insatisfação da comunidade com *O insulto*. Cabe, assim, tentar compreender qual o sentido do enunciado para o personagem e como ele sintetiza, na verdade, a disputa narrativa que o filme retrata.

A condição de refugiado no Líbano não pode ser caracterizada como algo a ser invejado. A situação que começou a se deteriorar a partir do início da Guerra Civil e entrou em colapso definitivo com a invasão israelense em 1982 não melhorou substancialmente desde então. Por um lado, a partida da OLP em 1982 deixou um vácuo de poder não apenas no sul do Líbano (que foi preenchido em grande medida por grupos xiitas como o Hezbollah), mas nos campos de refugiados, que, sem um governo formal, viram "o surgimento da moral e dos valores islâmicos como meio de governança" (ERNI, 2013) e a ascensão dos partidos nacionalistas islâmicos. Ademais, desde a saída da OLP e de suas organizações de auxílio, quase não há mais instituições de caridade disponíveis, exceto a UNRWA, de modo que a situação econômica e social nos campos chega a constituir uma verdadeira crise humanitária.

À invasão isralense de 1982 e aos massacres de Sabra e Chatila, seguiu-se a ainda mais pavorosa "Guerra dos Campos" entre 1985 e 1987 – período no qual a interferência de uma Síria que reencontrava um ambiente propício para exercer influência sobre a política libanesa somou-se às investidas da milícia xiita AMAL para lançar a pá de cal na situação razoavelmente favorável dos palestinos no Líbano entre os anos 1960 e 1970. Quando o país finalmente vislumbrou o fim da Guerra Civil, quase nada restava do amplo apoio de que um dia gozaram os palestinos entre a opinião pública dos vários setores da sociedade libanesa, a qual parecia, em 1990, convergir em pouco mais do que no alívio com a destruição do "Estado paralelo" palestino e na convicção de que esses nunca mais deveriam dispor das liberdades e autonomia de que haviam gozado nos anos pré-guerra.

Os Acordos de Taif de 1990 que puseram fim ao conflito consagraram a determinação de que os palestinos nunca mais retornassem a seu status pré-1982, instituindo a proibição à sua naturalização, a dissolução de todas as milícias envolvidas na Guerra Civil e a manutenção de todas as restrições ao acesso palestino a direitos sociais básicos no país. Seu isolamento e marginalização foram portanto retomados, e o consenso geral parecia ser o de que qualquer melhora no status e nas condições de vida dos palestinos poderia ser considerada um incentivo a seu assentamento permanente no país (*tawtin*) – uma lógica perfeitamente demonstrada em *O insulto* na fala do antigo patrão de Yasser quando afirma no tribunal que, "ao dar emprego a um palestino, você é acusado de empregar 50 milhões deles" (THE INSULT, 2017, 00:15:56).

A assinatura dos Acordos de Oslo pouco depois do fim da Guerra Civil e a subsequente criação da Autoridade Nacional Palestina nos Territórios Ocupados da Cisjordânia não significaram, como poderíamos esperar, um alento ou melhora na situação dos refugiados no Líbano. Pelo contrário, a perspectiva de criação de um Estado palestino, nunca concretizada, prometia pouco às comunidades da diáspora, uma vez que o direito de retorno dos refugiados não apenas não foi reconhecido por Israel, como foi deixado de lado nas negociações, adiado até futuras discussões sobre o "status final" do Estado palestino.

Os palestinos no Líbano viram-se então, na virada do século, amargurados e desiludidos diante de um cenário que em nada lhes favorecia. Se por um lado a possibilidade de um retorno *de fato* desvaneceu quase completamente, a hostilidade do Estado que os "abriga" e de boa parte da sociedade libanesa não parece dar sinais de arrefecer. Como *O insulto* deixa bem claro, não são poucos os que ainda culpam os palestinos pelos quinze anos da Guerra Civil, e quase todos concordam que eles deveriam partir. Ironicamente, a firme crença no direito de retorno dos refugiados como um princípio inegociável talvez seja o ponto comum que mais poderia unir palestinos e libaneses. Os palestinos, afinal, querem voltar para sua terra de origem, e os libaneses não querem que fiquem.

Fiorella Larissa Erni (2013), no entanto, ressalta que, em sua pesquisa com jovens da quarta geração de refugiados palestinos do campo de Burj al-Chamali, notou uma surpreendente boa vontade para com a sociedade libanesa em geral, e não a firme clivagem que se poderia esperar. Para a autora, os palestinos, especialmente os mais jovens, estabelecem cada vez mais uma distinção entre a legislação que os priva de direitos e os libaneses, contra os quais não parecem nutrir uma hostilidade particular. Paralelamente, a autora ressalta como as clivagens religiosas e a oposição em relação não apenas aos cristãos maronitas, mas também aos muçulmanos xiitas, fazem-se cada vez mais presentes – constatação que vai ao encontro de uma tendência dessecularizante cada vez mais notável no mundo árabe.

Mais recentemente, é possível perceber ao menos um aceno do governo libanês no sentido de buscar uma relação mais produtiva com a comunidade palestina residente no país, com a criação em 2005 do Comitê Libanês-Palestino para o Diálogo, um órgão interministerial que deveria oferecer recomendações ao governo sobre como melhor implementar políticas que levem em conta tanto os interesses nacionais do Líbano como o direito dos palestinos de viver com respeito e dignidade no país. A despeito da iniciativa, no entanto, a situação dos refugiados permanece lastimável: sujeitos à exclusão econômica, institucional e espacial, seu acesso ao emprego e à seguridade social é severamente restringido por princípios legais que norteiam a política trabalhista libanesa.

Tal panorama leva boa parte dos jovens refugiados palestinos no Líbano a não acreditar na possibilidade de construir qualquer futuro no país, como constata Erni (2013). É o que fez com que o público palestino em geral tenha se mostrado um tanto indignado com o modo como sua experiência no Líbano é retratada em *O insulto*. Todas as discussões que o filme levanta – o problema de uma reivindicação do monopólio do sofrimento, a disputa por "quem é *mais* vítima", as memórias apagadas de um processo histórico, narrativas hegemônicas e contra-hegemônicas – não são nada estranhas à questão palestina, que as levanta constantemente em contestação à narrativa sionista. Mas os palestinos não estão de modo algum habituados a se ver representados como a força narrativa hegemônica, acusados de ser o polo dominante nessa disputa. "Falou-se tanto sobre a sua causa", diz Wajdi Wehbe, "que não sobrou espaço para mais nada" (Ibid. 00:15:56). Mesmo sem um julgamento quanto à legitimidade dessa representação, a inversão dessas posições é por si só muito interessante e nos coloca diante da questão: como reconhecer a pertinência dessas discussões, inclusive com um olhar crítico sobre as narrativas palestinas, sem subscrever alguns aspectos problemáticos de *O insulto*?

O que gerou o desagravo palestino em relação ao filme foi, em grande parte, o potencial normalizador de um discurso segundo o qual "todos sofrem", e que faltaria a esse conflito político, como a tantos outros, a disposição para "ouvir o outro lado". É um argumento deveras comum e potencialmente normalizador, que reduz problemas políticos de primeira grandeza a uma questão de disposição ou atitudes individuais. Vale dizer, o que impede a resolução do conflito inerente ao filme não é a falta de tolerância, e sim a ausência de uma solução política verdadeira para os refugiados palestinos, tanto no Líbano como em outros lugares.

Soma-se ao tom exculpatório da participação das milícias cristãs no conflito o fato de que *O insulto* não contextualiza de maneira nenhuma a deplorável situação dos refugiados palestinos no Líbano: Yasser parece viver uma vida de maneira geral muito confortável. Não há um aprofundamento da história pessoal do personagem palestino central, de modo que é preciso que o espectador já seja familiarizado com a questão palestina para "pescar" algumas informações e deduzir que ele teve uma vida de múltiplas expulsões, traumas e deslocamentos forçados.

Tonny, por sua vez, é o evidente protagonista da história, e a centralidade atribuída ao massacre do vilarejo cristão de Damour em 1976 fez com que o filme fosse acusado de promover o "revisionismo histórico" da Guerra Civil, invertendo de maneira desonesta o papel de vítimas e algozes ao suprimir importantes elementos do contexto do conflito (ELIA, 2018). Não é mencionado, por exemplo, o fato de que o massacre em Damour, que vitimou cerca de quinhentas pessoas, foi uma retaliação direta ao extermínio de cerca de 1.500 palestinos, curdos, sírios e armênios por milícias cristãs e falangistas no distrito de Karantina apenas dois dias antes. Tampouco aparecem o cerco ao campo de refugiados palestinos de Tal al-Zaatar em 1976, ou o massacre de Sabra e Chatila ou qualquer outro dos muitos eventos similares que ocorreram entre 1975 e 1990. No entanto é importante lembrar que o *O insulto* não é um documentário que pretende oferecer uma narrativa concisa da Guerra Civil, e sim a história de um homem, Tonny Hanna, para quem o massacre de Damour é de fato único e incomparável. Cabe inclusive lembrar as considerações da advogada de defesa de Yasser, ao final do julgamento, de que, do ponto de vista das vítimas, nenhuma tragédia possui contexto, antecedentes ou repercussões nem pode ser comparada a outras. O sofrimento, para os que o vivenciaram em primeira mão, é sempre único e absoluto.

"NÃO, NÓS NÃO SOMOS IRMÃOS." CONCLUSÕES

A frase, dita por Tonny ao presidente libanês quando este convoca a ele e a Yasser para tentar resolver o conflito entre ambos, nos leva de volta às encruzilhadas e bifurcações que marcam a experiência de palestinos e libaneses. Não serão mesmo irmãos? Refletindo historicamente a respeito de ambas as comunidades, seus caminhos em muitos sentidos se aproximam mais do que se afastam. Afinal, é importante lembrar que qualquer discussão a respeito das relações entre palestinos e libaneses, ou da situação dos refugiados palestinos no Líbano, parte da realidade contemporânea de uma cisão que, até meados do século XX, não existia. Vale dizer, "houve um momento, não tanto tempo atrás, em que o Líbano e a Palestina não estavam separados" (HUDSON, 1997, p. 243), não eram entidades político-territoriais distintas, mas sim parte do mesmo distrito administrativo sob o Império Turco-Otomano. Antes que a região como um todo fosse engolfada pelas preocupações caracteristicamente contemporâneas com fronteiras e os dilemas em torno da segurança de Estados nacionais soberanos, pessoas viajavam facilmente de Beirute para aquilo que se tornou, após o fim da

Primeira Guerra Mundial, o Mandato Britânico sobre a Palestina, e vice-versa. Foi a chegada de franceses e ingleses bem como a crescente pressão do projeto de colonização sionista que precipitaram a segmentação entre as regiões e as comunidades que se aprofundaria ao longo do século.

Por outro lado, se o sionismo político custou aos palestinos essencialmente *tudo*, não podemos deixar de notar as pressões que Israel sempre exerceu sobre o Líbano e que poderiam ter unido palestinos e libaneses acima de qualquer divergência. Por mais que setores da política libanesa insistam em localizar na presença de refugiados palestinos e na atuação de suas milícias armadas no sul do país o motivo das constantes ofensivas e agressões israelenses, é impossível não notar que o Estado judeu continuava a ocupar militarmente um décimo de seu território quase trinta anos após a retirada da OLP. O nacionalismo judeu debilitou decididamente as aspirações nacionais tanto de palestinos como de libaneses, mas, ao invés de levá-los a uma união profícua contra o inimigo comum, na maioria das vezes colocou-os uns contra os outros.

Paradoxalmente, é a falta de unidade nacional o que mais aproxima a experiência palestina da libanesa e o que também leva seus indivíduos a antagonizar um ao outro com frequência. Se os palestinos não possuem instituições nacionais concretas e estáveis, o Líbano também é profundamente dividido internamente, tanto em relação à causa palestina como em muitos outros assuntos. Nenhum episódio da história libanesa ilustra de modo tão inequívoco os custos dessa fragmentação interna quanto a Guerra Civil, a protagonista histórica de *O insulto*. A inexistência de uma narrativa consensual a respeito do conflito fica patente logo nos créditos de abertura, diante do modo como o Estado libanês se esforça por afastar-se da disputa com um aviso aos espectadores de que o filme não representa o ponto de vista oficial do governo sob nenhum aspecto.

A Guerra Civil permanece, no entanto, inescapável. Ela enquadra a produção da subjetividade dos personagens centrais do filme e nos faz refletir sobre o modo como ressentimentos coletivos formam as identidades pessoais – o que leva Tonny, em última instância, a declarar de maneira tão peremptória sua distância em relação a Yasser. Sua afirmação categórica de que os dois não são irmãos é reveladora do modo como são traçadas e defendidas com unhas e dentes as linhas identitárias que separam os dois homens, historicamente demarcadas ao longo de décadas. Nadine Wehbe, a advogada de defesa de Yasser, afirma uma e outra vez que as ações de seu cliente são justificáveis, pois as palavras de Tonny ofenderam diretamente a sua *identidade*.

Emblemática nesse sentido é a cena do primeiro julgamento em que nenhum dos dois homens se dispõe a repetir as palavras ofensivas de Tonny. Da parte do cristão, a recusa pode levantar discussões importantes a respeito do significado distinto das ofensas proferidas privada ou publicamente, e de como muda o peso das palavras dependendo do contexto em que são ditas e para que audiência. Mas é particularmente curiosa a recusa de Yasser, visto que a informação poderia ajudá-lo no processo. Por que o palestino não repete as palavras de Tonny diante do juiz? Talvez devido ao sentimento de vergonha simbolizado pela figura de Ariel Sharon e ao fato de que os palestinos são constantemente convocados a exibir sua tragédia em público para ter reconhecida alguma dimensão de sua existência.

E é justamente desse aspecto dilacerante da existência palestina que o filme passa ao largo – e que o torna potencialmente ofensivo. O ganho de pequenas ou grandes causas em um tribunal mediado pela piedade ou pela simpatia que desperta a história coletiva de desgraças de um povo não é, afinal, em nada comparável à segurança da existência (jurídica, material, simbólica, até mesmo psíquica) que é garantida a Tonny pelo simples fato de pertencer ao próprio país, de ser cidadão, de possuir uma nacionalidade. O que não invalida nem diminui os impactos do trauma que sofreu, mas ajuda a compreender a indignação de muitos palestinos com o que consideraram a representação "revisionista" do filme, que nem de longe dá conta da complexidade dos sentimentos que compõem a identidade palestina.

Se Tonny e seu advogado acusam os palestinos de se beneficiarem de uma aura de "vítimas sagradas", Yasser não quer se submeter a um mecanismo de reconhecimento que é sempre ditado por um outro completo; recusa-se justamente a representar esse papel de eterna vítima. A catástrofe do sobrevivente, segundo o franco-armênio Marc Nichanian (2009), é ter que sujeitar seu testemunho, a legitimidade de sua existência, à apreciação piedosa de uma corte. E Tonny parece enfim se dar conta da vergonha e da humilhação associadas a essa posição ao ter a própria tragédia exibida pública e espetacularmente durante o julgamento final, compreendendo então quão pouco invejável pode ser a condição de vítima.

6.
Amnésia e ruínas da memória: o cinema e a Guerra Civil Libanesa

AHMED ZOGHBI
GERALDO ADRIANO CAMPOS

Isto é Beirute! Todos, arranquem seus olhos do chão
e contemplem sua cidade refletida nessas ruínas!
Parem de procurar por seu passado deficiente!

ELIAS KHOURY, REAGINDO À EXPLOSÃO DE UM GALPÃO EM BEIRUTE, AGOSTO DE 2020

Em agosto de 2020, em plena pandemia da covid-19, o mundo assistiu, praticamente em tempo real, à explosão de um galpão no cais de Beirute. O cogumelo de fumaça e as chamas subsequentes deram lugar a um cenário com corpos de mortos e feridos, casas e edifícios destruídos, em um país atravessado, nos últimos anos, por fortes manifestações populares, com economia destroçada e alta instabilidade de seu regime político.

Neste ensaio, propomos uma leitura da proliferação de ruínas como elemento político-estético pertinente para pensarmos algumas obras libanesas contemporâneas à luz da amnésia formulada como política de Estado no Líbano. Visamos estabelecer um diálogo com o trabalho estético e intelectual de libaneses e libanesas, gravitando ao redor do filme *Yamo*, de Rami Nihawi, lançado em 2011.

Ao reverberarmos a polifonia existente entre intelectuais libaneses, sejam aqueles que se dedicam à filosofia, às ciências sociais, ou os responsáveis pela produção artística, buscamos relações entre esse filme e outras obras que ativam as ruínas do Líbano como matéria-prima da memória, em face do repto de questionar a amnésia coletiva disseminada no país a partir do início dos anos 1990.

Assim, quando nos referimos à produção intelectual libanesa no cenário que sucedeu à Guerra Civil, ocorrida entre 1975 e 1990, não nos restringimos aos trabalhos acadêmicos. Os artistas exerceram – e exercem – papel central na elaboração de um pensamento crítico das relações entre memória coletiva e amnésia, em obras que assinalam a possibilidade da inscrição histórica e política da violência emudecida no esquecimento imposto. Desse modo, procuramos situar o trabalho de um diretor nascido durante a Guerra Civil e complementar a análise fílmica com uma entrevista concedida por Rami Nihawi especialmente para este ensaio, no momento em que o filme completa treze anos de seu lançamento.

Pensar a produção artística e cultural a partir das ruínas e esquecimentos, como chave importante de leitura da modernidade libanesa, implica assumir uma certa perspectiva sobre a filosofia da história e sobre a imagem do tempo que nos direciona a leituras críticas do progresso. Tais impulsos ganham força de alarme diante da catástrofe (LÖWY, 2005).

O Estado libanês moderno alimentou-se de mitos fundacionais relacionados à origem e ao desenvolvimento nacional, nos quais a ideia de progresso tem lugar central. Com o fim da Segunda Guerra, o declínio do colonialismo e uma euforia nacionalista, os novos Estados árabes independentes produziram um sentido de consciência nacional que foi um catalisador para a arte (SHABOUT, 2007, p. 147). Ideias nacionalistas de um povo renascente, que se movimenta historicamente em direção ao futuro, formaram-se no fim do século XIX e se fortaleceram nesse período pós-independência, com a próspera economia dos anos 1950 e 1960 (HAUGBOLLE, 2010, p. 31). Ao mesmo tempo, a contrapartida dessa ideologia do progresso no Líbano, na forma do recrudescimento da violência e da ruptura social que provocaram a queda do país, ganhou corpo em artifícios nostálgicos que idealizaram determinados momentos históricos, congelando-os em uma memória seletiva que apenas contribuiu para a amnésia.

No início da década de 1970, antes da Guerra Civil, uma geração de cineastas retornou ao Líbano, e as dificuldades estruturais para a produção artística no país se tornaram fermento de um processo de intensas experimentações estéticas. Com o fim da Guerra Civil, a arte libanesa passou a ser um dos campos mais férteis em termos do acesso a fragmentos e reelaborações da memória coletiva. Como bem lembra Laura Marks, muitos artistas árabes estavam na linha de frente da atitude de crítica da imagem que se tornou popular nos anos 1990, especialmente no Líbano, onde a ruptura social foi de tal magnitude que a "inabilidade de representar o passado dominou a produção criativa e sua recepção acadêmica por algum tempo" (MARKS, 2015, p. 175). Não passa despercebido, portanto, o fato de que na mesma década em que o Líbano ingressava em um novo momento histórico, marcado por um arranjo político que sedimentava as tensões sectárias baseado em uma amnésia induzida, espalhava-se globalmente uma obsessão pela memória, ideologicamente sintonizada com a "crise da ideologia do progresso e da modernização e o desvanecimento de filosofias da história teleológica" (HUYSSEN, 1995, p. 3). Não ignoramos, entretanto, a possibilidade de que o florescimento contemporâneo de estudos sobre a memória seja, na realidade, o desaparecimento da memória, sua absorção na história (ROSS, 2012).

A década de 1990 é inaugurada para os libaneses com o Acordo de Taif, celebrado sob os auspícios da Liga Árabe e assinado pelos parlamentares libaneses em 22 de outubro de

1989, na Arábia Saudita (na cidade de Taif), com mediação do país anfitrião e da Síria. Abria-se uma nova etapa na história libanesa, após as guerras ocorridas desde 1975. O acordo interrompeu, naquele momento, a violência armada e convocou as milícias a entregarem suas armas ao Exército libanês e à Síria, para permitir que o Estado pudesse impor sua autoridade sobre todo o território em um período de dois anos. Contudo, o regime político pós-Taif incluiu muitos dos senhores da guerra, milicianos e políticos que alcançaram altos postos durante a última fase dos confrontos, como Elie Hobeiqa, assassinado em um carro-bomba em 2002, conhecido por ter liderado os massacres de Sabra e Chatila em 1982; Nabih Berri, líder do AMAL; e Walid Jumblatt, chefe druso (HAUGBOLLE, 2010, p. 69).

Um fenômeno que foi se tornando mais evidente no Líbano, sob esse regime inaugurado por Taif, é o fato de artistas e curadores, ligados a diferentes expressões estéticas, pensarem o ato criativo também como trabalho sobre documentos históricos. Dissolviam-se, gradualmente, fronteiras que separavam formas de expressão artística e procedimentos de investigação histórica. Enquanto a realidade política impunha que a memória se tornasse elemento constitutivo do processo dialético da criação, a realidade econômica exigia que os artistas libaneses estivessem abertos a experimentações estéticas e formas de produzir os próprios trabalhos. Isso não é pouca coisa. As produções culturais, somadas aos ensaios, cursos e organização de espaços coletivos, conformaram distintas modalidades de análise da sociedade libanesa que convergiram para um pensamento político-estético crítico da repactuação social do início dos anos 1990, tecida ao redor das sombras da amnésia. Nas décadas seguintes, diversos espaços culturais, instituições, programas de residência artística, bolsas para pesquisa, publicações, páginas de internet, fóruns e coletivos de artistas proliferaram, com particular predominância em Beirute. Mas uma característica permaneceria: a significativa ausência de financiamento estatal para a arte no Líbano (DEDMAN, 2016).

O fim das guerras libanesas coincidiu com o momento global caracterizado, entre outras coisas, pela queda da União Soviética e pelo fim da Guerra Fria. Como parte de uma onda internacional de entusiasmo neoliberal, o país encarou seus escombros motivado por uma ideia de renascimento (KASSIR, 2010).

O Acordo de Taif deveria sedimentar as bases para processos posteriores de desmilitarização do território libanês, *peacebuilding* e reconstituição do tecido social. Naquele contexto, as transformações urbanas na região central de Beirute eram símbolo dessa passagem "da guerra para a paz", com a ideia de *reconstrução* a condensar as tensões da experiência moderna no país. É em tal cenário que o megaprojeto urbano de remodelação de Beirute foi entregue pelo Estado libanês à empresa Solidere (Société Libanaise pour le Développement et la Reconstruction du Centre-ville de Beyrouth; em português, Companhia Libanesa para o Desenvolvimento e Reconstrução do Distrito Central de Beirute), de propriedade de Rafiq Hariri. Findo o confronto armado, tratores de esteira e imensos fluxos de capital passaram a reorganizar o panorama libanês. As ruínas da amnésia eram seletivamente escolhidas, no impulso da modernização como catástrofe, operada pela Solidere. Afinal, como fez questão de notar Robert Fisk, os empreendedores e a companhia bilionária de Hariri "derrubaram as ruas otomanas em ruínas, enquanto cuidadosamente restauravam os escombros do Mandato Colonial francês, que sobreviveram à Guerra Civil" (FISK, 2010, p. XIX).

O período do primeiro governo de Rafiq Hariri (1992-1998), em que as ruínas libanesas foram silenciadas pela voracidade da restauração física que ocorria, também gerou uma "contracultura que se opunha à amnésia dirigida pelas classes médias de Beirute e que se expressava primordialmente em produções culturais e na mídia" (HAUGBOLLE, 2010, p. 64).

Em 15 de fevereiro de 1996, treze pessoas que moravam em uma ocupação foram mortas em Beirute quando o prédio em que viviam foi demolido pela Solidere. A empresa declarou ter sido um engano e os mortos foram esquecidos. Eram migrantes pobres, que destoavam daquela visão de um centro urbano revitalizado e cosmopolita, sintetizada no projeto urbanístico da empresa. Respondendo às acusações de que a reconstrução estava sendo muito rápida, o primeiro-ministro afirmou que tal projeto fazia parte do processo de transição para a "paz" no país. Ao mesmo tempo que situava o Líbano como um lugar onde "ocorria uma luta entre o bem e o mal", Hariri insistia que as alternativas impostas à nação eram "a vontade de progresso" ou a "vontade de desespero" (MAKDISI, U., 1996). As ideias de desenvolvimento e progresso representavam a promessa de um futuro que implicaria, por sua vez, a silenciosa travessia de uma ponte de amnésia coletiva e de um pacto entre elites organizadas em um instável regime sectário.

Com isso, a destruição de edifícios antigos, portadores de rastros dos quinze anos de Guerra Civil, foi vista como uma forma de expurgar o passado (MAKDISI, S., 1997). Essa transformação espacial de Beirute, semióforo do neoliberalismo no Líbano (TARASCHI, 2021), implicou a eliminação arquitetônica de vestígios materiais da divisão social na capital libanesa, como "estratégia consciente para silenciar ou ao menos minimizar a memória da guerra" (HAUGBOLLE, 2010, p. 84).

> Enquanto o autorretrato da Solidere como um projeto de reconstrução nacional com base na destruição do período da guerra pressupõe que a destruição tenha terminado com a guerra, uma grande parte da destruição ocorreu de fato depois da guerra pelas mãos, ou melhor, pelos tratores da própria Solidere e foi facilitada pela espoliação de propriedade dos antigos donos por parte de uma empresa privada. (Ibid., p. 85)

É nesse ponto que a arte libanesa cumpre uma função reveladora de um processo que estava em andamento. A pesquisadora Lina Khatib (2008a) afirma que o cinema teve um papel fundamental na revelação desse processo, justamente por se oferecer como espelho de múltiplos olhares sobre a guerra, em vez de ser produtor de uma narrativa unificada coerente sobre o evento. Em tal condição, o cinema libanês teria funcionado, segundo a autora, também como um projeto de memória a romper o silêncio sobre o passado, tendo a Guerra Civil como seu ponto de inflexão: sua maior preocupação e seu maior trauma.

> Quando a guerra acabou, tornou-se um mito urbano. O povo libanês parece que escolheu esquecer – a memória da guerra parecia muito dolorosa e indutora de culpas para ser ressuscitada. [...] o cinema libanês confrontou os demônios da guerra e tem sido, por vezes, audacioso na referência a questões silenciadas. (KHATIB, 2008a, p. 169)

O conceito de "amnésia coletiva", utilizado como referência ao período que sucede o Acordo de Taif, sublinha uma formulação específica da memória a respeito das guerras libanesas, em que a verdade é "frequentemente sacrificada no altar da conciliação" (YOUNG, 2000, p. 42). A produção cinematográfica libanesa passou a ser, diante disso, além de um campo de disputas, lugar da conformação de uma *experiência comum*, derivada da divisão civil e da guerra.

> As diferentes versões da memória estão em constante disputa, gerando imagens concorrentes e memórias históricas da guerra. [...] no Líbano, a "tentativa de destruição da memória social" pela criação de mitos públicos tem servido para limpar a guerra e induzir esquecimento de sua monstruosidade. Enquanto o cinema libanês é, às vezes, cúmplice dessa posição, serve entretanto a uma

> importante função ao enfatizar o papel central da Guerra Civil na imaginação libanesa. No contexto libanês, não há um claro centro cultural. O Líbano é composto de diferentes religiões, grupos sectários e etnias, onde todos são uma minoria. [...] Paradoxalmente, a Guerra Civil tem sido um dos poucos eventos que o povo libanês experimentou coletivamente – quase como uma "nação". A centralidade da guerra no cinema libanês pode, portanto, ser vista como um modo como a "obsessão 'entrópica' com o passado" é canalizada. A guerra separou os libaneses, mas sua memória os está aproximando. (KHATIB, 2008a, p. 179)

Para Fawwaz Traboulsi (2007), historiador libanês, ao mesmo tempo que inaugurava o processo que poria fim à Guerra Civil Libanesa, dando início a um novo momento na história do país, o Acordo de Taif criava um novo ambiente de discórdia e conflito, na medida em que estabelecia um regime político que reproduzia o sistema sectário (com uma nova balança de poder entre seus componentes) com o governo da troica entre maronitas, sunitas e xiitas. As relações de poder do pós-guerra, absolutamente instáveis, anunciavam uma promessa nunca cumprida: uma república na qual o sectarismo político seria abolido e um Parlamento não sectário seria eleito. Percebe-se como esse conceito de sectarismo também passou a ser usado, muitas vezes, como recurso de uma leitura orientalista consoante a qual conflitos "antiquíssimos" seriam os responsáveis por inviabilizar a estabilidade de um regime democrático e popular no país. Como afirma Ussama Makdisi (2019, p. 4), tal chave de interpretação acerca da fragmentação da sociedade libanesa pode ignorar que foi apenas no século XX que os termos árabes para "sectarismo" e "coexistência" – *ta'ifiyya* e *'aych muchtarak* – foram cunhados como parte integral de uma nova imaginação que aceitou muçulmanos, cristãos e judeus como cidadãos iguais em quadro político soberano.

Para o autor, toda história de sectarismo é também uma história de coexistência. Assim, o ambiente político do "pós-guerra" no Líbano foi reconstituído por atores que assumiram a tarefa de produção de um mito (KHATIB, 2008a), segundo o qual as guerras que ocorreram entre 1975 e 1990 no país passariam a ser entendidas como uma única guerra, feita "por outros" em território libanês, ou "em nome de outros", e melhor seria, portanto, permitir que o esquecimento cumprisse seu papel, eliminando a ideia de um deslinde possível para o conflito.

> Pergunta: por que devemos nos lembrar de uma guerra civil? Resposta: para que ela não se repita. Uma pergunta mais difícil: o que deve ser lembrado de uma guerra civil? Certamente nem todas as coisas podem ser lembradas. Mas muitas coisas deveriam, especialmente causas e lições. Mas muitas outras coisas devem ser esquecidas. Sim, esquecidas. E você só pode esquecer aquilo que conhece. Portanto, de volta à memória. Esquecer é uma coisa, amnésia é outra. (TRABOULSI, 2009, p. XVII)

A provocação de Traboulsi sintetiza a questão central que pretendemos apontar na obra aqui discutida: em *Yamo*, o passado precisa ser articulado entre o esquecimento e a representação, para que possa se tornar memória.

YAMO E AS RUÍNAS DA MEMÓRIA

No documentário *Yamo* (2011), do libanês Rami Nihawi, as memórias de Nawal, a mãe do diretor, unem-se ao esquecimento dela em um panorama desolador. *Yamo* expõe uma Beirute arrasada, cujas ruínas saltam ao primeiro plano na forma do fracasso do projeto político da geração de seus pais, sujeitos e objetos da guerra (seu pai, membro do Partido Baath, e sua mãe, do Partido

Comunista Libanês). Na expressão de cansaço e nas palavras de Nawal, pode-se perceber o poder de um evento que se mostra imune a diferentes formas de resistência e convoca a geração seguinte a produzir sentidos políticos para uma experiência coletiva de devastação, a fim de evitar o legado da paralisia.

Na sequência inicial, uma tela escura exibe os letreiros enquanto se ouve uma caixa registradora e o rumor de pessoas. A primeira imagem é a de um monitor que reproduz a câmera de segurança de uma loja de conveniência. No visor, uma mulher que opera o caixa atende um cliente. A segunda sequência é aberta, novamente, com a imagem de uma TV ligada, no centro de uma estante ocupada por livros e objetos, que exibe o que parece ser um oficial da polícia despachando ao telefone. Só então surge o narrador, o próprio cineasta, que pronuncia o que viria a ser a tônica do filme:

> Quando eu era pequeno, saí várias noites à procura de um bebê cujo choro perturbava meu sono. Não me lembro quando descobri que o choro nada mais era que gatos no cio. Ansiedade é quando esperamos uma catástrofe. Imaginamos os possíveis cenários e congelamos à medida que antecipamos o medo.

Yamo foi lançado em 2011, ano que inaugurou uma década de levantes, uma guerra avassaladora na Síria e um cinema que foi às ruas nos países árabes. O filme, contudo, parece adequar-se mais ao espaço doméstico. As cenas internas apresentam o apartamento familiar com fotografia cuidadosa. A câmera está sempre parada, posicionada de modo a dissolver uma proximidade imediata com aquele ambiente. A lentidão cotidiana na casa é interrompida pela circulação de pessoas. Diversos planos do filme frustram a sensação de que tudo está parado, com a irrupção de alguma forma de mobilidade, mesmo que sutil. Algo se desloca, insetos ao redor da comida, um pássaro que pousa no parapeito, um enfeite que rola soprado pelo vento, o carro, o ventilador.

O filme cria múltiplos planos de comunicação e de silêncios entre familiares que habitam, ou transitam, na casa. O filho fala com a mãe ao telefone, ela deixa um bilhete colado ao armário. Pelo rádio, o contexto geopolítico penetra na cozinha enquanto a mãe prepara o café.

A relação entre o espaço privado e o público no filme é construída pelo cotidiano de Nawal. A memória emerge, assim, comprimida entre seus inúmeros trabalhos. A presença fílmica de seu corpo é articulada pela fotografia e pelos jogos de sombras, que alinham seus movimentos no interior da casa a um conjunto de ruídos, como o barulho da sola de seu sapato no corredor, a compor o ritmo de um cansaço permanente. Ao acompanhar o dia a dia de Nawal, os enquadramentos deslocam seu corpo para as margens da imagem, com atenção apurada à composição dos planos. Os detalhes de seus olhos, de sua boca, o jeito como fuma são uma das grandes potências do filme. Nos espaços externos, em meio aos variados ofícios, ela se posiciona diante da câmera, interrogada pelo filho, o diretor, em um forçoso exercício de recordações do qual ela aparenta se enfadar às vezes. O cigarro em sua mão desenha uma coreografia particular. A utilização da fotografia em preto e branco realça os contornos da face de Nawal, iluminada em um misto de ironia e resignação. A sensação de que o filho parece impeli-la a escavar a própria história, martelando indagações sequenciais, é atenuada pela altivez com a qual aquela mulher é capaz – com um gesto de cabeça, um olhar ou o modo como devolve uma pergunta – de mostrar que é ela quem está no controle. Afinal, é Rami, aquele nascido durante a Guerra Civil, quem busca atribuir significado às coisas. A profusão de planos em que procura definir foco e enquadramento é parte, portanto, daquilo que o filme quer expor: a tentativa de produzir sentidos a partir da memória alheia.

Ao redor do diálogo entre lacunas e provocações, a figura do pai, Mustafa, aparece em fotografias, na impressionante semelhança física entre ambos, ou em lembranças associadas a agressividade e abandono. O diretor busca respostas que são simultaneamente pessoais e relativas à história contemporânea do mundo árabe. O enlace da mãe, cristã e libanesa, com o pai, sírio e muçulmano, é parte disso. Os dois se casam durante a Guerra Civil e, ao fim da guerra, Mustafa abandona a família e retorna a seu vilarejo na Síria, onde constitui, sem avisar, nova família. Um homem que devotara sua vida a uma causa e que lutara no Líbano pela Palestina é mais um dos fantasmas da guerra.

O título do filme, *Yamo* (uma forma vocativa de chamamento à mãe, no árabe falado na Síria), já anuncia o protagonismo de Nawal, que é acionar a memória para que seu filho possa ordenar o passado e lidar com a falta de perspectivas no Líbano. Sua vida está absorvida na imposição das questões materiais. Ela desenvolve quatro atividades para sua manutenção, além dos trabalhos domésticos que parecem se acumular mesmo com os filhos adultos em casa. Trabalha como professora de ensino fundamental, professora particular de língua francesa e reforço, motorista no transporte de estudantes e caixa em uma loja de conveniência no período da noite. É curioso, portanto, que enquanto Rami está imerso em sua busca – que passa pela Guerra Civil Libanesa, pela figura do pai e pela política regional – sua mãe desdobra-se em suas atividades, mostrando que seu silêncio, supostamente responsável pela memória fragmentada da prole, pode ser apenas fastio e serenidade diante de escolhas (ou da falta delas).

Caso optemos por identificar na figura da *yamo* uma metaforização nacional, precisamos reconhecer um deslocamento. Acostumados que estamos a metáforas que destacam o caráter plural do Líbano com suas diversas comunidades religiosas e culturais, é impactante a ausência do delineamento mítico de uma comunidade imaginada (na conhecida definição de Benedict Anderson). Em outras palavras, esvanecidos os resquícios de nacionalidade que sustentam as ilusões dos discursos nacionalistas, a história recente do Líbano é revelada imiscuindo-se em um conjunto de recordações familiares e políticas. O filho questiona os posicionamentos políticos de Nawal e faz com que ela realize uma espécie de balanço pessoal das próprias escolhas. Não estamos, contudo, perante um acerto de contas familiar. Trata-se de um embate entre gerações, na trilha dos silêncios que moldaram a amnésia libanesa. Se há uma metáfora no filme, ela é a da "exaustão", da ausência de horizontes e da dissolução de utopias, de um corpo que trabalha no seu limite apenas para continuar existindo. Sem medo e sem ingenuidade, a geração que encarou a guerra parece conformada à sobrevivência. Sem mito e sem nacionalismo, a geração de Rami procura por referências.

O encontro entre as duas gerações ocorre em meio a ruínas: de um país, de uma guerra e de projetos políticos. As ruínas são a "contradição em forma de matéria, questionadora do tempo, por excelência, e, mais particularmente, do tempo na arte" (SCHEFER e EGAÑA, 2015, p. 10). São aquilo que resta, indício. No cinema libanês, estão quase sempre presentes como elementos imagéticos, especialmente a partir dos anos 1970.* Em *Yamo*, expressam-se nas incompletudes, como marcação do tempo que desapareceu, ponto de encontro entre passado e presente, numa encruzilhada temporal. As fotografias do pai são parte dessas ruínas.

Interessa-nos realçar que, em alguns momentos, o diretor se coloca diante da câmera ou expõe alguns dispositivos fílmicos (por exemplo, na sequência em que define o quadro,

* Para exemplificar, podemos citar filmes como *War Generation: Beirut* (1988), de Jean Chamoun e Mai Masri; *Sous les bombes* (2007), de Philippe Aractingi; *Credits Included: a Video in Red and Green* (1995), de Jalal Toufic; além de diversos trabalhos de Jocelyne Saab, entre muitos outros.

indicando o lugar exato em que a mãe deve se colocar: nas rochas com o Mar Mediterrâneo ao fundo). Tais momentos geralmente coincidem com o questionamento sobre o que ele próprio pode oferecer em meio à névoa que circunda sua memória, já sugerindo-nos a proposição de uma resposta: o cinema. Rami *pode filmar*, o que lhe permite produzir, ao mesmo tempo, um documento histórico e um diário pessoal, confeccionado pela luz, pelo movimento e pela poesia. Essa indistinção entre arte e história, que recompôs a política da memória no Líbano após os anos 1990, parece ser uma grande aposta do filme: a convicção de que o cinema adquire para sua geração, no contexto libanês, um papel político inquestionável. Para a geração anterior de cineastas libaneses, como Jocelyne Saab (1948-2019) – que iniciou sua trajetória como jornalista de guerra e realizou posteriormente documentários e ficções –, a experiência com a guerra era de outra natureza. As ruínas estavam sendo produzidas naquele exato momento, e a iminência da morte não detinha seus esforços de registrar e documentar. Falando sobre o cerco de Beirute, em 1982, Saab se recorda do bombardeio do exército de ocupação israelense e do significado de filmar como ato de testemunhar naquele contexto.

> Todos os dias, arriscávamos nossas vidas durante o cerco de Beirute, porque a cidade era bombardeada sem cessar. Estranhamente, esse risco de morte vindo do céu era quase que algo abstrato para nós. Na verdade, nós o víamos como um perigo a ser enfrentado.
>
> As crianças extremamente magras (e deficientes) que filmei eram como imagens da morte se aproximando de nós, de mim. Ao mesmo tempo, capturar essas imagens era equivalente a matar a morte ou domar a morte. Como se o processo de testemunhar por meio da imagem pudesse me salvar de minha própria morte eventual. Além disso, eu sabia que, com meu trabalho como

repórter de guerra, eu poderia ser morta. Contudo, desde que eu filmasse e meu olho estivesse escondido pela câmera, eu me achava invencível. (HADOUCHI, 2021, p. 266)

Se "domar a morte" já não é a preocupação central da geração pós-guerra, como essa produção de imagens se reposiciona enquanto *ato de testemunhar*?

A discussão teórica que acompanha as instituições culturais e a produção da arte contemporânea no Oriente Médio é crescente, com a disseminação de seminários, coletâneas, revistas especializadas, festivais, curadorias, cursos e livros.* Ainda assim, trabalhar com cinema no Líbano implica enfrentar inúmeros desafios, a começar pela dificuldade de acesso a recursos para a produção, como disse o próprio cineasta Rami Nihawi:

> Se você é um cineasta no Líbano em 2009, como eu, e tem uma ideia sobre um filme chamado *Yamo* e quer realizá-lo, você não encontra nenhum produtor. O que fazer? Permanecer por dez anos como o diretor que tem um projeto e não tem produtor? Ou você mesmo produz? Vá e produza! Aprenda a produzir! Isso é que aconteceu comigo.**

"Talvez, algum dia, a vida dos árabes seja suficientemente estável em tantas frentes que eles poderão lutar apenas pelo mérito do assunto, como os artistas ocidentais geralmente fazem agora." Essas palavras de Laura Marks (2015, p. 9) reforçam o depoimento de Rami Nihawi, que, além da direção, realizou a produção e a fotografia do filme. Continua sendo nas possibilidades de reinvenção do fazer cinematográfico, como testemunho e enfrentamento dos desaparecimentos, que se

---

* Sobre o tema, verificar os três grandes compêndios organizados por Anthony Downey (2014; 2015; 2016).

** Entrevista concedida por Rami Nihawi aos autores em 5 de maio de 2021.

encontram os dilemas postos a cineastas do Oriente Médio, da América Latina e da África.

Ainda que afirme que Nawal não conta histórias e que talvez "nunca tenha tido tempo de falar sobre o passado", o cineasta localiza na mãe uma voz capaz de narrar e decide avançar. Parece ávido por informações e lembranças. A serenidade e a contundência de Nawal evidenciam o contraste entre as duas gerações acerca do desejo de esquecimento. Sua relação com o passado não é de ressentimento ou conformidade, o que torna sua altivez ainda mais marcante. Rami, ao relatar seu esquecimento, é repreendido por ela: "Isso é sério! Você precisa de ajuda!". Sua advertência sobrepõe-se a um corte abrupto de sua imagem para a do próprio cineasta diante de um espelho, revelando lateralmente seu rosto por trás da câmera que segura, centralizada na imagem. Sua face e a câmera, ao encararem o espelho, parecem imóveis, mas a imagem é trêmula. É precisamente nessa sequência, quando diz que sua única lembrança é a de que "o som das bombas era sempre mais alto que a voz de sua mãe", que a câmera assume um movimento frenético. Subitamente, deixa de estabilizar a imagem no espelho, afastando-se, totalmente sem foco, com a luminosidade estourada, ao passar por uma porta, até lentamente reencontrar a nitidez e retornar ao espelho. É nesse momento, numa espécie de dança vertiginosa da câmera, que ele aborda diretamente, em voz *over*, o tema da amnésia induzida: "Lembro-me dos 17 mil raptados consumidos pela Guerra Civil. Disseram para os esquecermos, quando os sequestradores se perdoaram". A sequência em questão oferece um exemplo da relação entre imagem e instabilidade da memória no filme.

Para situar o significado dessa recordação, é importante dizer que em 1991 o governo libanês proclamou a Lei Geral de Anistia (n. 84/91), que perdoava os crimes políticos cometidos antes de 28 de março daquele ano, incluindo sequestros e desaparecimento de pessoas. Estima-se que cerca de 18 mil civis libaneses tenham sido sequestrados e mortos durante a Guerra Civil. Nos dois primeiros anos, particularmente, os desaparecimentos foram significativos. Com essas práticas promovidas por todos os grupos armados (milícias e exércitos), as pessoas eram abduzidas nos postos de controle, em casa ou nas ruas (ELIAS, 2018, p. 95). Eram capturadas para ser trocadas por outros prisioneiros e para intensificar divisões sectárias, por dinheiro, ou mesmo por vingança. Com a Lei Geral de Anistia, crimes contra a humanidade e aqueles que infringiram seriamente a dignidade humana foram perdoados. O mesmo não se aplicava, no entanto, aos "crimes de assassinato ou tentativa de assassinato de figuras religiosas, líderes políticos e diplomatas árabes e estrangeiros" (artigo 3). A lei favoreceu também a ocupação de altos cargos estatais por líderes de milícias responsáveis por atos de violência durante a guerra, assim como impediu investigações acerca das violações cometidas e as respectivas responsabilizações individuais e coletivas.

A anistia representava um passo jurídico importante na política de amnésia coletiva induzida (BARAK, 2007), complementada por outra lei de 1995, que estabelecia procedimentos para que os familiares de pessoas desaparecidas pudessem formalmente declará-las mortas. A crítica por parte das famílias em relação a essa lei vinha acompanhada da constatação da ausência de investigações sobre o destino dos desaparecidos e da responsabilização dos envolvidos. Em um informe ao Grupo de Trabalho das Nações Unidas sobre Desaparecimentos Forçados ou Involuntários (WGEID) em 1995, o governo libanês isentava-se de quaisquer compromissos com a verdade sobre o período e de sua responsabilidade em relação ao tema.

> [...] de 1975 a 1990, a situação do Líbano não permitia que o Estado pudesse exercer controle total sobre o território nacional. Nessas

> circunstâncias, numerosas transgressões e rupturas de direitos humanos ocorreram, sendo não menos importante o desaparecimento [forçado] de diversas pessoas em território libanês. As investigações sucessivas conduzidas por autoridades competentes não deram, infelizmente, frutos... De tal modo, pelas razões expostas acima, o desaparecimento forçado ou involuntário de um número de pessoas em solo libanês não pode ser atribuído ao Estado libanês. (ANISTIA INTERNACIONAL, 1997)

Nesse trecho do informe do governo libanês enviado às Nações Unidas, cinco anos após o fim do conflito, o Estado se desresponsabilizava pelos mortos e desaparecidos. Afinal, "as investigações, infelizmente, não tinham dado frutos". Os senhores da guerra, já integrados a diferentes instâncias governamentais, cuidavam também do perigoso terreno da memória.

Nessa política de amnésia patrocinada pelo Estado, em que o "silêncio e o esquecimento se tornam parte da cultura nacional", o problema da Lei de Anistia no Líbano

> não é apenas o fato de proteger os criminosos de guerra (afinal, é para isso que servem as leis de anistia), mas de encorajar os libaneses a esquecerem seus crimes. No Líbano, diferentemente da África do Sul, os imperativos de estabilidade sufocaram um desejo necessário de, ao menos, lembrar. (YOUNG, 2000, p. 45)

Na amnésia coletiva, tal qual na individual, lembra-nos Traboulsi (2009, p. xvii), reprime-se a memória por meio de complexos mecanismos que incluem tanto a ruptura das ligações entre eventos memoráveis como formas de substituição, condensação e deslocamento, similares aos que operam nos sonhos. A confluência forçada de múltiplas causalidades em uma única, a transferência de culpa, o bloqueio da reflexão e da possibilidade de narrar a memória são algumas das consequências do apagamento imposto. Esses traços deram sustentação ao sistema de representação das classes dominantes, restabelecido pelo Acordo de Taif, como "resultado de uma conciliação que acomodou tanto a nova quanto a velha ordem" (TRABOULSI, 2007, p. 39).

> A Guerra Civil trouxe tamanha ruptura dramática com o sentido de progressão que tinha caracterizado o período pré-guerra que as memórias da guerra ou reconhecem essa ruptura por alegorias da "modernidade fracassada" ou a ignoram ao invocar alegorias nostálgicas nas quais a guerra se torna uma aberração provocada por "outros". (HAUGBOLLE, 2010, p. 31)

É válido destacar, por conseguinte, que uma política estatal de amnésia depende de articulações temporais específicas. O furor do progresso que empurrou os esforços de reconstrução de Beirute não poderia permitir que as ruínas permanecessem em seu lugar, como restos e indícios. Para que os mortos mantivessem o silêncio, os vestígios espaciais da Guerra Civil foram emudecidos pelo impetuoso esforço de transformação do tecido urbano do centro da capital libanesa. Foram convertidos em escombros da catástrofe, fazendo-se, com isso, símbolos da modernidade libanesa em sua plena expressão, a anunciar a monumentalidade de um projeto guiado pela referência ao futuro.

A amnésia produzia, assim, um paradoxo temporal no Líbano: por um lado, permitia a aceleração do tempo e a modernização como catástrofe no país; por outro, entrelaçou-se de tal modo ao passado, ao trauma forçosamente ignorado, a ponto de o presente ser portador da instabilidade e do risco trazidos pela memória. Em tal circunstância, a amnésia coletiva é algo patológico que "condena o paciente a viver e reencenar o passado traumático como um presente permanente" (TRABOULSI, 2009, p. XXVIII). Contrariamente ao impulso exaltado da reconstrução do país, simbolizado em projetos como o da Solidere, os artistas abordados neste ensaio não operam pela celebração do passado ou por um presenteísmo que tudo absorve. Evidenciam, ao contrário, o desafio de enfrentar a amnésia que interrompe o acesso à memória. Sem espaço para idealização nostálgica ou voracidade futurista, *Yamo* antecipa, em sua forma, a incompletude que caracteriza a busca pelo registro histórico capaz de fintar os silêncios que pavimentam leis de anistia.

> O crepúsculo da memória, portanto, não é apenas o resultado de um esquecimento geracional quase natural que poderia ser neutralizado por alguma forma de representação mais confiável. Ao contrário, é dado nas estruturas da própria representação. [...] Crepúsculo é aquele momento do dia que prenuncia a noite do esquecimento, mas que parece desacelerar o próprio tempo, um estado intermediário no qual a última luz do dia ainda pode exibir suas maravilhas finais. É o tempo privilegiado da memória. (HUYSSEN, 1995, p. 3)

Gostaríamos de enfatizar essa força crepuscular no documentário. O filme desacelera o tempo e se afasta da ideia de "reconstrução". Não possui uma imagem fixa do passado, capaz de suportar o desconcerto da perda de referenciais políticos entre gerações. Favorece, com isso, a abertura de uma zona de interrogação que não permite o avanço temporal e faz do passado matéria-prima para uma estratégia de produção documental. Com o ímpeto de um historiador benjaminiano, que avança sobre as ruínas da história/catástrofe, transformando-as em imagens da memória, identifica-se no filme um gesto de evocação do trauma como ato que pode "ressuscitar" a violência da amnésia imposta pelo Estado libanês e, simultaneamente, evitar que seja tragada por uma nostalgia da decadência.

O esquecimento é o ponto de partida, o que permite a possibilidade de reorientar-se contra a amnésia. A circularidade da rotina de Nawal é fortalecida pela monotonia de seu ambiente doméstico, rompida por jogos corporais entre o diretor e seus irmãos e pelo humor das conversas com os amigos. Os posicionamentos da câmera, o uso da luz para confundir e afirmar ao mesmo tempo, a passagem do preto e branco ao colorido, são alguns dos mecanismos que aproximam a linguagem do filme da indeterminação do real, própria à memória. As imagens em que Nawal é inquirida diretamente articulam planos fechados nos detalhes de seus brincos e no movimento de seus dedos ao fumar. Sua imagem se afirma, gradualmente, como ponto de estabilidade do filme, contrapondo-se à ânsia do artista por alguma orientação em relação à sua própria história. Aquela mulher é um personagem-índice, que facilita a mediação entre o esquecimento e o esforço de ordenar o passado.

No entanto, seria limitado – e equivocado, em nossa opinião – dizer que o cineasta procura sua identidade nesse filme. Ao contrário, o passado, na obra, parece revelar algo mais provocante do que um suposto encontro com um conjunto de elementos enfeixados pelo conceito de identidade. Há, de início, a exposição de uma relação entre a questão geracional e formas de organização política no mundo árabe. O confronto com a figura violenta de seu pai, assim como a tentativa de compreensão das escolhas feitas por Mustafa e Nawal, nos mostra que as reminiscências, assumidas tanto na trajetória familiar quanto no material de arquivo, não estão livres da fissura que se abre entre a experiência de um evento e a lembrança à qual se recorre no ato da representação. É nessa fissura que a criatividade artística se pronuncia diretamente, alertando para o fato de que a memória é sempre inscrição no *presente*, o que a torna "distinta do arquivo e de qualquer outro sistema de armazenamento e recuperação" (Ibid., p. 3).

Pensar a confluência entre a arte e a política libanesas das últimas três décadas pressupõe, nesse caso, atentarmos para a relação entre catástrofe, inscrição e representação. Por isso, quando Rami afirma ter perdido seus dezesseis primeiros anos de vida no esquecimento, dizendo-se "acordado, mas sem história", podemos entender, em sua proposição, que "a imaginação se torna memória, e a realidade, imaginação". Tudo parece obscuro mesmo depois do silêncio momentâneo das bombas.

Na dialética entre memória e imaginação, a imagem fantasmagórica de seu pai – que, posteriormente, substitui sua atuação política pela vida religiosa – é assumida como um enigma para o próprio autor. Apresentado como homem rigoroso, é também símbolo das incertezas de Rami e das contradições de sua geração. "Um mundo de enigmas monótonos: Palestina, o enigma de meu pai; meu pai, o enigma da família; a família, o enigma de minha mãe; e minha mãe, meu enigma."

> Destinos se perderam procurando a resposta, ou, talvez, tentando fugir dela. [...] A guerra ainda afeta nossa vida diária. O soldado nacionalista árabe raramente está em casa durante a guerra, e raramente a deixa depois que a luta termina. Irritado, ressentido, desempregado. [...] o ativista secular que uma vez me envergonhou ao me impedir de aprender a rezar, acabou se refugiando na religião.

Mas, no emaranhado de tantos enigmas, o diretor é assertivo ao afirmar que o enigma mais difícil de todos foi "o obscuro fim da Guerra Civil".

Por isso, em um cinema de ruínas que se faz também um cinema de denúncia, mergulhar na organização documental de arquivos familiares, como fazem Rami Nihawi e o cineasta libanês Philippe Aractingi, é um ato político.

Aractingi, em seu filme *Héritages* (2013), parte de uma espécie de compromisso intergeracional ao organizar os fragmentos dos registros da família e da memória das guerras no Líbano, em uma narrativa que descreve o trajeto dos ancestrais e o rastro de ruínas que os acompanham. "Existem tantas histórias quanto memórias no Líbano. Este filme é a história de uma dessas memórias", diz a legenda na abertura. Desde o início, o narrador declara que filma e fotografa seus três filhos, Luc, Mathieu e Eve, sua esposa, Diane, e a si mesmo em uma compulsão que é fruto do medo, "como se tudo pudesse acabar um dia". A legenda nos conduziria a crer que se trata de mais um filme em que a história se perde esfumaçada nas micronarrativas pessoais e familiares. Mas convém atentar para o que move Aractingi: seu objetivo de usar essas imagens/documentos para ajudá-los a entender suas escolhas. "Pensei que isso os afastaria de um psiquiatra no futuro", diz o narrador. Tal sentença remete-nos ao alerta emitido pelo pensador e artista libanês Jalal Toufic, nascido de pai iraquiano e mãe palestina, a respeito da suspensão da tradição em contexto pós-catástrofe e do papel dos artistas em atos de ressurreição.

> [...] a retirada não é um sintoma subjetivo, seja individual ou coletivo, e, portanto, não pode ser totalmente enfrentada por psiquiatras ou psicanalistas, demandando os esforços de ressurreição de escritores, artistas e pensadores. [...] Com relação ao desastre insuperável, a arte funciona como o espelho nos filmes de vampiro: revela a retirada daquilo que pensamos que ainda está aí. (TOUFIC, 2009, p. 57)

Para Rami Nihawi, o fim da guerra significa outro tipo de trauma, gerador da ruína familiar, com o retorno de seu pai à sua terra de origem. Assim mesmo, na entrevista concedida para este ensaio, ri de forma irônica e fala do entrelaçamento de sua história pessoal com a história da Guerra Civil Libanesa.

> Talvez isso seja algo relacionado à nossa cultura árabe. Porque nós temos um calendário próprio. Por exemplo, se você disser "1967"... será sempre ligado a algo pessoal. [...] Por exemplo, quando minha mãe falou sobre quando eu nasci, ela disse: "Você nasceu com a

> invasão israelense" (*risos*). Então, eu, Rami, entro no calendário baseado em nossa derrota. Nasci em 1982. Mas, para minha mãe, Rami nasceu na invasão. Para nós, nossas memórias pessoais estão muito ligadas aos grandes eventos que aconteceram e afetaram nossa vida. Porque afetou em um nível pessoal também.*

De diferentes maneiras, variadas obras da arte libanesa contemporânea, encontradas, entre outros, nos trabalhos de Joana Hadjithomas, Khalil Joreige, Walid Raad, Eliane Raheb e Rabih Mroue, organizam "arquivos da amnésia". São formulações discursivas que compartilham uma característica: falam por uma voz que não é a sua própria, mas a voz de um outro. Nesse sentido, *Yamo* é um filme que precisa ser pensado nos diálogos que estabelece com outras produções libanesas pós-Taif.

O que as gerações de artistas do período da Guerra Civil, e do posterior a ela, vêm realizando é uma atividade que se aproxima da do arqueólogo. Aquilo que, de forma sistemática, é encoberto pela ação modernizadora em nome da manutenção do regime político em vigor vem à luz pelas mãos da literatura, da música, do cinema, do teatro, da fotografia, da pintura e da escultura. A linguagem poética no trato com a memória é o recurso usado para fazer emergir as ruínas soterradas, não sem antes o artista experimentar o gosto amargo dos escombros e da melancolia, como afirma o narrador:

> O deserto não produzirá nada para aliviar sua solidão. Você pode ir do primeiro ao último cacto e essa solidão não o matará. Mas ela nunca acabará. O deserto não produzirá pessoas para nutrir sua sombra partida. Somente gritos podem ser plantados lá. Então, grite para o irrompível silêncio.

---

* Entrevista concedida por Rami Nihawi aos autores em 5 de maio de 2021.

Porta do Sol (2008), do escritor libanês Elias Khoury, é talvez a peça literária que melhor aborda, no Líbano dos anos 1990, o uso da memória e do esquecimento no processo de reconfiguração do devir histórico de um povo. O autor nos deixa ver que esses dois conceitos, antes de se configurarem como opostos, são complementares e, em sua combinação, formam dialeticamente um antídoto para a amnésia. A memória, no livro, não é apenas arma contra o apagamento, mas um depósito onde se encontra, compartimentada, a coleção de derrotas. Denuncia erros e acertos, sem nunca se transformar em monumento de nostalgia estéril. Ainda que sucessivas gerações passem por uma espécie de esvaziamento, já que as condições dos que restaram são cada vez mais precárias, elas se reproduzem também ao canalizar memórias alheias. Reverberar uma memória que não me pertence é convite para superar essencialismos e buscas de pureza, contanto que se escape das armadilhas de apropriações traiçoeiras.

> Eu também me cansei de tanto falar. Calo-me, mas as palavras vêm, saem dos meus poros como o suor, mas, em vez de ouvir a minha voz, ouço a sua saindo da minha garganta. (KHOURY, 2008, p. 21)

Em casos de "retirada da tradição diante do desastre insuperável", na precisa formulação de Jalal Toufic (2009), nem sempre as lembranças disponíveis são as nossas. Como reagir a memórias que se imbricam e se confundem, produzindo uma atmosfera muito próxima do real, ao mesmo tempo que apontam para os limites da razão?

> É claro que imitamos, mas esquecemos, e o esquecimento é uma bênção. Se não fosse o esquecimento, morreríamos de medo e de angústia. A memória, meu senhor, é um processo de organizar o

> esquecimento, e o que estamos fazendo agora, eu e você, é organizar nosso esquecimento. [...] Recordamos para esquecer e essa é a essência do jogo. Mas não se atreva a morrer agora! Devemos primeiro terminar de organizar seu esquecimento, para que eu consiga me lembrar depois. (Ibid., p. 158)

O reordenamento do campo do sensível que acompanha a história do cinema libanês revela-se particularmente forte na experimentação de linguagens, aptas a fazer circular as vozes dos desaparecidos, e na construção de uma narrativa histórica que responsabiliza aqueles que se autoanistiaram. Na arte, tal qual na elaboração de qualquer sentido de nacionalidade, a memória é elemento constitutivo de um processo dialético da criação. Talvez por isso, a literatura libanesa do pós-Guerra Civil incorpore em seu discurso a tensão entre memória e esquecimento investida de uma dimensão política que se manifesta na ideia de que a "voz do outro me atravessa". O fluxo de recordações alheias pode ganhar sentido em uma voz que fala não "por ele", mas "com ele". Essa é a condição de Khalil, o narrador de *Porta do Sol*, que, no monólogo em um quarto de hospital, diante do corpo de Yunis em coma, rememora eventos que ele próprio não vivenciou. As reminiscências de alguém que está em um estado de suspensão entre a vida e a morte perfazem uma imagem literária poderosa para criar um tempo-espaço no qual as memórias se interrogam mutuamente, na ânsia de tentar romper o silêncio, organizando o esquecimento para que algo possa ser ressuscitado após o desastre insuperável. Pensamos imediatamente no gesto do cineasta libanês Ghassan Halwani, no filme *Erased, _____ Ascent of the Invisible* (2018). Para tratar do tema dos desaparecidos no Líbano, seu pai sendo um deles, o cineasta escava e faz submergir os pôsteres que sobrepõem rostos de mártires e anúncios comerciais, no lento ato de deslizar o pincel e a ponta do estilete sobre o palimpsesto urbano dos muros de Beirute. A dimensão visual da política libanesa fora marcada, especialmente durante a Guerra Civil, pela proliferação de pôsteres que funcionavam como "marcadores de fronteiras simbólicas, sectárias, políticas e físicas" (KHATIB, 2013, p. 15), delineando os limites espaciais e imagéticos de controle dos diferentes grupos.

Se "filmar é resistir", como afirma Aractingi em *Héritages*, escavar é uma resposta, indica a obra de Ghassan Halwani. Mas escavar só faz sentido se sabemos o que se deseja encontrar. Afinal, ruínas são "lugares assombrados pelos vivos que as habitam" (TOUFIC, 2003, p. 69). Por isso, a viagem ao sul do Líbano em meio à devastação do bombardeio israelense, no filme *Sous les bombes* (2007), também dirigido por Philippe Aractingi, torna-se mais do que um percurso de uma região a outra do país e converte-se em uma barca de Caronte, em meio a corpos, escombros e faces de pessoas que testemunharam a catástrofe enquanto ela acontecia.

No caso do Líbano, portanto, ao falarmos de ruínas e estados entre a vida e a morte, estamos lidando com destroços materiais e estilhaços de guerras e invasões, mais do que com alegorias ou metáforas. Se Hegel identifica como atributo positivo das ruínas o fato de que fazem ver que da morte vem a vida e da vida vem a morte, Jalal Toufic, por sua vez, deixa uma inquietante provocação a respeito da especificidade das ruínas libanesas, com seu "espaço-tempo labiríntico [...] que desfaz o específico temporal e o espacial".

> Quão provinciana seria Beirute em 1992 se não fossem por sua guerra e pelas ruínas da Guerra Civil. Ao se tornarem ruínas, alguns prédios que eram marcos arquitetônicos da Beirute pré-guerra são agora sua zona labiríntica. O que há de específico no Líbano como lugar? É o espaço-tempo labiríntico de suas ruínas, que desfaz o específico temporal e espacial. É em suas áreas destruídas pela

guerra que a disjunção entre a rua e o alinhamento de prédios se torna mais claro e isso ocorre mesmo quando a rua enquadrada pelos prédios destruídos é preenchida por buracos de bombas e fogo, carros de cabeça para baixo, porque, ao passo que prédios podem se tornar ruínas e, portanto, labirintos, as ruas não podem. (Ibid., pp. 69-70)

Labirínticos são os espaços de destruição que registram a dificuldade de lidar com a ideia de uma "história comum" em guerras nas quais "o vencedor e o perdedor nunca são claramente definidos", como indica Aractingi em *Héritages.* Em determinado momento do filme, o narrador sinaliza que essa falta de clareza sobre quem são os vitoriosos das guerras libanesas faz com que escrever a história do país seja algo "muito complicado, pois a história é sempre escrita pelo ódio, pela raiva e pela fúria do vencedor". Com efeito, são labirínticos também os estilhaços que sobrevivem à explosão, projetando ruínas da subjetividade.

> Aterrorizou-me o fato de a barriga de uma cidade se abrir cuspindo para fora as entranhas, transformando as ruas em divisas de uma sociedade desmantelada. Tudo se desmembrou durante a Guerra Civil, até eu; eu me desmembrei em inúmeras pessoas. [...] Como acreditar naquela guerra? Vejo-a na minha frente como um sonho ambíguo, como uma nuvem que me envolve da cabeça aos pés. Fui capaz de engolir uma quantidade de slogans contraditórios de uma forma incrível. As palavras de então eram fáceis e também era o sangue, por isso não nos demos conta do abismo em que caímos. Nenhum de nós reparou. (KHOURY, 2008, p. 142)

Na catástrofe assinalada em parte da produção literária libanesa lançada após a Guerra Civil, as ruínas se confundem com os próprios personagens e permitem que a memória se instale, com isso, em uma voz que não pertence ao narrador. Solto na vastidão da memória alheia, o personagem de Khalil, ao ignorar a condição da suspensão temporal imposta pelo coma, propõe uma forma de existência que prolonga o passado no presente, ao mesmo tempo que não cede à morte. De forma velada, as ruínas estão em toda parte no livro. Surgem na forma de ecos da guerra ou dos bombardeios e não se manifestam apenas na forma de amontoados de entulhos produzidos por uma história de derrotas, mas na forma de almas arruinadas.

> [...] aprendi o segredo da guerra. O segredo da guerra se chama espelho. Eu sei que ninguém concordaria comigo e diriam que falo assim porque estou com medo. Não. Quem está com medo não diz que seu espelho é seu inimigo, apenas foge dele. (Ibid., p. 274)

Em *Yamo*, Rami Nihawi faz de sua mãe um espelho, na busca por uma mediação que organiza a fronteira entre o real, o lírico, o onírico e o político. Logo, quando o diretor pede ao irmão, em um plano frontal fechado em seu rosto, "Conte-nos sobre sua mãe", recebe de volta um questionamento: "Você quer dizer *sua* mãe?". Uma vez instaurado o esquecimento como forma de reconciliação com um passado de derrotas, a operação consiste em soterrar a memória ferina, com o objetivo de seguir em frente, rumo a uma modernidade que seleciona o que será refletido no espelho.

Esse é um elemento recorrente no cinema libanês que aponta para a necessidade de manter a memória em funcionamento, operação também presente na literatura. Se, em alguns casos, o uso daquilo que restou do trauma tem a função de moldar uma narrativa nacional que nega ou falseia a própria memória, a arte opera de modo inverso, repõe sua função e a reconfigura. Assim, restaura a lembrança da derrota e a constatação do fracasso das sucessivas gerações. Diante da dissolução da possibilidade de uma narrativa nacional, a memória associa-se a um instante de tempo que emerge com força para iluminar o passado, em suas contradições e potencialidades. E isso só é possível graças ao ato político-estético de ressurreição daquilo que não se pode ver, mesmo com os olhos abertos. O que define, para Jalal Toufic, se um desastre é insuperável não é o número de mortos, a intensidade dos traumas físicos ou danos materiais, mas se o período posterior a ele apresenta sintomas de uma revogação, de uma retirada da tradição. A perda material é exacerbada pela revogação imaterial. Essa retirada da tradição a torna inacessível, mesmo que materialmente preservada de alguma forma. Precisa, portanto, necessariamente ser ressuscitada. "Uma das limitações da história como disciplina é que a persistência material dos documentos a torna cega para a necessidade de ressurreição" (TOUFIC, 2009, pp. 15-6).

Os danos provocados pela amnésia parecem não ser preocupação exclusiva da arte libanesa. Pensando em outra sociedade que também testemunhou uma catástrofe, a escritora japonesa Yoko Ogawa comenta os resultados de uma pesquisa realizada pela emissora japonesa NHK em 2015 e surpreende-se ao descobrir que apenas 30% de toda a população do país – e somente metade dos residentes em Nagasaki – sabia dizer a data correta da explosão da bomba atômica.

> A parede do esquecimento fica cada vez mais alta. Em um futuro não muito distante, já não poderemos mais ouvir os relatos das vítimas da bomba diretamente de sua boca. De que maneira nós, que não passamos por isso, podemos dar continuidade ao fio da memória e garantir que ele não se acabe com a geração que viveu a guerra? [...] a humanidade volta sempre a confrontar a questão da transmissão da memória. Como gravar dentro de nós e transmitir para as gerações seguintes, não como mero conhecimento, mas como experiência real, a memória de coisas que ocorreram antes de termos nascido e que parecem não ter relação conosco? Para

> enfrentar uma questão como essa, a política e a academia não bastam. Pois dividir a memória de outras pessoas é uma empreitada completamente ilógica. Aqui, precisamos da força da literatura. É ela que nos atrai quando somos forçados a encarar contradições que estão além da razão e da lógica. A linguagem literária nos permite compartilhar a dor de pessoas cujos nomes nem sequer conhecemos. (OGAWA, 2020)

O que atrai nossa atenção à perspectiva de Ogawa é a aposta que faz na capacidade da literatura – e que poderia ser estendida a outras manifestações artísticas – de transformar o olvido em manutenção do testemunho da tragédia, pelo contato com a memória alheia. Não sendo mais um veneno que interrompe a transmissão da experiência entre as gerações, o esquecimento se torna, na reconfiguração da esfera do sensível, um lugar de encontro com a dor do outro.

Convertem-se em arquivos da amnésia os documentos de uma ação intencional de variados desaparecimentos (de corpos, nomes, histórias e responsabilidades). Para imaginarmos como tais arquivos podem se colocar diante dos registros oficiais do Estado libanês, vale notar que

> nos países árabes não há o risco de fundir os arquivos com o aparato do Estado ou da fusão resultante entre arquivo e memória. Os arquivos governamentais existem no mundo árabe, mas é tão difícil acessá-los e eles são percebidos com tal desconfiança pela maioria dos cidadãos como representação da visão oficial do Estado que ninguém os confunde com qualquer coisa como memória popular ou memória nacional. (MARKS, 2015, p. 172)

O filme de Nihawi não só recusa qualquer resquício de idealização do passado libanês, mas resvala na construção de um diário da derrota. Uma década após o lançamento de *Yamo*, realizamos uma entrevista com o diretor e o convidamos a refletir sobre a obra retrospectivamente. Na ocasião, aproveitamos para questioná-lo se ainda era possível continuar trabalhando com a derrota como método. Sua resposta indica mais do que uma mudança de pensamento em relação ao filme. Poderíamos tomá-la como diapasão dos ecos de transformações políticas que ocorreram nessa década?

> O trabalho que estou realizando agora lida diretamente com a questão da derrota. É uma ilusão. [...] eu penso que derrota e vitória são tipos de ilusões, portanto são atitudes. Se você lida com a derrota como um ato, lida com sua manifestação. O que perdi, como posso recuperar minha perda etc. Mas se você lida com a derrota como uma posição, como uma atitude, está se autossentenciando a ser sempre derrotado ao longo de sua jornada. [...] se a realidade hoje diz que fui derrotado e eu ainda existo e tenho o desejo de me recompor e me preparar para outra rodada de luta, estou derrotado na prática, porém estou liberando minha imaginação da atitude de estar derrotado. [...] É interessante pensarmos essas questões em relação a *Yamo*. Há coisas com as quais não estou satisfeito no filme. Hoje, tento levar essa discussão sobre a derrota um pouco mais além. Esse é um ponto com o qual não estou satisfeito no filme *Yamo*. [...] O que significa dizer que fomos derrotados? É uma atitude.*

* Entrevista concedida por Rami Nihawi aos autores em 5 de maio de 2021.

7.
Líbano e a UNIFIL: por uma análise crítica

JULIANA FOGUEL CASTELO BRANCO

Refletir sobre o Oriente Médio é reconhecer que, devido a sua complexidade, as análises feitas pelos especialistas nem sempre conseguem abranger todos os pontos necessários para o entendimento da conjuntura regional. Para o caso particular libanês e com o intuito de construir uma reflexão analítica a respeito da presença da UNIFIL (United Nations Interim Force in Lebanon; em português, Força Interina das Nações Unidas no Líbano) na região, tal afirmativa não pode ser desconsiderada. Esse fato se deve a uma multiplicidade de fatores, tais como: a trajetória histórica do Líbano e do entorno regional, os desafios internos e externos próprios do mundo árabe, a presença do Estado de Israel e dos interesses internacionais na região. Todos esses pontos, quando cruzados ainda com a longa permanência da UNIFIL, deflagram novas questões e problemáticas que se legitimam enquanto entraves para a consecução da paz na região e se interpõem enquanto desafios para a efetividade do mandato da missão.

Nesse sentido, o presente capítulo reconhece que não conseguirá abarcar todos os aspectos necessários para o entendimento regional, mas espera ser um ponto de partida para pesquisas vindouras da temática no Brasil. Objetiva-se, em um primeiro momento, para além desta introdução, realizar um breve balanço histórico da UNIFIL e dos principais eventos que marcaram a operação. Retomar sua história permitirá que sejam levantados alguns apontamentos críticos em relação a sua efetividade para o alcance securitário. Assim, espera-se que a segunda parte do artigo consiga estimular uma reflexão crítica em relação à missão e às lacunas que precisam ser superadas para sua efetividade.

As missões de paz se legitimaram, no período do pós-guerra e após a fundação do sistema ONU, como uma ferramenta de manobras e gestão de conflitos que é estabelecida para garantir a segurança internacional e para alcançar a paz. Em um mundo que acabava de vivenciar duas guerras em escala mundial, pensar em mecanismos que pudessem frear conflitos se impunha como importante estratégia da agenda política internacional, imersa ainda na experiência da Guerra Fria e da bipolaridade. O estabelecimento de uma missão de paz é, obviamente, uma escolha e um exercício de poder que revela desejos subjacentes da comunidade internacional em relação a determinado território e/ou região.

A realização de um breve balanço das missões de paz efetuadas desde 1948 demonstra que, das 53 missões que já foram encerradas, nove ocorreram na região do chamado Oriente Médio. Entre as doze missões em exercício na atualidade, quatro estão na região e em atividade há pelo menos 45 anos, como é o caso da UNIFIL. Fazer um levantamento dos locais onde as missões são e estão estabelecidas, de sua longevidade e/ou da reincidência em determinados países é um importante exercício de reflexão quando se pensa nos impactos das experiências neocoloniais, na organização do mundo pelo modelo de Estado-nação originário do Ocidente e na própria efetividade das missões no que tange a sua capacidade de manter e de estabelecer a paz nos locais de atuação.

A ideia da missão de paz carrega consigo uma abrangência conceitual e interpretativa que deve ser problematizada, tendo em vista a amplitude de entendimentos da ideia de paz e de segurança. Sobremaneira, o seu sucesso é parametrizado pela ONU por meio da ideia de redução de violência/hostilidades (DI SALVATORE e RUGGERI, 2017). Contudo, a qual concepção de violência as análises da organização se referem? Muitos dos conflitos, atualmente, trazem consigo consequências que ultrapassam o fim das hostilidades bélicas e refletem uma multiplicidade de violências, a saber: os deslocamentos internos e as ondas de migrantes forçados, que são obrigados ao trânsito e que encontram barreiras cada vez mais demarcadas; a formação de grupos armados assimétricos que impactam a estabilidade interna dos países; os impactos econômicos, políticos, sociais e eleitorais que fragilizam ainda mais os Estados e seu entorno regional; as discrepâncias e deformidades na arquitetura institucional dos Estados nacionais; a dependência regional da atuação externa, entre outros aspectos. Esses pontos são de difícil resolução e demandam esforços que transcendem o fim dos conflitos armados e a cessação das hostilidades militares, sendo possível perceber o estabelecimento de inúmeras iniciativas similares em um mesmo país, como é o caso do Timor-Leste, ou ainda a impossibilidade de dissolução da missão de paz, como é o caso libanês.

Outro ponto importante de problematizar nas missões de paz está fundamentado na reflexão de sua efetividade para a manutenção de uma paz duradoura e em relação a sua seletividade. Para esse último ponto, é importante observar quais são os interesses internacionais subjacentes que legitimam a criação de uma missão de paz para determinada região e não para outras. Para o caso libanês, ainda na década de 1970, a instabilidade regional poderia impactar o desejo dos Estados Unidos de sancionar os acordos entre Israel e Egito que estavam em processo de negociação. No contexto da Guerra Fria, a instabilidade no sul do Líbano fora entendida pelos Estados Unidos como um meio para um fim. A constante renovação e revisão do seu mandato e a sua presença há mais de quatro décadas na região, sem o atendimento aos seus objetivos mais básicos de forma duradoura, denunciam e apontam, inicialmente, a falta de eficiência da missão de forma mais ampla a despeito dos períodos de redução da violência. Assim como é importante apontar a ingerência do governo libanês em atuar dentro dos limites de seu território nacional exercendo sua soberania interna e externa.

A UNIFIL foi estabelecida no ano de 1978 por meio das resoluções 425 e 426 do Conselho de Segurança das Nações Unidas (CSNU). Nessa época, o Líbano enfrentava um duplo conflito que precisa ser observado dentro de uma conjuntura mais ampla e que começara a ser formada como consequência do neocolonialismo na região, dos reflexos do desenho institucional e da fragilidade do Estado libanês, da presença do Estado de Israel e dos interesses internacionais na região. Devido à limitação de páginas deste artigo, não será possível debater com profundidade esses pontos, mas é preciso fazer um breve comentário em relação ao sistema confessional libanês, à distribuição de poder dentro da sociedade libanesa e à forma como tal desenho institucional fragiliza a unidade nacional; aos impactos do estabelecimento do Estado judeu na região para a expulsão dos palestinos para os países fronteiriços; à Guerra Civil Libanesa; e ao crescimento do Hezbollah.

O Líbano, depois de sua independência, organizou-se politicamente por meio de um sistema confessional que dividia o poder político, jurídico e social entre maronitas, sunitas e xiitas com base na proporção censitária populacional (MEIHY, 2016). O sistema defendia, naquela época, a ideia de que assim seria feita uma distribuição equilibrada e justa entre os grupos confessionais. Contudo, o desenho institucional da divisão de poder não alcançou tal funcionalidade. Pelo contrário, gradualmente vem sendo possível observar as suas consequências para a fratura social e para as vinculações das pessoas junto a seus grupos, em contraposição a um sentimento de unidade em relação ao país (GHOSN e KHOURY, 2011). Além disso, trata-se de um sistema que depende da proporção censitária para a determinação dos cargos políticos, o que é um dado suscetível a constantes mudanças, mas que não reflete os interesses das elites no poder de renunciar a seus espaços e ganhos políticos. Deve-se destacar que dentro dos próprios grupos confessionais não existe uma unidade coesa, sendo eles mesmos divididos internamente. Fundou-se um sistema político baseado no clientelismo e na fratura social que, até os dias de hoje, fragiliza o país e impede que importantes reformas políticas sejam estabelecidas para oferecer ganhos coletivos à unidade nacional.

Ademais, o censo, utilizado para normatizar a distribuição dos poderes até o início da Guerra Civil Libanesa, fora realizado em 1932. Nessa ocasião, os maronitas eram o maior grupo demográfico do país. Contudo, tanto com a chegada dos palestinos quanto com o aumento dos demais grupos confessionais, ocorreu um crescimento das disputas internas pela redistribuição do poder. A situação se confrontava com os interesses dos maronitas de dar continuidade a uma configuração institucional que estava descolada do novo equilíbrio da sociedade libanesa. Essa foi uma das razões da Guerra Civil Libanesa, que, mesmo depois dos acordos de resolução de Taif, não proporcionou equidade representativa de poder, dada a permanência das relações de clientelismo estabelecidas pelo sistema vigente.

Apesar de reverem a proporcionalidade outorgando mais poder aos muçulmanos, os acordos de Taif legitimaram ainda mais as divisões sectárias dentro do Líbano. Mesmo com a possibilidade de revisão futura do sistema confessional, a sua permanência tem impactos estruturais no desenvolvimento da sociedade libanesa. É importante destacar que, mesmo após o fim da Guerra Civil, não houve um movimento de conciliação nacional entre as partes do conflito (Ibid.), o que contribui ainda mais para a fratura social. Apesar do fim das hostilidades, a sociedade libanesa não foi capaz de se reintegrar, vivendo ainda da separação, da rejeição das partes e do fato de um grupo culpar o outro pelos eventos ocorridos. Segundo Farid El Khazen (2004), a Guerra Civil terminou enquanto conflito armado, mas as disputas continuaram no campo da política, o que corrobora para a permanência da situação de instabilidade. O resultado desse arranjo se reflete na fragilidade do Estado libanês e em sua realidade de latente crise política, econômica e social.

Destaca-se ainda a presença do Estado de Israel na região, que impacta o desequilíbrio geopolítico regional e fundamenta um paradigma securitário regional (SHLAIM, 2004). Para este trabalho, enfocaremos a chamada questão palestina (MORRIS, 2001), que é um grave problema humanitário decorrente das migrações forçadas dos palestinos em face do estabelecimento do Estado de Israel. A perda territorial e os deslocamentos forçados fazem parte, nos dias de hoje, de um movimento político que reivindica o direito de retorno que fora aprovado pela Resolução 194 da ONU de 1948, assim como o direito da Palestina de se estabelecer como um Estado nacional. Com as políticas de expansão territorial executadas pelo Estado de Israel, para além das perdas territoriais dos países fronteiriços e dos problemas diplomáticos em decorrência dessa política, a população palestina perdia progressivamente seus direitos, que não eram recuperados por meio da negociação nem pelas vias diplomáticas.

As guerras de atrito na fronteira com a Jordânia passaram a ser um mecanismo utilizado pela Organização para a Libertação da Palestina (OLP), em especial, após a Guerra de 1967. As guerras fronteiriças eram iniciativas recorrentes na região, mas ganharam novos contornos após as incorporações territoriais por Israel como resultado de sua vitória militar no conflito de 1967. Contudo, a iniciativa palestina trazia problemas para a Jordânia, que via sua soberania e sua segurança ameaçadas em face dos conflitos fronteiriços, assim como pelo fato de as organizações palestinas terem criado um Estado dentro de um Estado (SHALIM, 2004).

Em resposta a essa situação, em 1970, os palestinos foram expulsos pelo rei jordaniano e se deslocaram para a fronteira do sul do Líbano. Considerando os impactos demográficos no equilíbrio confessional libanês, a nova situação de fronteira foi interpretada pelo Estado de Israel como uma questão de insegurança para suas ambições territoriais. Os palestinos eram, portanto, uma fonte de insegurança tanto para Israel quanto para o Líbano. Por muito tempo, o governo de Israel percebeu os palestinos como a principal fonte de insegurança israelense na fronteira norte do país, o que fez com que negligenciasse a presença de outras forças assimétricas, como é o caso do Hezbollah, que vinha, a partir da década de 1980, progressivamente se legitimando como uma das principais forças na região (MAKDISI, K., 2014).

Dessa forma, o Hezbollah se consolida como mais uma fonte de instabilidade, sendo ele um resultado prático do modus operandi israelense, dos interesses do Irã e da Síria e da fragilidade do Estado libanês. Sua formação se deu a despeito dos esforços da UNIFIL em restaurar a autoridade do Estado libanês no território fronteiriço e adiciona um importante desafio para a estabilidade regional, já que, atualmente, muitos dos conflitos são decorrentes dos embates entre as Forças de Defesa de Israel (FDI) e o grupo que vem assumindo o controle do sul do Líbano. Grande parte dos relatórios feitos pela UNIFIL, desde a década de 1990, problematiza a delegação da região ao grupo pelo Estado libanês, o que dificulta o alcance securitário.

Nesse sentido, é importante avaliar a ação da UNIFIL de forma ampla, observando como os polos envolvidos no conflito têm aspirações e interesses próprios decorrentes de seus projetos e interesses nacionais. A própria UNIFIL carrega consigo as formas interpretativas da comunidade internacional. Assim, faz-se necessário expor de forma cronológica as principais etapas da missão na região.

UNIFIL: POR UMA SÍNTESE HISTÓRICA

No início da década de 1970, para além dos conflitos internos provenientes do arranjo político libanês já mencionados, as tensões na fronteira sul do país começaram a crescer em decorrência do aumento da presença palestina na região e das guerras de atrito iniciadas pelo grupo. Tal fato era reflexo da radicalização dos grupos palestinos após os conflitos de 1967 e de sua expulsão da Jordânia, evento conhecido como Setembro Negro (1970). O sul do Líbano passou a ser utilizado pela OLP não só enquanto um espaço possível para seu assentamento, mas como um lugar para as lutas e retaliações contra Israel. Não foi somente no Líbano que tais ofensivas ocorreram, já que, devido à recusa israelense a devolver os territórios conquistados em 1967, as guerras de atrito aconteceram também, por exemplo, na fronteira com o Egito.

Conforme abordado anteriormente, a presença dos palestinos e da OLP era uma fonte de insegurança convergente para israelenses e para o sistema político confessional libanês. As hostilidades foram se intensificando progressivamente no decorrer da década de 1970. Em 1978, uma ação da OLP feriu e matou 37 israelenses e, em resposta, o Estado judeu invadiu o sul do Líbano em 14 de março. A ofensiva israelense, apesar de ser destinada teoricamente aos palestinos, desafiava a autoridade e a soberania libanesas, já que houve a ocupação por parte das FDI do território soberano do país, cujas fronteiras foram internacionalmente reconhecidas após sua independência. No dia seguinte ao da invasão israelense, o governo libanês submeteu ao Conselho de Segurança das Nações Unidas um documento em que protestava contra a ação de Israel dentro de seu território soberano. O documento afirmava que o governo não tinha vinculação com as ações palestinas e que, por isso, não poderia ser ameaçado nem responder por uma ação que não fora coordenada pelo próprio Estado.

A situação foi observada pela sua urgência devido aos interesse dos Estados Unidos em ratificar os acordos entre Israel e Egito que estavam em processo de negociação e que ganharam novas possibilidades após a morte de Nasser, em 1970, e a Guerra do Yom Kippur. Nesse sentido, houve um grande empenho internacional em balizar rapidamente uma missão de paz para a região. A estabilidade regional era fundamental para que as negociações bilaterais continuassem. No dia 19 de março, o Conselho de Segurança sancionou as resoluções 425 e 426. Entre os principais pontos acordados, a Resolução 425 propunha o respeito à integridade territorial, à soberania e à independência do Líbano e o fim das hostilidades das FDI ao território libanês, assim como previa a imediata evacuação militar da região. Observando a complexidade regional, a Resolução 425 determinava ainda o estabelecimento da UNIFIL, uma força interina da ONU que atuaria no sul do Líbano com o objetivo de confirmar a evacuação israelense, restaurar a paz internacional e auxiliar o governo libanês a retomar sua autoridade na região. A Resolução 426, por sua vez, determinava o contingente operacional da força e o período de seis meses para o mandato inicial da missão. Seis semanas após sua aprovação, a força foi alocada na região.

Ao ser implementada em 1978, a UNIFIL ocupava uma área onde dois conflitos ocorriam: a Guerra Civil Libanesa e a guerra árabe-israelense. O governo israelense apoiava os cristãos maronitas, já que, ao contrário dos mulçumanos, eles eram vistos como um grupo que poderia apoiar o Estado judeu perante os desafios impostos pelo mundo árabe. A ação israelense ocorria de forma paralela e complementar ao conflito interno libanês. Nesse sentido, devido às especificidades de cada conflito, que demandava distintas ações práticas, como se efetivara a missão? Para qual paz e qual segurança ela havia sido pensada? Pensando na conjuntura libanesa, cada um dos grupos imersos nos conflitos tinha diferentes interpretações de suas fontes de insegurança e, por isso, o fim das hostilidades e a segurança assumiam diferentes interpretações e significados. Por vezes, eles eram dicotômicos e paradoxais, o que dificultava a estabilidade regional.

Para israelenses e maronitas, os palestinos eram o ponto de convergência entre os dois conflitos. A questão palestina, resultante do estabelecimento do Estado de Israel, era – e ainda é – uma pauta central para o alcance securitário regional e não havia sido incluída como um dos escopos do mandato da UNIFIL. Por certo, incluir a questão palestina poderia ser um impeditivo para as aspirações dos Estados Unidos em relação aos acordos que estavam sendo negociados entre Israel e Egito. O silenciamento de um latente problema humanitário, político, social e econômico na região minava, mais uma vez, as chances para a obtenção da paz ou da segurança de forma duradoura e efetiva.

Para além do ponto supracitado, os objetivos da UNIFIL propostos pela Resolução 425, quando cruzados com o desenrolar do conflito e a própria trajetória histórica libanesa, não lograram sucesso nem no curto nem no longo prazo. Segundo Karim Makdisi (2014), a Resolução 425 carrega consigo uma grande disputa interpretativa, que se reflete na própria natureza da missão. Para o autor, a UNIFIL não tinha clareza em relação à guerra que deveria prevenir nem em relação à paz que deveria construir. O complexo cenário de conflitos e a abrangência interpretativa minaram a capacidade de atuação da operação. Tal fato ganhou novas nuances em 2006, em decorrência do acirramento dos conflitos fronteiriços, agora com a participação do Hezbollah. A intensidade dos conflitos da primeira década dos anos 2000 estimulou a ratificação da Resolução 1701, que, apesar de ter expandido o escopo da UNIFIL, não só não resolveu os problemas anteriores como colocou a própria missão como um lócus de futuros conflitos.

Em 1982, um novo capítulo das hostilidades na fronteira é iniciado. As invasões israelenses, segundo Avi Shlaim (2004), foram propostas pelo fato de que Begin, político israelense, se viu no dever moral de defender seus aliados maronitas ao mesmo tempo que almejava expulsar a OLP para longe das fronteiras com Israel. Para tal, seria preciso adotar medidas que transcendessem a simples retaliação fronteiriça e que conseguissem enfraquecer o movimento palestino, tanto militar como politicamente. Os planos de Ariel Sharon eram ainda mais amplos, pois o líder via a ação como um meio de alcançar um objetivo político final que englobava a assinatura de um acordo de paz com um Líbano cristão, o enfraquecimento político e militar da OLP, a expulsão das tropas sírias da região e a mudança da geopolítica regional. A força e a contundência desse ataque foram observadas pelo mandato da UNIFIL, já que, por ela não permitir o emprego da força armada, os oficiais assistiram aos eventos ocorridos, auxiliando os grandes contingentes de deslocados internos e ofertando ajuda humanitária. Israel, em poucos dias, chegou até as proximidades de Beirute, o que pressionou os deslocamentos dos palestinos da região.

A ação de 1982 resultou em um grande desastre humanitário em decorrência do massacre de Sabra e Chatila em setembro do mesmo ano. Nessa ocasião, as milícias maronitas, em retaliação ao assassinato do presidente eleito Bachir Gemayel, ocorrido dias antes, invadiram o campo de refugiados palestino de Sabra e Chatila e dizimaram uma parte significativa de sua população. Devido à ocupação das FDI na região na época, são evidentes a conivência e a participação de Israel no massacre ocorrido. Os eventos chamaram a atenção internacional para a questão palestina e em relação à ocupação israelense no território libanês, o que demandou ações internacionais. Com o intuito de apaziguar os conflitos, foi enviada uma força-tarefa internacional para a região. Os cristãos se viram enfraquecidos com a retirada da missão internacional e a evacuação parcial das FDI em 1985, após as ações dos anos pregressos. Não só isso: a tentativa de estabelecimento de acordos internacionais para um cessar-fogo que pudesse pôr fim à Guerra Civil Libanesa demonstrou como a sociedade libanesa estava dividida.

As constantes ondas de violência contra os palestinos e a recusa internacional em adotar ações efetivas para eles não limitaram nem cercearam suas lutas. Pelo contrário, elas foram ganhando novas roupagens e vinculações com outros grupos que atuavam na região. Nesse sentido, é importante observar o crescimento dos movimentos de resistência xiitas por justiça social e econômica no sul do Líbano. Nos anos 1990, o Hezbollah ganhava força e demandava, sobretudo, a expulsão das tropas israelenses e o retorno das resistências contra o Estado judeu no sul do país. Para o grupo, isso era a expressão da ideia de soberania libanesa. A emergência do grupo se deu após a revolução iraniana, e seu modelo de militarização religiosa crescia no sul do Líbano. A emergência do Hezbollah trouxe mais uma camada de complexidade aos múltiplos conflitos existentes na região. O Hezbollah começou a se legitimar como uma força política, social, econômica e estratégica em ascensão, sendo a continuidade da presença israelense na região um fator que retroalimentava o grupo.

Foi somente nos anos 2000 que o governo de Israel notificou a ONU em relação a sua evacuação do território libanês em cumprimento das resoluções 425 e 426 de 1978. Após a confirmação da evacuação israelense, para além das fronteiras libanesas reconhecidas internacionalmente, fora demarcado um novo limite que seria adotado para fins práticos da confirmação da retirada israelense e dos princípios de não agressão. Essa nova demarcação fora confirmada pelos governos do Líbano e de Israel. A retirada das forças israelenses do sul do Líbano atendia a um dos objetivos da missão que haviam sido propostos 22 anos antes. Contudo, após tanto tempo de perda da soberania, de crises internas e da presença de grupos assimétricos que cada vez mais ocuparam o lugar do Estado libanês, como seria possível fazer com que o governo restabelecesse sua autoridade política e militar na região? A retomada do controle da região pelo governo libanês era uma prerrogativa fundamental para que a segurança fosse estabelecida, mas a incapacidade do Estado de atuar na fronteira abriu espaço para a ação do Hezbollah. Nas antigas áreas ocupadas por Israel, foi o grupo que atuou enquanto força militar perto da linha demarcatória, o que era um problema contundente para o entendimento da segurança pelo Estado de Israel.

A presença do Hezbollah não se limitou ao monitoramento e controle fronteiriço, já que seus membros também executaram funções de Estado, como a manutenção da ordem, o provisionamento de medicamentos, a educação e outras demandas sociais e, por vezes, dificultaram o livre trânsito dos oficiais da UNIFIL. A permissão do governo libanês à atuação do Hezbollah na região fronteiriça tem duas faces interpretativas: por um lado, em caso de uma ação ofensiva, a tomada de ação pelo grupo não responsabilizaria o Estado libanês de estar envolvido em um conflito que violasse as determinações da ONU em relação ao pacto de não agressão na região; por outro lado, havia a perda do controle pelo Estado e de sua soberania dentro do próprio território.

A presença do Hezbollah no controle do território foi alvo de críticas e de ponderações feitas por sucessivos relatórios anuais da UNIFIL a partir do final dos anos 2000. Segundo os documentos, a Resolução 425 de 1978 previa a restauração da autoridade libanesa dentro de seu território e de sua atuação na prevenção das hostilidades fronteiriças. A presença do grupo dificultava os ganhos da operação, em especial pelas restrições impostas à própria UNIFIL. Diversos foram os entraves entre o grupo e Israel na fronteira, em maior ou menor escala, desde o estabelecimento do Hezbollah. Agora havia uma nova força operando na região, além da OLP.

Em 2005, ocorreu um agravamento da relativa estabilidade na região, em especial por causa de intensos tiroteios entre o Hezbollah e as Forças Armadas israelenses na área conhecida como Fazendas de Chebaa. As tensões se intensificaram em 2006, após o Hezbollah lançar alguns foguetes para dentro do território israelense, o que foi seguido pela entrada do grupo na área da Blue Line, capturando dois soldados, matando três e ferindo mais dois.* Os dois soldados sequestrados foram levados para o Líbano, dando início a intensos conflitos. Israel atacou o território libanês por mar, terra e ar, impactando as áreas demarcadas pela operação de paz e fora delas.

O mandato da UNIFIL, por não contar com o emprego da força bélica, fez com que os oficiais partícipes da missão observassem pacificamente as hostilidades na região, relatassem os eventos e ofertassem assistência humanitária. Contudo, ao contrário da experiência pregressa, nesse

---

* Blue Line é uma linha demarcatória entre Israel e Líbano, situada nas colinas de Golã. Foi estabelecida pela ONU em junho de 2000 como marco provisório e não fronteira.

momento as ações militares resultaram em dezesseis oficiais feridos e cinco mortos.

Em face dos eventos de agosto de 2006, o Conselho de Segurança aprovou a Resolução 1701, após uma série de entraves estabelecidos pelos Estados Unidos, que pediam o fim imediato das hostilidades entre o Hezbollah e as FDI. Perante a gravidade das ações, uma nova zona de segurança foi definida, onde os únicos equipamentos bélicos permitidos seriam os da UNIFIL e os das Forças Armadas Libanesas (FAL). Para além disso, devido às situações conjunturais, houve a extensão do mandato da UNIFIL até agosto de 2007 e o aumento do número da força da missão, que poderia empregar agora 15 mil tropas armadas. Ao contrário da experiência anterior, a Resolução 1701 autorizou os partícipes da missão a fazer uso de toda ação necessária para proteger civis e para garantir a liberdade. O aumento do contingente da UNIFIL ajudou no estabelecimento de um novo ambiente securitário na região. Contudo, era fundamental que as FAL e o governo libanês assumissem o controle da região, o que poderia ser um ganho para a redução das hostilidades.

A resolução não condenou os ataques feitos por Israel, e isso minou a nova fase da missão dentro do Líbano, diminuindo sua legitimidade e aumentando o suporte dado ao Hezbollah. A resolução determina que a UNIFIL tem como objetivos:

1. Monitorar o fim das hostilidades.
2. Acompanhar e dar suporte às Forças Armadas Libanesas empregadas no sul do país – incluindo a Blue Line – enquanto Israel retira suas Forças Armadas.
3. Coordenar as atividades acima mencionadas com o governo libanês e o israelense.
4. Prestar auxílio humanitário à população civil e ajudar no retorno das pessoas deslocadas.

5. Auxiliar as Forças Armadas Libanesas a tomar medidas para o estabelecimento entre a Blue Line e o Rio Litani de uma área livre de qualquer pessoal armado e de ativos e armas que não sejam do governo do Líbano e da UNIFIL implantados nessa área.
6. Ajudar o governo do Líbano, a seu pedido, a proteger suas fronteiras e outros pontos de entrada para impedir a chegada ao país, sem o seu consentimento, de armas ou material relacionado.

A Resolução 1701 ainda estabeleceu o emprego de uma força marítima – uma ação inédita da ONU. O controle marítimo do território libanês tinha como intuito evitar a chegada de armamentos ilegais ao país, assim como treinar a Marinha libanesa para que no futuro ela fosse uma força militar capaz de exercer a soberania do Estado em suas águas jurisdicionais. O Brasil passa a compor a missão a partir de 2011 e, em 2016, a fragata Liberal assume a capitania da missão. Segundo o site da Marinha brasileira,

> a missão da FTM-UNIFIL abrange duas tarefas principais: apoiar a Marinha do Líbano (ML) no patrulhamento e no monitoramento de seu mar territorial, por meio de Operações de Interdição Marítima (em inglês, MIO), prevenindo a entrada não autorizada de armas e materiais relacionados, por via marítima, no seu território; e treinar o pessoal da ML para que, no futuro, seja capaz de assumir o controle de suas águas territoriais.

O Brasil entende a presença brasileira na missão como um meio de projetar o país internacionalmente e como um mecanismo de capacitação dos oficiais da Marinha do Brasil.

UNIFIL: POR UMA REFLEXÃO CRÍTICA

Algumas das críticas que a missão recebe já foram apontadas na seção anterior. É importante, por fim, destacar que as ações da UNIFIL, no escopo de seu mandato e de sua ação prática, são superficiais para a promoção da segurança regional e não conseguem atuar nas raízes do problema, sobretudo a de recuperar a autoridade do Estado libanês. Entre os objetivos de seu mandato, como seria possível a UNIFIL auxiliar no fortalecimento da autoridade libanesa? A permanência por tantos anos da missão de paz e a incapacidade do Estado de controlar as fronteiras libanesas, exercer autoridade dentro de seu território, garantir fornecimento de energia elétrica e segurança alimentar, entre outros, para sua população são marcas evidentes dessa fragilidade.

A resolução dos problemas estruturais do desenho institucional dos Estados ainda não é um ponto que as missões de paz, de forma geral, conseguiram resolver e, por isso, a paz estabelecida por elas não é duradoura. As ações das missões de paz se legitimam como um meio de conter a violência, mas deixam em aberto as causas latentes das origens dos conflitos. No caso da UNIFIL, reconhecemos que o mandato conseguiu limitar um pouco os conflitos, mas é preciso considerar uma lacuna fundamental da missão: a incapacidade de garantir a segurança dos civis na região, especialmente após os incidentes de 1982. A preocupação com a população civil não foi sequer considerada nos documentos normativos de 1978. A paz regional é também a segurança dos civis contra as ações bélicas das zonas do conflito. Sobretudo, a população civil é o elo mais frágil, o mais impactado em contextos de guerra e o que demanda maior auxílio.

O exemplo mais expressivo da vulnerabilidade da população civil e da inoperância da UNIFIL para resguardá-la foi a incapacidade da missão de prevenir a entrada e a ocupação de seus territórios por parte do Estado de Israel. Também foi testemunha pacífica das fatalidades decorrentes da invasão das FDI e das ações das falanges cristãs contrárias à população civil. Coube aos capacetes-azuis, como são conhecidos os integrantes das forças da ONU, ações primárias de auxílio humanitário e de reportar os eventos ocorridos na região. Mesmo diante da grave situação humanitária e da grande repercussão internacional do massacre de Sabra e Chatila, o Conselho de Segurança não tomou nenhuma medida mais enérgica para alterar o mandato da missão e incluir ações voltadas para a população civil. Somente em 2006, com a Resolução 1701, a missão recebeu autorização para proteger a população civil das ações conflitivas existentes na região.

A ausência de ações contundentes para proteger a população mais vulnerável e amplamente impactada pelos conflitos é somada ainda à ausência dos palestinos nos debates estabelecidos entre as partes ainda na década de 1970. O silenciamento dos palestinos constitui uma importante barreira para o sucesso e para a legitimidade da missão. Dentro dos processos diplomáticos, o atendimento das normas estabelecidas só acontece quando as partes concordam com elas, e a exclusão de importantes atores do conflito é um significativo entrave para isso. O não atendimento por uma das partes das cláusulas do acordo cria um forte clima de instabilidade que também instila a não observância dos demais membros. Para o caso da UNIFIL, a capacidade de observância dos agentes regionais às normas propostas é baixa, o que mostra a vulnerabilidade da missão.

8.
Refúgio e migração forçada no Líbano: processos históricos de integração e exclusão de palestinos e sírios

FERNANDO BRANCOLI
TAMIRES ALVES

As distintas formas de migração são um componente central na constituição do Líbano como Estado, seja do ponto de vista da produção da identidade de seus cidadãos, seja pela forma como o país se articula internacionalmente. Essa dimensão pode ter diferentes elementos; a diáspora libanesa, por exemplo, instituiu espaços de sociabilidade, permitindo o surgimento de personalidades políticas que ocuparam ambientes relevantes em diversos países. Por outro lado, esse processo ocorre também de forma endógena, construindo o Líbano como nação receptora de diferentes fluxos de refugiados, como palestinos, iraquianos e sírios, entre outros.

O presente capítulo pretende se dedicar a esse segundo movimento, a recepção de indivíduos que abandonam seu país por motivações violentas e solicitam abrigo em território libanês. Nesse sentido, argumentamos que a forma como o Líbano recebeu refugiados, ao longo da história, está diretamente ligada à maneira como esses diferentes fluxos de migrantes forçados se relacionaram com distintas expressões do Estado e da sociedade libanesa. Assim, a dinâmica de possível integração ou exclusão se dá como reflexo das múltiplas instâncias do processo formatador do Estado. Parte importante da literatura sobre refugiados (ARENDT, 1973; BETTS e LOESCHER, 2011; STAPLES, 2019) se dedica a refletir que a dicotomia "integrar/excluir" se dá de forma homogênea e vinculada diretamente à forma como o Estado foi constituído, ignorando perspectivas analíticas que enfocam o caráter social e histórico da nação receptora. Enquanto as relações entre Estado e refugiados são sempre complexas, uma perspectiva analítica sobre o primeiro permite entender a diversificação dessas relações caso a caso.

Esta pesquisa está, portanto, dividida em duas macrosseções: a primeira discute os elementos político-institucionais relevantes do Estado libanês em relação à recepção de refugiados, com ênfase no que denominamos geopolítica do confessionalismo e políticas de cidadania; e a segunda parte trata de dois estudos de caso que materializam esses pontos, a análise sobre refugiados palestinos e sírios no Líbano.

ESTADO FRAGMENTADO: HISTÓRIA E FORMAÇÃO NACIONAL DO LÍBANO COMO COMPONENTE DE RECEPÇÃO DE REFUGIADOS

Para o propósito desta análise, será suficiente demonstrar como elementos geopolíticos, a constituição do confessionalismo e a produção de cidadania no Líbano são aspectos cruciais para a compreensão da política de refúgio no país. Mais do que a descrição de elementos, demonstramos como práticas endógenas se manifestam e informam elementos internacionais, formatando a maneira como o Líbano reage e recepciona refugiados.

Nesse sentido, o primeiro elemento que reforçamos é o que se pode chamar, seguindo Dionigi (2017), de geopolítica do confessionalismo: a articulação do atual sistema de divisão política do país e sua repercussão para a política externa do Líbano. Em 1861, a comunidade cristã maronita que vivia na área do Monte Líbano foi capaz – com o apoio da França – de estabelecer o mutassarifato, que constituiu a primeira entidade administrativa no cerne do surgimento do Líbano como Estado. O mutassarifato recebeu maior grau de autonomia administrativa, em comparação com as províncias de Beirute, Damasco, Trípoli e Alepo, na medida em que a comunidade cristã havia sofrido ataques na segunda metade do século XIX e, portanto, tanto os maronitas quanto seus patronos estrangeiros pensavam que uma ordem política separada poderia garantir proteção. Como o patriarca maronita escreveu em 1926: "A ideia original que serviu de base para o estabelecimento do Estado libanês era torná-lo um refúgio para todos os cristãos do Oriente e uma morada de fidelidade total à França" (SALIBI, 1988a, p. 23).

Com a divisão do Oriente Médio estabelecida na Conferência de San Remo de 1920, a área predominantemente maronita cristã do Monte Líbano foi expandida para incluir as áreas de Beirute, Trípoli, Sidon, Tiro e o Vale do Bekaa. Essa decisão de criar um Grande Líbano – defendida também pela comunidade maronita – trouxe para as fronteiras da nova entidade uma população muçulmana quase equivalente em tamanho à população cristã (JAULIN, 2014, p. 4). A expansão de um Estado principalmente maronita para um Grande Líbano mudou a composição confessional da população. A configuração da comunidade política libanesa se diversificou ainda mais com a inclusão de outras divisões religiosas (sunitas, xiitas, drusos, judeus e outros grupos cristãos), de diversos grupos econômicos e sociais (como o sul agrícola e as cidades comerciais do litoral) e de um grande número de grupos organizados por meio de lealdades familiares. As fundações do Estado se baseavam originalmente na elite cristã dominante, mas sua organização social e religiosa real se tornou mais diversificada do que o projeto original do "Líbano cristão".

Em 1926, uma Constituição lançou as bases de sua arquitetura institucional, estabelecendo formalmente a República Libanesa, baseada em um sistema bicameral sob o controle do Mandato Francês regulado pela Liga das Nações.

Em 1932, foi realizado um censo da população do Líbano que se tornaria um marco na definição da comunidade política do país. O Estado independente de 1943 alterou ligeiramente a Constituição republicana de 1926; mas o que influenciou mais significativamente o Líbano independente foi o acordo de divisão de poder que se seguiu entre os principais grupos confessionais. Com a saída da administração francesa, foi necessário conceber um mecanismo para controlar a fragmentação interna do país entre grupos religiosos, especialmente entre cristãos maronitas e muçulmanos sunitas (SALIBI, 1988a, p. 25). Assim, o Pacto Nacional (Al-Mithaq al-Watani) emergiu sobrepondo à Constituição formal uma distribuição sectária de cargos entre cristãos e muçulmanos no governo, no Parlamento e no resto da burocracia estatal. Os cristãos – com controle do gabinete presidencial e a maioria dos assentos no Parlamento – mantinham uma parcela predominante do poder no Estado. Os grupos sunitas receberam o controle do cargo de primeiro-ministro, enquanto a comunidade xiita assumiu a presidência do Parlamento.

Por cerca de uma década, o Líbano independente conseguiu se tornar um sistema político relativamente funcional com um histórico econômico notável, mas as divisões dentro de sua sociedade o tornaram intrinsecamente frágil. O sistema confessional não foi suficiente para garantir estabilidade e governança no país, pois consolidou suas divisões em vez de resolvê-las. Já em 1958, a dinâmica doméstica e regional colocava o sistema político sob pressão, prestes a explodir em uma guerra civil (GAUSE III, 2014; SLUGLETT, 2019). Posteriormente, a fragmentação e os antagonismos sectários foram exacerbados por conflitos regionais e tensões domésticas e, em 1975, o Líbano testemunhou uma guerra civil que durou até 1990. Apesar da criação de um compromisso nominal de aboli-lo após a Guerra Civil, o confessionalismo sobreviveu como o principal princípio da ordem política e social no país, embora tenha sido ligeiramente revisado para equalizar aproximadamente os poderes entre cristãos e muçulmanos (em particular, os grupos sunitas). Os contextos de guerra, a instabilidade e os interesses de grupos políticos em preservar o status quo inviabilizaram a abolição do sistema sectário (CLARK e SALLOUKH, 2013).

O sistema confessional libanês, portanto, continua sendo um componente crucial do Estado, com o qual todas as populações de refugiados que migraram para o Líbano inevitavelmente tiveram que se relacionar ao fugir para o país. O ponto essencial para nosso argumento neste capítulo é reforçar que as dinâmicas confessionais não ficaram circunscritas à política interna do Líbano, mas transbordaram para os espaços externos nos quais o país atua. Nesse sentido, a recepção de refugiados e migrantes forçados é diretamente influenciada por tais manifestações. Originalmente, o Líbano foi concebido como um projeto mais amplo que tentava formar uma Grande Síria (Bilad al-Cham), que não se materializou. Isso gerou tensões regionais e domésticas que nunca foram totalmente resolvidas. Na raiz do problema está a incerteza dentro do Líbano em relação à posição do país no mapa geopolítico da região. As elites políticas cristãs endossaram com mais frequência o nacionalismo libanês, apoiando a ideia do Líbano como uma entidade autônoma do mundo árabe, orientada para relações amistosas com a esfera política ocidental. Em contraste, os pan-arabistas libaneses (mais comumente parte dos grupos políticos sunitas) viam a identidade política libanesa como profundamente conectada com o mundo árabe. Nos casos mais radicais, esses grupos chegaram a considerar o Líbano um componente orgânico da Síria, rejeitando assim a partição posterior ao Acordo de Sykes-Picot.

Desde o declínio do pan-arabismo e o fim da Guerra Fria, o antagonismo entre os nacionalistas pan-árabes e os nacionalistas libaneses foi gradualmente substituído pelo alinhamento com os dois principais eixos regionais de alianças na região. Por um lado, a ascensão de grupos políticos sunitas no Líbano em aliança com alguns dos partidos cristãos foi apoiada pelas monarquias conservadoras do entorno, lideradas pela Arábia Saudita com a proteção ocidental. Por outro lado, grupos como o Hezbollah e seus aliados cristãos têm se beneficiado da proteção da coalizão Síria-Irã, sob influência da Rússia. Essas visões conflitantes sobre o papel internacional do Líbano fizeram com que o país se transformasse em uma espécie de catalisador – ou caixa de ressonância – das tensões regionais e globais. Nesse sentido, atores internacionais foram capazes de recrutar simpatizantes ou formar grupos paramilitares para projetar sua influência em um contexto institucional e social fragmentado. O Líbano tem sido um campo de batalha para a maioria dos principais conflitos do Oriente Médio. O país foi exposto e esteve diretamente envolvido no conflito árabe-israelense e, desde a revolução iraniana, se enredou no antagonismo regional entre a República Islâmica do Irã e seus inimigos. No geral, o período de quinze anos da Guerra Civil foi caracterizado pela interação de dinâmicas locais, conflitos regionais e Guerra Fria.

O resultado dessa ambivalência é um Estado caracterizado por uma incerteza geopolítica não resolvida. As populações de refugiados hospedadas no Líbano foram frequentemente empurradas para o país pelos próprios conflitos que têm afetado a condição de Estado do Líbano, com as populações de refugiados, em graus diferentes, sendo até mesmo recrutadas nessas disputas ou envolvidas pelas violências.

Denominamos políticas de cidadania o próximo elemento de análise estatal. Essas políticas articulam o conjunto de elementos normativos que apontam quem são os cidadãos do Líbano e a maneira como essa identificação se dá. A cidadania, por definição, constitui processo de modelagem de uma comunidade política exclusiva, mas, no caso libanês, a exclusividade é particularmente estrita. Tradicionalmente, a cidadania pode ser adquirida por local de nascimento – o direito do solo (*ius soli*) – ou por descendência – o direito sanguíneo (*ius sanguinis*), com o primeiro facilitando a entrada dos filhos de imigrantes na cidadania. A lei de nacionalidade libanesa aplica como principal critério de adesão o denominado *ius sanguinis*, ou seja, a identificação de cidadãos através de sua origem (GORIS et al., 2009, p. 6). Esse padrão é resultado de um processo histórico no qual as elites políticas tentaram moldar a cidadania libanesa para preservar as proporções confessionais e sectárias, enquanto o país passava por mudanças demográficas devido aos fluxos de emigração e imigração, incluindo a chegada de populações refugiadas.

As origens da regulamentação legal da cidadania no Líbano datam da reforma de cidadania otomana de 1869 (PAROLIN, 2009). A nova lei otomana reconhecia a cidadania não com base na afiliação religiosa, mas no *ius sanguinis* complementado pelo *ius soli*. O princípio do *ius soli* incluía a residência habitual na região de jurisdição otomana. Em 1923, o Tratado de Lausanne regulamentou as regras para a aquisição da cidadania nos países surgidos com a dissolução do Império Turco-Otomano. O alto-comissário francês emitiu uma decisão (DIONIGI, 2017, p. 6) em que declarou que todos os ex-otomanos residentes no Líbano em 30 de agosto de 1924 seriam cidadãos libaneses. Outros artigos da mesma lei estabelecem que pessoas de origem libanesa não presentes em solo libanês podem optar pela cidadania libanesa, em virtude do "direito de opção", em dois anos (Ibid.). A possibilidade de opção pela cidadania libanesa foi estendida por décadas – uma extensão excepcional do direito de opção que beneficiou a população cristã do Líbano, que foi a mais afetada pelo processo de emigração.

Conforme explicado por Thibaut Jaulin (2014), o Líbano, nessa época, era visto como um "país de emigração". No entanto, em um estágio posterior, também se tornou um país de imigração, à medida que populações de refugiados começaram a se deslocar para o Líbano. Dentro desse contexto, o princípio do *ius sanguinis* ganhou destaque sobre o *ius soli* na regulamentação da nacionalidade no país, na medida em que o *ius sanguinis* (ou seja, a regra de que a nacionalidade é adquirida por linhagem familiar direta) reservava o status de cidadão apenas para descendentes de libaneses e – no interesse das elites governantes – preservava os equilíbrios confessionais e sectários enquanto a demografia real do país mudava.

Em 1925, uma nova lei sobre a nacionalidade libanesa (SALIBI, 1988a) estabeleceu que o *ius sanguinis* patrilinear seria o princípio fundamental que conferiria a cidadania libanesa. Além disso, o artigo 3 da mesma lei afirmava que os estrangeiros que residiam legalmente no país por mais de cinco anos ininterruptos, os casados com uma mulher libanesa que viviam no Líbano por um ano, ou aqueles que prestaram serviços ao país podiam obter a nacionalidade libanesa, mediante solicitação, por meio de um decreto presidencial (KHATIB, 2008b). Mas, em 1939, esse artigo foi revogado. Além disso, em 1946, uma nova lei foi aprovada, estabelecendo um conjunto de parâmetros causadores da perda da nacionalidade libanesa, especialmente visando a cidadãos naturalizados (Ibid.).

Como resultado, a única maneira de se tornar libanês era ter um pai libanês, pelo casamento com libanês ou por decreto do presidente da República, que, segundo o sistema confessional, é sempre cristão. Não é coincidência que essa restrição aos procedimentos de naturalização e a revogação de naturalizações anteriormente concedidas tenham ocorrido no momento em que o Líbano estava mudando de país de emigração para destino de imigração, como apresentado por Jaulin (2014, p. 6), que reforça que a lei da nacionalidade do Líbano foi influenciada por seus movimentos demográficos.

Além da legislação de nacionalidade, um processo de engenharia demográfica ocorreu em relação ao censo da população dentro do território libanês de 1932. De acordo com Maktabi (1999), essa pesquisa da população foi planejada para favorecer os interesses da comunidade cristã. Além disso, Jaulin (2014) ilustra como o intrincado debate jurídico sobre a inclusão de libaneses que vivem no exterior no censo libanês é parte de uma "fabricação de estatísticas demográficas", refletindo interesses políticos. Foi com base nesse controverso censo que a distribuição de poder entre os diferentes grupos se tornou norma com o Pacto Nacional de 1946 e atribuiu aos cristãos (especialmente aos maronitas) a maior parcela de poder. Não obstante o censo, as proporções reais dos grupos religiosos no Líbano são hoje objeto de disputa.

De forma interessante, um processo de naturalização também ocorreu em 1994, quando o governo do líder sunita Rafiq Hariri emitiu um decreto que naturalizou 150 mil indivíduos, dois terços deles muçulmanos e provavelmente cerca de metade deles sunitas (DIOGINI, 2017). O decreto de naturalização gerou controvérsia e criou um impasse jurídico e político até agora não resolvido. Como resultado, o status dos naturalizados por meio desse decreto permaneceu ambivalente.

LÓGICAS DE REFÚGIO NO LÍBANO: ENTRE AS NORMAS E A POLÍTICA

Com as reflexões sobre os elementos históricos e institucionais que formam a sociedade e o Estado libanês, também é relevante indicar como o Estado se organizou do ponto de vista normativo para lidar com migrantes forçados e refugiados. Entendemos aqui esse arcabouço jurídico não apenas como um conjunto de leis, mas também como reflexo político das decisões de atores estatais relevantes. O ponto mais notório sobre essas questões é a recusa do Líbano em assinar a Convenção de 1951 sobre Refugiados. Trata-se do dispositivo jurídico mais sofisticado para lidar com migrantes forçados, constituído no imediato pós-Segunda Guerra Mundial para tratar do inédito fluxo de indivíduos que tiveram que abandonar seu país devido ao conflito armado. Pela primeira vez na modernidade, o sistema internacional obteve um alto grau de adesão normativa para descrever quem eram os refugiados: europeus que saíram de seu país por fundados temores de perseguição devido à raça, religião, nacionalidade, associação a determinado grupo social ou opinião política e que, por causa desses temores, não podem ou não querem regressar. O elemento geográfico foi retirado em protocolos posteriores, e atualmente o tratado internacional para refúgio foi adotado por praticamente todos os países.

Essa recusa reforça uma lógica paradoxal, tendo em vista que o Líbano se engajou historicamente no estabelecimento do regime internacional de refugiados, com o país sendo frequentemente elogiado por organismos internacionais quanto a sua abordagem dos refugiados. Em 2014, por exemplo, o secretário-geral da ONU afirmou que "o Líbano é um pilar fundamental no quadro internacional para a proteção dos refugiados sírios e, sem ele, todo o sistema entraria em colapso" (IÇDUYGU e NIMER, 2019). Hoje, o Líbano acolhe o maior número de refugiados do mundo em proporção à sua população, estimada em 6,2 milhões (Id., 2014): 1.011.366 refugiados sírios registrados em dezembro de 2020 (estes representam a grande maioria dos refugiados no país), cerca de 504 mil refugiados palestinos registrados na UNRWA, 42 mil refugiados palestinos da Síria, além de 16 mil refugiados de países como Etiópia, Iraque e Sudão (SHOEMAKER et al., 2021).

Apesar desses números elevados, o governo libanês insiste que não é um país de asilo e rejeita, em princípio, a integração local dos refugiados. Essa abordagem pode ser rastreada até na já mencionada Constituição libanesa de 1926 (emendada em 1990), que torna bastante dificultoso o assentamento permanente de estrangeiros. Também está cimentada no documento-chave que define a resposta do governo à presença de refugiados sírios no país, o Plano de Resposta à Crise do Líbano: "O Líbano não é um país de asilo nem um destino final para refugiados, tampouco um país de reassentamento" (IÇDUYGU e NIMER, 2019).

A relutância em acolher refugiados se reflete, ademais, na falta de legislação nacional formal para os refugiados. Em vez disso, as questões de asilo são atendidas por meio de leis de imigração. Reforça-se que "migrantes" e "refugiados" são figuras distintas, com a primeira englobando indivíduos que saem de seu país por motivos econômicos, por exemplo, sendo vistos em uma dinâmica menos humanitária. Nesse sentido, a lei de 1962 que regulamenta a entrada e a permanência de estrangeiros no Líbano contém seis artigos relacionados ao asilo. As disposições de asilo na Lei de Entrada e Saída de 1962 só foram aplicadas uma vez desde o fim da Guerra Civil, em 1990 – caso altamente politizado em que um membro do Exército Vermelho Japonês recebeu asilo em 2001. Dentro dessa lógica, refugiados tradicionalmente são recebidos com status de estrangeiros em geral, fazendo com que muitos vivam "ilegalmente" no país e, como consequência, em condições extremamente duras e marginalizadas (JANMYR, 2016).

Esse contexto aparentemente paradoxal e complexo justifica o exame das razões particulares pelas quais o Líbano permaneceu fora do regime internacional formal de refugiados, apesar de ter um papel fundamental em seu estabelecimento e do fato de que hospeda atualmente um número sem precedentes de refugiados. Janmyr (2016, p. 1) apresenta três argumentos para explicar por que o Líbano continua a resistir à ratificação. Em primeiro lugar, existe uma incerteza generalizada, real, ou simplesmente politicamente conveniente, quanto às obrigações que vêm com a Convenção, incluindo a crença de que a Convenção exigiria que o Líbano permitisse o assentamento permanente de refugiados em seu território. Sua história com os refugiados palestinos é um testemunho dos consideráveis obstáculos ideológicos a qualquer integração local ou naturalização de estrangeiros, como iremos demonstrar em seguida.

Em segundo lugar, a transferência da responsabilidade dos refugiados para terceiros, como o Alto-Comissariado das Nações Unidas para os Refugiados (ACNUR), tem vantagens óbvias para o Líbano e o deixou menos inclinado a se tornar parte da Convenção. Há uma convicção geral de que, se o Líbano ratificar a Convenção, terá que arcar com mais responsabilidades. Por fim, o argumento de "boa vizinhança" entre os países árabes sustenta que o Líbano não deve empregar o termo "refugiado", já que fazê-lo colocaria os Estados vizinhos em posições fragilizadas.

Com isso em mente, podemos nos dedicar a explorar os dois casos de grupos que solicitaram refúgio no Líbano, palestinos e sírios, e que materializam essa tensão entre as dinâmicas constitutivas do Estado e a construção de cidadania no país.

PALESTINOS NO LÍBANO: SEGREGAÇÃO E VIOLÊNCIA

Até 2011, os palestinos eram o maior grupo de refugiados no Líbano. Dados de 2020 da UNRWA mostram que cerca de 450 mil refugiados palestinos estão registrados no país. A crise síria que começou em 2011 causou o deslocamento para o Líbano de pelo menos 50 mil palestinos, além dos que já viviam no território. A presença palestina no Líbano passou a ser significativa após a Nakba de 1948: com a criação do Estado de Israel e as decorrentes operações militares israelenses em terras palestinas, 104 mil palestinos fugiram para o Líbano, onde se estabeleceram principalmente em campos nos quais podiam acessar os serviços limitados fornecidos pela UNRWA (GOVERNO DO LÍBANO e NAÇÕES UNIDAS, 2014). Posteriormente, a guerra árabe-israelense de 1967 e o conflito do Setembro Negro de 1970 na Jordânia geraram outra fuga de refugiados palestinos para o Líbano.

No direito internacional, os palestinos são reconhecidos como refugiados não em virtude da convenção de refugiados de 1951, mas com referência ao estatuto da UNRWA. No Líbano, eles não foram reconhecidos como refugiados (como muitas vezes é o caso em países árabes); em vez disso, foi atribuída aos palestinos a categoria de "estrangeiros apátridas". Esse status legal ambivalente é agravado por várias restrições aos direitos fundamentais. Por exemplo, os palestinos podem trabalhar legalmente apenas em poucos setores de mão de obra intensiva, com seu direito de movimento afetado devido à falta de um passaporte oficial e regulamentos de visto, além das restrições quanto ao acesso a serviços de saúde e educação. A situação precária dos palestinos é reforçada pelo fato de não terem direito, segundo os dispositivos legais libaneses, a habitações privadas, com as populações morando em campos de refugiados que operam com serviços insuficientes (KNUDSEN, 2009).

A politização dos palestinos no Líbano está diretamente conectada ao conflito árabe-israelense em sua dinâmica regional, com reflexos para a dinâmica doméstica libanesa. A presença de palestinos no Líbano materializa a incerteza geopolítica do país, ampliando a lacuna entre as facções pan-arabistas e nacionalistas de esquerda e os grupos nacionalistas pró-ocidentais libaneses. No final dos anos 1960 e 1970, o ativismo palestino aumentou, especialmente após o Acordo do Cairo de 1969, que permitiu à Organização para a Libertação da Palestina (OLP) operar livremente nos campos, e quando grupos como a Frente Popular para a Libertação da Palestina transferiram suas operações da Jordânia para o sul do Líbano.

Quando a Guerra Civil Libanesa estourou, em 1975, as facções palestinas estiveram diretamente envolvidas desde o início e foram consideradas entre as principais causas do conflito. Em 1982, durante a segunda invasão israelense do Líbano, a beligerância palestina estava em declínio após um longo conflito com as forças israelenses, as milícias cristãs libanesas, como a Kataeb, e o movimento xiita AMAL. O conflito entre palestinos e libaneses atingiu o auge com os massacres dos campos de Sabra e Chatila, quando mais de mil palestinos foram mortos em poucos dias por milícias cristãs libanesas, em outubro de 1982 (SAYIGH, 1995). Posteriormente, novas violências aconteceram entre grupos armados palestinos e o AMAL, que contava com o apoio do regime sírio, entre 1985 e 1987. Naquele momento, Damasco tentava conter o papel das facções palestinas e salvaguardar os interesses sírios no Líbano.

Com o Acordo de Taif, em 1990, as hostilidades diminuíram, mas os palestinos, em particular suas forças militarizadas, permaneceram como fonte de tensão. Por exemplo, em 2007, o Exército libanês sitiou e destruiu o campo palestino de Nahr al-Barid, onde grupos armados palestinos como o Fatah al-Islam operavam (ROUGIER, 2007). Em 2005, o governo libanês estabeleceu o Comitê de Diálogo Libanês-Palestino, a primeira tentativa de abordar a questão palestina por meio de um processo institucionalizado, mas, até agora, não conseguiu avançar significativamente para elevar o grau de integração dos palestinos no Líbano.

O papel político e militar dos grupos palestinos no Líbano foi acompanhado por uma situação socioeconômica bastante penuriosa. Diferentemente de outros casos, metade dos palestinos do Líbano vive em campos de refugiados. Sua marginalização socioeconômica foi amplamente documentada e inclui limites e proibições que, como mencionado anteriormente, afetam seu direito ao trabalho, à locomoção e o acesso a serviços básicos como saúde e educação, entre outros (Ibid.).

Nesse contexto de segregação, não obstante o longo período que os palestinos estão no Líbano, sua integração social e política sempre foi considerada um tabu por quase todos os libaneses (HANAFI et al., 2012). A própria ideia de naturalização nunca foi aceita como uma possibilidade. A justificativa mais comum é que a concessão de cidadania libanesa aos palestinos os privaria do direito de retornar à Palestina; ademais, calcula-se que a grande população palestina é principalmente sunita, o que poderia prejudicar os equilíbrios religiosos do país.

A identidade religiosa palestina nem sempre é um fator de integração, já que os seculares não recorrem a ela para facilitar sua integração no sistema político confessional. Mesmo quando grupos islâmicos surgiram entre os palestinos em um estágio posterior, eles entraram em conflito com o governo libanês. A identidade religiosa fez diferença somente no caso dos cristãos palestinos: embora não haja estatísticas oficiais, é comumente reconhecido que estes receberam a cidadania por meio de decreto presidencial.

O escopo limitado dessa análise impede um relato mais preciso da condição palestina no território libanês, mas o que foi dito acima destaca como a politização da presença palestina no Líbano sempre foi altamente controversa. A politização palestina expôs e exacerbou as fraquezas do Estado libanês, especialmente no que diz respeito a sua incerteza geopolítica. A atividade militar da liderança palestina no Líbano, posteriormente, causou a estigmatização dos refugiados palestinos como responsáveis pela Guerra Civil no país e por seu prolongamento, o que, por sua vez, sancionou sua marginalização social. A polêmica politização de grupos palestinos, em oposição a uma postura mais neutra, questionou diretamente o Estado libanês, com sua identidade religiosa e um baixo status econômico, não facilitando as relações com o Estado anfitrião. Dionigi (2016, p. 4) resume bem a situação, indicando que "em nenhum outro lugar do Oriente Médio a presença de refugiados palestinos foi tão problemática quanto no Líbano".

O CASO DOS REFUGIADOS SÍRIOS: HUMANITARISMO E TRANSBORDAMENTO DA GUERRA CIVIL

A partir de 2011, o Líbano se tornou o país que mais recebeu refugiados sírios deslocados pela Guerra Civil. No início de 2015, cerca de 1,3 milhão de sírios estavam registrados pelo ACNUR no país. Essa onda sem precedentes adquiriu um status legal ambivalente na ausência de uma estrutura jurídica para a proteção dos migrantes forçados. Uma diferença importante em relação ao caso palestino é que as relações entre Síria e Líbano foram reguladas por um Tratado de Fraternidade e Cooperação, que incluía a livre circulação de sírios e libaneses pela fronteira. De 2011 até o fim de 2014, os sírios puderam cruzar para o Líbano livremente – também porque o governo não tomou medidas a esse respeito. Desde 2015, uma nova regulamentação foi implementada com o objetivo de limitar o fluxo de sírios para o país e dificultar – se não impossibilitar – a permanência legal de refugiados sírios (DIONIGI, 2016). Os refugiados que obtivessem patrocínio de empresas libanesas ou possuíssem capacidade econômica suficiente poderiam adquirir uma autorização de permanência pelo menos durante o período de trabalho. Ainda assim, a grande maioria dos sírios permaneceu no Líbano informalmente, muitas vezes com licenças vencidas e principalmente abrigada em assentamentos informais, já que a construção de campos foi propositalmente evitada, para não replicar a experiência palestina. O ACNUR, por sua vez, declarou que sírios seriam refugiados *prima facie*, declaração jurídica que indica que a crise era tão complexa que todos os sírios deveriam ter sua recepção facilitada. Porém, como indicado, a legislação nacional libanesa não reconhece os sírios como tais. Em vez disso, são identificados como *nazihin*, "deslocados", na tentativa de contornar as responsabilidades que são reconhecidas quanto aos refugiados pelo direito internacional (Ibid.).

O status ambivalente dos refugiados sírios no Líbano trouxe inevitavelmente uma situação socioeconômica precária. Relatórios de 2015 observaram que 29% da população dos refugiados sírios não consegue ter atendidas suas necessidades mínimas. Além disso, o acesso à saúde é dificultado pelo influxo maciço de pessoas em um país com infraestrutura precária, e 66% das crianças refugiadas sírias não têm acesso à educação (GOVERNO DO LÍBANO e NAÇÕES UNIDAS, 2014).

A questão da politização dos sírios é particularmente complexa. Como explicado acima, as relações sírio-libanesas são um elemento problemático, principalmente devido ao histórico entre os dois países. Entre 1976 e 2005, a Síria ocupou militarmente parte do Líbano, o que obviamente gera até hoje ressentimentos em parte da população. Portanto o envolvimento dessa comunidade em discussões políticas, devido a sua presença maciça no Líbano, pode sempre provocar exacerbamento das questões identitárias do país – seja do ponto de vista interno ou do externo.

Um exemplo desse movimento se refere à população de refugiados que se instalou na área de Arsal, a cerca de cem quilômetros a leste de Beirute. Em 2014, o grupo foi acusado de abrigar agentes de milícias islâmicas sírias envolvidas na Guerra Civil. As suspeitas causaram preocupações de segurança, especialmente entre setores políticos libaneses, o que fez com que, em agosto de 2014, eclodissem confrontos entre as Forças Armadas Libanesas (FAL) e homens armados no local. Posteriormente, as FAL invadiram o assentamento na área tentando expulsar a presença belicosa (BBC, 2014). Em resposta, atores não estatais, particularmente o Hezbollah, negociaram a repatriação de refugiados sírios com grupos militantes, sem envolvimento direto do governo libanês nem das Nações Unidas. De acordo com a Human Rights Watch (SANTOS, 2014), muitos sírios voltaram sob pressão indireta, principalmente condições adversas, falta de residência legal, restrições à liberdade de circulação e medo de prisões arbitrárias. Mais recentemente, refugiados sírios estão sendo forçados a demolir a própria casa em face de uma nova campanha para pressionar os refugiados a retornarem. É interessante observar essas movimentações por meio da aliança do Hezbollah com o governo de Bachar al-Assad na Síria. Na medida em que se trata de aliados diretos, a movimentação de refugiados é vista como um elemento político, seja para construção de uma imagem de normalidade – tendo em vista que a guerra estaria se encerrando, já que os habitantes de algumas localidades estariam retornando – ou mesmo como forma de gerar pressão demográfica sobre áreas ainda sujeitas a violências em território sírio (BRANCOLI, 2013).

Outra fase crítica, que mostra como a população de refugiados sírios é suscetível à politização contenciosa, ocorreu durante a consulta eleitoral de maio de 2014. O regime de Bachar al-Assad permitiu o voto no exterior e dezenas de milhares de sírios se aglomeraram na Embaixada da Síria em Beirute, cantando por Al-Assad em uma demonstração de apoio ao regime sírio (THE GUARDIAN, 2014). A mobilização causou perturbação e levantou a preocupação dentro dos grupos políticos do

Líbano de que a população refugiada fosse mais receptiva do que o esperado à mobilização política de atores externos. Talvez não seja coincidência que o governo libanês tenha começado a implementar suas políticas de restrição ao influxo de refugiados logo após esses eventos.

Pesquisas empíricas (NAUFAL, 2012; FAKHOURY e OZKUL, 2019) sobre a politização dos refugiados sírios no Líbano identificaram um padrão emergente de crescente neutralidade entre eles. Essa parece ser uma resposta à evolução da natureza do conflito na Síria, mas também à maior consciência dos riscos que os sírios correm ao se tornarem peões da dinâmica política libanesa e síria. O grau de politização dos refugiados sírios e o caráter desse processo permanecem uma questão em aberto, mas – consistentemente com o que foi observado no caso anterior – fenômenos de politização têm sido concomitantes a medidas restritivas do governo que limitam a integração de refugiados ou que, em alguns casos, até mesmo sancionam sua segregação.

A identidade religiosa é outro aspecto que não pode ser negligenciado. A esmagadora maioria dos sírios é sunita e a magnitude da crise pode alterar as proporções sectárias do sistema confessional libanês. A maior parte dos grupos políticos que afirmam representar a comunidade cristã libanesa interpreta isso como um risco para a integridade da identidade nacional do Líbano. Não é por acaso que os líderes políticos cristãos têm sido os mais ruidosos na adoção de políticas restritivas em relação à presença síria e seu prolongamento. Diferentemente do caso dos palestinos, a identidade religiosa desempenha um papel na perspectiva de gerenciar a presença síria no Líbano a longo prazo porque impacta o status quo de sua política confessional.

Em 2019, pedidos para o retorno dos sírios começaram a aumentar no campo governamental libanês. Ao mesmo tempo que atores políticos reforçavam a necessidade de apoio internacional, principalmente com o aumento da crise econômica no país, discursos sobre a incapacidade do Estado de lidar com o desafio humanitário provocado por milhões de refugiados eram cada vez mais explícitos. O então ministro das Relações Exteriores, Gebran Bassil, acusado várias vezes de discursos racistas, afirmava que o Líbano deveria interromper o recebimento de sírios e que os que já estivessem no país deveriam ser deportados (HUMAN RIGHTS WATCH, 2019). A posição hostil em relação aos refugiados sírios visava tranquilizar seus eleitores cristãos maronitas, como previamente mencionado.

O Líbano foi extraordinariamente aberto e resiliente ao fluxo de refugiados sírios, pelo menos até 2015. A identidade religiosa e o status socioeconômico desempenham um papel na recepção desse fenômeno sem precedentes de migração forçada para o país. A politização da presença de refugiados sírios pode causar atrito entre refugiados e libaneses e se tornar um desafio para o Estado libanês em suas estruturas confessionais, em seu papel geopolítico e na presumida integridade de sua comunidade política.

CONSIDERAÇÕES FINAIS

O debate acadêmico sobre refugiados tem, com frequência, destacado uma tensão aparentemente insolúvel entre os Estados modernos e as populações de refugiados. Hannah Arendt observou como ser refugiado implicava exclusão da comunidade política, privando as pessoas do "direito de ter direitos". Nesse sentido, o debate acadêmico contemporâneo conceitua o nexo entre refúgio e a condição de Estado moderno como inerentemente problemático. Todos os casos considerados neste estudo mostram claramente essa tensão entre o Estado libanês e os refugiados. A presença destes é percebida como um desafio aos elementos constitutivos do Estado libanês, seja a geopolítica do confessionalismo ou a produção de elementos de cidadania. Para cada um desses aspectos, os refugiados expõem a fragilidade do Estado do Líbano em relação à recepção de indivíduos e sua inserção na comunidade.

Porém adotar uma perspectiva que contextualiza a condição de Estado em sua especificidade histórica e, em seguida, justapor essa concepção às experiências de diferentes populações de refugiados nos permite desenvolver uma compreensão mais completa da interação entre refugiados e Estados anfitriões. Vimos que os graus de integração e segregação das populações de refugiados no Líbano são diferentes e tornam cada experiência única com base em como a relação Estado-refugiado se desenvolve. Para explicar a variação desses casos, não podemos confiar em uma simples dicotomia em que "o Estado moderno" é grosseiramente contrastado com "refugiados"; em vez disso, é preciso investigar a especificidade social e histórica do Estado do Líbano e a maneira como os refugiados interagiram com ele.

É inevitável, nesse sentido, reforçar que em médio e longo prazos todos os grupos de refugiados se tornam politizados. De mera identidade humanitária como "sujeitos com necessidade" de refúgio, eles posteriormente mudam para um papel em que emerge sua atuação social e política. Como consequência, os refugiados se engajam em atividades sociais e políticas para conquistar um espaço de inclusão no Estado anfitrião e aumentar seu direito a direitos, serviços, status social e, eventualmente, representação política.

9.
Emigrar, retornar, imigrar: do Líbano para o mundo, do mundo para o Líbano

SAMIRA ADEL OSMAN

Venha comigo do Líbano, noiva minha,
venha comigo do Líbano.
Olha desde o cume de Amana,
desde o cume de Senir e de Hermom,
desde os covis dos leões,
desde os montes dos leopardos.

CANÇÃO DE SALOMÃO

Em 1989 realizava-se em Oxford, no Centro de Estudos Libaneses, uma conferência intitulada "The Lebanese in the World. A Century of Emigration", concebida e organizada por Albert Hourani e Nadim Shehadi (1992), atendendo a uma ideia plantada por Marwan Buheiry, o primeiro diretor desse centro, que apontava a necessidade de dedicar estudos ao tópico da emigração libanesa, um campo fértil e de grande importância nos temas dedicados ao país. Essa conferência resultou, no ano de 1992, em uma robusta publicação dos trabalhos apresentados, dividida em quatro partes, três que representavam a dispersão geográfica dos libaneses pela América, pela Austrália e pela África e uma dedicada particularmente à emigração durante a Guerra Civil de 1975. No debate proporcionado pela iniciativa, destaca-se a ideia de um início para esse processo, 1889, e sua longevidade concomitante ao próprio evento – já que a guerra continuava em curso.

É fato conhecido da história mundial e da história dos países de partida e de chegada que, a partir da segunda metade do século XIX, milhões de pessoas se deslocaram de portos do Mediterrâneo para regiões mais próximas na Europa, como também na África Ocidental e Oriental, ou tão longínquas como a América do Norte e do Sul e a Austrália. Italianos, gregos, portugueses, espanhóis e aqueles genericamente chamados ora de turcos, ora de árabes, ora de sírios, ora de libaneses, ora em hifenizações (sírio-libaneses), aditivos (sírios e libaneses) e alternativas (ou sírios ou libaneses) seguiram o caminho além-mar e aumentaram o fluxo de pessoas em trânsito pelo mundo. Assim, ao contrário dos primeiros grupos que já podiam se definir em sua nacionalidade, o mesmo não se aplicava aos que hoje, em termos modernos, são chamados de libaneses, sírios ou palestinos, dificultando uma estimativa mais precisa sobre o número desses imigrantes e seus descendentes espalhados pelos quatro cantos do mundo.

Apesar dessa constatação, podemos afirmar que as maiores comunidades dos chamados imigrantes provenientes do Líbano, da Síria e da Palestina se dirigiram para: Estados Unidos, Canadá e Caribe; países da América do Sul, como Brasil, Argentina e Colômbia; Austrália; países da África, como Gana, Senegal e Nigéria; países árabes como Arábia Saudita e Kuwait. Grupos menores espalharam-se por outros países e lugares tão distantes como Havaí e Escandinávia. Já na década de 1840, ainda sob domínio turco-otomano, o porto de Beirute ligava-se aos principais portos da Europa – como Marselha, Gênova, Milão –, de onde partiam os navios rumo à América (e demais destinos), verificando-se um aumento do tráfego de pessoas para essa região a partir de 1890.

Abdulkarim (1996) define esse movimento como diáspora e considera a libanesa uma das mais antigas, longevas e amplas – em números que apontam de 4 a 5 milhões de pessoas que partiram do Líbano em relação a uma população de 3 a 4 milhões de habitantes. Uma questão essencial dos estudos sobre as migrações libanesas, incluindo os que partem do Líbano, os que retornam e os que escolhem o país como seu destino, é a ausência de estatísticas oficiais que apontem dados mais acurados e precisos sobre o fenômeno, situação ainda mais complexa considerando que não há dados censitários sobre o país além dos levantados em 1943, ainda sob a dominação francesa.

Por esse motivo, o pesquisador depara com a necessidade de usar dados que tangenciam o tema, de acessar os censos dos países de destino ou mesmo de trabalhar com estimativas. No Brasil, os dados não oficiais supervalorizam essas cifras, e mesmo levantamentos feitos por institutos privados de pesquisa adotam números elevados que os contam em dezenas de milhões, incluindo os imigrantes e seus descendentes em várias gerações que continuam se identificando como parte dessa origem, ainda que cada vez mais distante no tempo, como demonstra pesquisa realizada pela Câmara de Comércio Árabe-Brasileira em 2021 (SOUSA, 2020).

Mesmo com dados pouco precisos, a migração no Líbano continua sendo o maior fenômeno social, econômico e político do país, que cria um duplo efeito: a emigração leva a uma grande perda de capital humano, ao mesmo tempo que cria uma vasta comunidade diaspórica, com uma mobilidade particular no mundo globalizado. Compreender esse processo é, como apontam Hourani e Shehadi (1992), uma condição essencial para a compreensão da história do Líbano moderno atrelada ao fenômeno migratório iniciado a partir da segunda metade do século XIX, cujas narrativas vêm carregadas de episódios de aventura, coragem, desbravamento, conquista, vitória e sucesso – ainda que essas histórias sejam menos românticas e exitosas que a memória individual e sobretudo a coletiva da imigração libanesa tenham eternizado.

Neste capítulo discutiremos o processo migratório libanês em três direções: do Líbano para o mundo, tratando do perfil dos emigrantes e seus motivos para a partida, dos destinos, dos períodos, das características do processo; de volta ao lar, considerando o retorno como parte inerente do projeto migratório libanês; e do mundo para o Líbano, vendo o país não apenas como lugar de partida, mas também de chegada, invertendo o fluxo, as motivações, os períodos e as características daqueles que escolheram – ou não exatamente – ocupar as montanhas, os vales ou as cidades divididas em seus sectarismos.

EMIGRANTES: DO LÍBANO PARA O MUNDO

Uma emigração contínua, constante e regular; assim pode ser qualificada a emigração libanesa. Uma emigração que começou em meados do século XIX, atravessou o século XX e adentra pela terceira década do século XXI, com peculiaridades e particularidades ao longo desse processo, que permitem verificar padrões, motivos, fases, características, lugares, relações com a terra natal, *al bilad*, entre outros aspectos.

No caso da emigração libanesa e de sua dispersão pelo mundo, podemos apontar e identificar padrões, características e processos que têm caracterizado esse deslocamento populacional por mais de um século. Ainda que se diga que o movimento tenha sido efetuado por homens, jovens e solteiros, não se deve interpretar que a ação dependia apenas da vontade pessoal e espontânea desses indivíduos aventureiros e corajosos, de seus desejos por uma vida melhor, de sua coragem para atravessar o oceano, de ver-se diante de outra língua, outra cultura e outros modos de vida, de empreender em atividades econômicas para as quais não tinham conhecimento ou experiência. Ao contrário, o processo deve ser entendido como resultado de uma organização familiar e coletiva que decide quem partirá, com quais recursos, se acompanhado ou não, e por quem, o percurso e o destino e, sobretudo, mantendo o compromisso com os que ficaram de dar suporte ao restante do grupo familiar. Tais compromissos se concretizavam com reuniões familiares posteriores, com a partida de novos membros, organização de casamentos com a escolha de um cônjuge, remessa de capital para ser aplicado em negócios na terra natal ou na educação dos membros mais jovens da família.

Pesquisadores sobre o tema evidenciaram a ação de agentes de emigração que percorriam os vilarejos e aldeias para incentivar jovens a partir, organizar a viagem e os primeiros momentos da chegada, bem como conceder crédito para o início do trabalho, invariavelmente ligado à mascateação. Essa ação explicaria que o destino de chegada dos emigrantes nem sempre correspondia a seu desejo, já que impossibilitados de entrar em um país poderiam ser encaminhados para outro. Explicaria também a dispersão, por exemplo, pelas Américas: se não havia possibilidade de entrar nos Estados Unidos, era possível aportar em países do Caribe ou da América do Sul.

Essa explicação, ainda que plausível, carece de evidências documentais (quais eram esses agentes de emigração, como atuavam, de quais recursos dispunham) e desconsidera o padrão da emigração libanesa: uma rede familiar estendida que agia como fator de suporte ao emigrante, o que significa dizer que é possível mapear os lugares de saída e de chegada e a concentração de um mesmo grupo familiar, de aldeia ou de cidade de origem em outro país, estado, cidade e bairro de destino. A título de exemplo, é possível verificar no Líbano que os que saíram de determinadas regiões do Vale do Bekaa migraram para certos países; os que eram provenientes de Gazze, Lela, Baalul, Karaon,

Khyara e Kamid al-Lawz emigraram preferencialmente para o Brasil e a Venezuela; os que eram provenientes de Lela, Baalul e Qarawn emigraram para a Colômbia; os que eram provenientes de Lela, Qarawn e Kherbet Rouha emigraram para o Canadá e os Estados Unidos; e assim é possível demarcar uma geografia dessa dispersão. Nota-se que esse padrão se repetia em países receptores que permitiam o assentamento dos imigrantes e seu crescimento numérico a partir das redes familiares, já que um pioneiro poderia ser o ponto de referência para os que também se destinassem ao mesmo lugar, fossem familiares ou conterrâneos. Laços de parentesco, laços de amizade e laços de casamento sustentaram e irradiaram os emigrantes libaneses pelos quatro cantos do mundo, muito além do que poderia ter ocorrido com a interferência dos agentes de emigração.

Do ponto de vista da partida, também é possível delimitar as fronteiras geográficas da emigração: entre 1870 e 1920, correspondendo ao domínio otomano, o Monte Líbano e as cidades costeiras de Jounieh e Biblos foram o local de onde partiram os pioneiros, enquanto a partir de 1943 é possível usar a referência ao país de origem (Líbano) e a lugares específicos como Beirute, Trípoli e Akkar ao norte, e Vale do Bekaa, Sidon e Tiro ao sul. Além de compreender de onde partem os emigrantes, é preciso também examinar os motivos da partida.

Por que emigrar? Por que essa tem sido a pergunta central dos estudos migratórios? Por que essa questão importa para os estudos migratórios e ainda mais para o processo migratório libanês? Entender as razões que levaram pequenos grupos ou grandes levas a partirem de sua região de origem, deixando para trás referências culturais, experiências cotidianas, convivência familiar, tem sido um dos objetivos dos estudos migratórios e, no caso da emigração libanesa que segue seu fluxo contínuo, as respostas possíveis tornam-se mais que necessárias para sua compreensão.

Invariavelmente, três principais fatores têm sido apontados como impulsionadores do movimento migratório libanês: as questões político-religiosas, as questões econômicas e as questões educacionais. As primeiras têm sido registradas pelos estudiosos do tema como a motivação central da partida do ponto de vista massivo, com destaque para dois conflitos civis que sacudiram a frágil sociedade libanesa: a Guerra Civil de 1860 e a Guerra Civil de 1975, ambas com viés religioso-sectário ainda que em proporções distintas. Para Hourani e Shehadi (1992), a relevância dos fatos de 1860 para impulsionar o movimento migratório foi a mais utilizada em termos de uma construção da memória coletiva dos libaneses cristãos e de seus descendentes, em relação ao massacre perpetrado contra eles pelos drusos, e que ainda tem persistido como causa essencial da migração em períodos subsequentes e já apartados dessa motivação inicial. Os autores ressaltam que o conflito levou à saída de alguns indivíduos, mas nada que pudesse ser considerado um fluxo expressivo em termos numéricos, algo que ganharia impulso décadas depois e que colocaria o Monte Líbano e mais tarde o Líbano na rota migratória do mundo. Já os conflitos de 1975 são compreendidos por si mesmos como impulsionadores e motivadores da saída de um grande número de pessoas, sejam cristãs ou muçulmanas, que partiram de seu país fugindo da guerra, das perseguições e de suas decorrências econômicas, políticas, sociais e securitárias. Ademais, a posição do Líbano em meio a uma região de conflitos locais, regionais e internacionais contribuiu para esse fluxo e de forma contínua.

Do ponto de vista econômico, o acesso à terra concentrado nas mãos de poucas famílias, o crescimento dessas mesmas famílias, a baixa produtividade agrícola para sustentar a família e a população provocaram um êxodo populacional dos vilarejos do sul e do norte para as poucas cidades e para a capital. Além disso, alguns autores apontam a fragilidade da economia libanesa, baseada na produção agrícola, sujeita às questões naturais e à concorrência de outros produtores. Para autores como Tabar (2009), a emigração libanesa deve ser entendida como decorrente da desintegração econômica do sistema de *muqata'ji*, definido pelo autor como um feudalismo centralizado, e da integração da economia local (pequenas propriedades agrárias e familiares) aos sistemas capitalistas francês e britânico, em plena expansão imperialista.

A última das motivações para o movimento migratório libanês tem sido pouco considerada como um fator para a saída de levas migratórias, já que pode parecer contraditório que os primeiros emigrantes tenham sido pessoas letradas ou com melhor nível educacional. As habilidades recém-adquiridas nas escolas missionárias cristãs, em conjunto com o surgimento de jornais e periódicos e com a impressão de livros, instruíam e expandiam a visão de mundo daqueles que partiram de suas terras em busca de oportunidades e engrossaram a leva dos pioneiros da partida. Para os que adquiriam conhecimento e instrução, que ampliavam sua visão de mundo e acompanhavam as frenéticas mudanças em escala global e tinham a sensação de estar em uma sociedade estagnada e sem oportunidades, a saída apresentava-se como possibilidade de desbravar o mundo, empreender e progredir. Ares de liberdade, desenvolvimento social e econômico, facilidades para a entrada, necessidade dos países, abertura para o novo e desconhecido, tudo isso operava na mente de jovens solteiros desejosos de mudanças.

Consideradas as regiões de partida e de chegada, as motivações, as características, também é importante delimitar a emigração libanesa temporalmente. Fases, ondas, períodos, levas têm sido as denominações para agrupar características comuns na saída dos emigrantes. Dois conjuntos de circunstâncias levaram os libaneses a partir de sua terra natal em busca de novas oportunidades. O primeiro se insere na perspectiva da emigração em tempos de relativa estabilidade política e social, mas de profunda crise econômica, com o consequente aumento do custo de vida, as poucas oportunidades de emprego, a baixa produção agrícola, as famílias numerosas e as dificuldades para mantê-las, a saída de pessoas sem qualificação ou semiqualificadas – as mais afetadas economicamente, ainda que pessoas qualificadas e com níveis elevados de instrução também fossem impulsionadas a buscar oportunidades. Esse conjunto pode ser identificado em três períodos: 1870-1914; 1945-1975; e 1990-2010. O segundo conjunto de circunstâncias está relacionado aos conflitos políticos, contendas e guerras internas – como os conflitos de 1958, 1975-1990, 1996-1997 –, ou pode ter sido decorrente de questões locais e regionais, que também afetaram o Líbano, como a questão palestina e os conflitos árabe-israelenses, situação verificada mais recentemente na invasão israelense de 2006-2007, o assassinato do primeiro-ministro Rafiq Hariri e a retirada das tropas sírias do país. Verifica-se também que nos anos 1980, como decorrência dos conflitos, uma profunda crise econômica, que desvalorizou a moeda libanesa, provocou a saída de pessoas provenientes da classe média, urbana e escolarizada.

Apesar de o consenso entre os autores e especialistas da emigração libanesa apontar o final do século XIX como o início do processo migratório no país, algumas obras têm identificado que a saída de um pequeno número de pessoas, comerciantes judeus e cristãos, já estivesse ocorrendo em finais do século XVIII e início do XIX para as regiões do entorno como Alepo e Damasco, na Síria, e Cairo, no Egito, ou para centros europeus mais próximos, como Livorno, Marselha, Manchester. A partir de 1870, cristãos maronitas foram enviados para Roma para se instruírem e retornarem à região natal, podendo ser contabilizados como parte do processo. A ação cristã, tanto a católica como a protestante, deu origem a esse pequeno quadro de missionários que passou a formar outros jovens, homens em sua maioria, mas também um pequeno número de mulheres. Qualificados, viam-se diante de outro dilema: onde aplicar as habilidades adquiridas; o que os levou à busca de oportunidades em outros lugares.

Já na segunda metade do século XIX e no início do XX, jovens cristãos e drusos, humildes, pouco ou nada qualificados, provenientes das vilas e montanhas libanesas, partiram para a América do Norte e do Sul em busca de fortunas ou ao menos de recursos que possibilitassem o investimento no local e a melhoria das condições de vida dos familiares que permaneceram. Parte das remessas também foi investida no terceiro setor (comércio, turismo e construção civil), dando formação a uma classe média dinâmica e ativa na construção do moderno Estado libanês e de uma sociedade presa aos contornos religiosos. Ainda que haja poucos dados estatísticos, estima-se a saída de 3 mil pessoas por ano entre 1860 e 1900, subindo para 15 mil entre 1900 e 1914. Com o término da Primeira Guerra Mundial e as restrições de novas entradas impostas pelos Estados Unidos, outras frentes foram desbravadas, como as colônias francesas e as britânicas na África Ocidental, mas o fluxo manteve-se em queda entre 1929 e 1945, devido à crise mundial e mesmo aos processos de independência que ocorriam na região.

Contraditoriamente, a independência recém-adquirida não fixou a população na jovem nação, e uma nova onda pôde ser verificada entre 1945 e 1975, com o incremento da movimentação também por parte de grupos de muçulmanos. Dois polos de destinos se destacam: as Américas e a Austrália, que se mantiveram no imaginário migrante como terras de oportunidades e a que se podia chegar sem qualificações ou recursos prévios; e os países do Golfo, que, enriquecidos pelo petróleo, demandavam tanto trabalhadores braçais como pessoas qualificadas (professores, médicos, engenheiros). Entre 1945 e 1960 estima-se a saída de 3 mil emigrantes por ano; entre 1960 e 1970, como decorrência da Guerra de 1967, esse número aumentou para 8 mil; e entre 1970 e 1975, para 10 mil pessoas por ano.

O período 1975-1990 refere-se à Guerra Civil e ao sectarismo religioso. A inoperância da economia e a quase destruição dos diferentes setores da sociedade; a ação das milícias e do Exército nacional; a ingerência da Síria; os conflitos árabe-israelenses, a questão dos palestinos e a ocupação do sul do país; e o sentimento de insegurança e baixas perspectivas futuras, isoladamente ou combinadas, levaram um grande número de pessoas de origem drusa, cristã e muçulmana de diferentes grupos (qualificados, semiqualificados ou com pouca qualificação; provenientes de áreas rurais e urbanas, e sobretudo do sul do Líbano, onde os ataques israelenses eram mais intensos na Guerra Civil) a buscar uma saída por meio da emigração para destinos tradicionais (Estados Unidos, Canadá, Austrália, Brasil), para o entorno (países do Golfo) e para a Europa (França, Alemanha, Grã-Bretanha e Leste Europeu).

Contabilizando a saída de 990 mil pessoas, ou 40% da população, nesses quinze anos, o conflito tem marcado os estudos migratórios libaneses por todas as características apontadas, além de estar ligado aos fluxos de retorno com o arrefecimento da guerra nos anos 1990 e as tentativas de reconstrução do país desde então. Ainda assim, o clima de instabilidade permaneceu com a presença de Israel no sul do Líbano, culminando na invasão israelense e na Guerra de Julho de 2006. Crise política e assassinatos; fissuras sociais, sectarismo religioso, clientelismo; economia frágil e dependente de setores voláteis como o turismo, negócios, bancos e finanças; classe hegemônica fragmentada; abismo entre as cidades, a capital e as áreas rurais dificultam a ideia de um pertencimento nacional, fazendo com que os fluxos migratórios se mantenham constantes em prol da melhoria de vida do grupo familiar e doméstico. Paradoxalmente, nos anos 1990 é que se constataram as tentativas de retorno daqueles que partiram antes da Guerra Civil e voltam nostalgicamente ao país; dos que nutrem esperanças de reconstrução do país com o fim da guerra; e dos que retornarão sazonalmente, repetindo a fórmula: ano que vem, no verão, no Líbano.

RETORNADOS: DE VOLTA AO LAR

Para Abdelmalek Sayad (1998), o retorno é condição inerente ao ato de emigrar e, portanto, parte do processo migratório. Se ele se concretiza ou não, ou como ele se concretiza, dependerá das circunstâncias da emigração, do projeto migratório, da experiência da imigração, da vinculação e manutenção dos laços com a terra natal, das formas de inserção no local de destino, da manutenção dos aspectos identitários (língua, religião, costumes), da duração e da formação de famílias e de gerações nos países de acolhida. Quanto mais recente o processo migratório, maior a probabilidade de retorno; quanto mais longeva a chegada do imigrante, mais estabelecido estará esse grupo, e a terra natal torna-se uma memória afetiva e identitária. O retorno, esporádico, converte-se em pequenas visitas em busca das raízes familiares, da origem, dos laços cortados ou se efetiva no restabelecimento no país, seja dos emigrantes retornados, seja das gerações que seguem o caminho inverso dos pais.

Relatos de imigrantes, livros de memórias e publicações dos pioneiros ressaltaram que as primeiras ondas migratórias enfatizaram a ruptura com o Líbano, evidenciada pela adaptação ao local de acolhida, pelo abandono da língua árabe pelos primeiros emigrantes, pela inserção nas comunidades religiosas locais, na adaptação dos nomes à língua nacional, nos casamentos mistos, na escolha de nomes ocidentais para os filhos, na expressão da lealdade ao novo país com a naturalização quando havia essa possibilidade. Quanto mais remota a emigração, quanto mais estabelecido o imigrante em termos geracionais (terceira ou quarta geração), mais se articulará o discurso dos que afirmam que partiram para nunca mais voltar, que partiram rompendo os laços com a comunidade original, que abandonaram a língua materna ou não a ensinaram aos filhos para que estes se sentissem como nacionais, ou ainda que se adaptaram aos hábitos, costumes, tradições e matrizes religiosas para criar na imigração uma nova vida. Tais posições, mais tarde e ao longo das gerações, se contradisseram com os descendentes que retornam ao Líbano para recuperar uma memória afetiva e ancestral.

A emigração pode ter sido sem volta, mas os laços com o país natal serão mantidos pela manutenção do contato com os que ficaram, com a responsabilidade de fornecer recursos econômicos para serem aplicados na vida local e doméstica, como também na formação de associações e entidades para criar e manter vínculos identitários com o local de origem. Jornais bilíngues, clubes, sociedades de benemerência e filantrópicas, entidades religiosas, manutenção do núcleo familiar e do contato com a família no país de origem, hábitos alimentares e casamentos endogâmicos marcaram a forma de inserção desses imigrantes que, ao mesmo tempo que buscavam formas de integração, também se mantiveram ligados e atentos aos acontecimentos no lar ancestral.

A possibilidade de retorno está na questão da facilidade de circulação das pessoas, na melhoria dos meios de comunicação e transportes, no encurtamento do tempo de viagem – com a possibilidade de cruzar continentes não mais pelas vias marítimas, e sim pelas aéreas – e, sobretudo, na permanência de familiares no país, mantendo-se como elo entre duas pontas: a dos que partiram e a dos que ficaram. Na longa história da emigração libanesa e de sua comunidade diaspórica, os expatriados mantiveram-se ligados social, econômica e politicamente com sua terra natal, em menor ou maior proporção, mas o incremento dessa ligação, em termos de intensidade, volume e características, evidencia-se no interesse em assuntos públicos de seu país (guerras, crises políticas, crises econômicas) e nas atuações solidárias em momentos de crise, incidentes ou catástrofes, sobretudo na possibilidade de acompanhar os acontecimentos pela conexão com os familiares, pelas pessoas que circulam nas visitas esporádicas, pelos noticiários do Líbano e de outros países árabes e, nas últimas décadas, pela massificação da internet e suas redes sociais.

O envio de remessas, ato que acompanha os movimentos migratórios iniciais, é o primeiro sinal dessa conexão. É preciso considerar antes as facilidades para o envio de recursos, seja de modo informal, quando os que retornam para visitas esporádicas ou para a realização de casamentos levam consigo para seus familiares ou em nome de outras famílias parte da riqueza acumulada; seja de modo formal, a partir do sistema econômico e financeiro internacional, por meio de bancos ou instituições similares, ou por um sistema de transferência conhecido como *hawala*, que envolve um emissor, um intermediário e um receptor e que se traveste de outras formas de negócios que permitem essa circulação de recursos, como agências de viagens, por exemplo.

Esse envio e a aplicação dos recursos devem ser entendidos e analisados em duas perspectivas: familiar e doméstica (microssocial), e comunitária e regional (macrossocial). No primeiro aspecto, o familiar e doméstico, o envio de remessas destinadas aos familiares impactou consideravelmente a vida social e econômica do Líbano, seja pela compra de terras e o consequente aumento de terras cultiváveis, seja pela construção ou reconstrução de suntuosas casas, que passaram a representar o sucesso econômico da emigração, tanto nos vilarejos cristãos do Monte Líbano como nas vilas rurais muçulmanas do Vale do Bekaa, e se traduziram como cartão de visita da nova posição social da família no grupo, na comunidade, na vila ou na cidade, passando de uma condição baixa para posições médias ou mesmo altas no estrato social. Mudanças nos hábitos de consumo, aquisição de bens não duráveis e outros produtos, patrocínio de festas de casamento, investimento na saúde e na educação dos mais jovens, investimento em pequenos negócios (comércio, prestação de serviços) são exemplos da aplicação de remessa em seus aspectos microssociais.

Já nos aspectos macrossociais, o envio de remessas contribui para auxiliar na estabilidade econômica, e mesmo no crescimento e desenvolvimento do setor e, ao mesmo tempo que concretiza o retorno, também mantém a migração como processo contínuo, já que o possível sucesso a ser alcançado fora do país pode refletir na equiparação de status econômico e social das famílias que ficam. Ainda que o suporte financeiro aos parentes e conterrâneos seja o objetivo central desses investimentos, o apoio em obras públicas, a construção de escolas e universidades, clínicas e hospitais, templos religiosos, equipamentos culturais, centros comunitários, suprindo as necessidades locais na ausência ou na inoperância do Estado, também evidencia a conexão e a participação na vida pública do país, seja na efetivação do retorno, seja na manutenção da vida diaspórica ou transnacional.

Os investimentos são operados por instituições religiosas, de bem-estar, caridade ou filantropia, que atuam diretamente nas comunidades para onde estão destinados, ou por meio de partidos políticos e apoio a candidatos que reforçam os laços familiares, os comunitários, as amizades e destacam a notoriedade dos que investem em seus vilarejos de origem. À permanência dos subgrupos no poder (famílias, vilarejos, comunidades religiosas) juntam-se famílias migrantes bem-sucedidas, como Hariri, Meqati, Safadi, Faris, que fizeram fortuna na emigração e retornaram para se inserir na sociedade e disputar o poder com os grupos tradicionais da política, como Frangieh, Jumblatt, Chamoun, renovando a elite política no país, ao menos nominalmente. Interferindo diretamente no campo político, a comunidade diaspórica é convidada a participar das eleições parlamentares, votando em embaixadas, consulados e representações, como também empreendendo viagens ao país com essa finalidade, usando recursos próprios ou sendo patrocinados pelos candidatos comunitários.

Envio de remessas, investimento no país, migração de retorno impactam o desenvolvimento da população libanesa, sua mobilidade social, sua atuação política e comunitária, reforçam as conexões intensas que os emigrantes mantêm com o lar e dimensionam a esfera pública da emigração para além dos efeitos domésticos e pessoais. Ainda assim, há poucos estudos que tratam do tema do retorno, da influência das comunidades emigrantes no Líbano, além da falta de dados que evidenciem a proporção da migração de retorno. Em relação aos que retornam é preciso considerar suas características distintas: os que retornam esporadicamente (visitas, casamentos, férias); os que se dividem, partes do ano, entre dois países; os que retornam mas voltam a emigrar para o mesmo país ou para outros destinos; os que se restabelecem definitivamente no país natal; e os impactos sociais, econômicos, culturais e mesmo conflituosos entre os *insiders* e os *outsiders*. De todo modo, o que há em comum nesse retorno é a manutenção dos laços, que nunca foram rompidos ou, caso tenham sido, a criação de meios para essa religação e reconexão. Os que retornam fazem isso a partir de um planejamento: construção de casas, investimentos, pequenos negócios que permitam viver no país e se enraizar na comunidade novamente, o que significa ultrapassar as diferenças culturais adquiridas na imigração. O retorno é, nesse caso, uma nova imigração.

Já para aqueles que perderam, ao longo das gerações ou por questões dos conflitos civis, a conexão com o Líbano, o Estado libanês e outras instituições atuam para reavivar a memória ancestral. Em uma dimensão governamental, a existência de um Ministério das Relações Exteriores e dos Emigrantes coloca a comunidade expatriada em uma posição privilegiada nos assuntos de Estado, e a criação do Dia Internacional do Expatriado Libanês, comemorado em 15 de março, demonstra a importância dada aos emigrantes. Além do incentivo à solicitação da nacionalidade libanesa e do registro de crianças nascidas fora do país, visitas ao país organizadas por instituições religiosas visam reconectar os jovens descendentes de emigrantes ao país ancestral e reavivar a identidade libanesa fora do Líbano.

Outros projetos podem ser identificados e compreendidos dentro do empreendimento de retorno, com destaque para três ações que objetivaram conectar a comunidade expatriada ao país de origem. O Solidere (Société Libanaise pour le Développement et la Reconstruction du Centre-ville de Beyrouth; em português, Companhia Libanesa para o Desenvolvimento e Reconstrução do Distrito Central de Beirute), que, ainda que tenha se configurado como um grande negócio público-privado e recebido todas as críticas à forma de sua execução, está diretamente associado à figura de Rafiq Hariri, um emigrante libanês que retornou e investiu em seu país de origem.

A WLCU (World Lebanese Cultural Union; em português, União Cultural Mundial Libanesa), foi criada em 1960 por imigrantes libaneses estabelecidos no México, sob a liderança de Jorge Trabulse Hindi, com o objetivo de conectar os libaneses e seus descendentes espalhados pelo mundo com a terra natal, tendo como ponto de conexão as questões culturais e os vínculos afetivos com o país. No entanto, a eclosão da Guerra Civil em 1975 e as fissuras políticas, sociais e religiosas do conflito reverberaram na organização e em seus objetivos iniciais e, como consequência, grupos rivais passaram a reivindicar a liderança do projeto, levando a sua descontinuidade a partir dos anos 2000.

O Programa TOKTEN (Transfer of Knowledge Through Expatriate Nationals; em português, Transferência de Conhecimento entre Nacionais Expatriados) é parte do Programa das Nações Unidas para o Desenvolvimento (PNUD) e teve uma efêmera atuação entre os anos 1990 e 2010, baseando-se na perspectiva da transferência de conhecimento dos expatriados na terra natal a partir do trabalho voluntário.

As três ações podem ser compreendidas na perspectiva do dever moral com a pátria ancestral, bem como na de contribuir para a melhoria das condições de vida do país para onde seja possível, caso se deseje, retornar.

IMIGRANTES: DO MUNDO PARA O LÍBANO

Um lugar de refúgio. Uma imagem romântica e idealizada das montanhas libanesas como local geográfico favorável para o assentamento das mais diferentes comunidades religiosas, uma alternativa às perseguições e à intolerância, e como a possibilidade de praticar a fé num país hospitaleiro. Foi com essa visão que comunidades cristãs, como maronitas, melquitas e armênios católicos, chegaram às montanhas libanesas, fugindo da perseguição empreendida pelos bizantinos na Síria; que a população de Chuf se converteu à fé drusa; que comunidades xiitas (duodecimalistas, ismaelitas, nuseritas) se estabeleceram na região por volta dos séculos X e XI.

Desde o final do século XIX até as primeiras décadas do século XX, o território libanês também se tornou destino para populações que sofriam perseguições políticas ou as consequências de conflitos étnicos e regionais. Foi o caso dos armênios perseguidos pelos otomanos, que encontraram em Aanjar um novo lar; dos nestorianos, assírio-caldeus e curdos do Iraque, que se espalharam pelo Líbano, criando mais uma faceta do mosaico religioso do país; dos refugiados provenientes do Egito, da Síria e do Iraque, nos anos 1950, que buscavam alternativas aos conflitos e revoluções que sacudiam a região; dos que deixaram a África em decorrência das lutas de independência, ou, em vagas mais recentes, por causa da insegurança alimentar, como foi o caso de etíopes, senegaleses e somalis, que entraram no país a partir de 1980; e de trabalhadores árabes do Kuwait, que partiram e se estabeleceram no Líbano para escapar da ocupação e da Guerra do Golfo de 1990-1991.

Em outra perspectiva, o êxodo provocado pela criação do Estado de Israel, em 1948, e pelas guerras árabe-israelenses faz da presença palestina nos campos de refugiados um capítulo à parte nos deslocamentos populacionais direcionados ao Líbano, ao mesmo tempo que se renova com a presença dos refugiados sírios que adentram o Vale do Bekaa como decorrência do conflito civil em curso no país vizinho desde 2011. Nos dois casos, as cifras contam-se em milhares e em milhões, respectivamente, e o pequeno país absorve a população deslocada, sofrendo grande impacto tanto do ponto de vista da garantia de suas condições de vida como da geração de conflitos com grupos locais que recusam essa presença.

Ainda assim, Dagher (2001) lembra que o decreto presidencial de junho de 1994 permitiu a naturalização de centenas de milhares de imigrantes de origem árabe, como palestinos, sírios e iraquianos, e não árabes, como os curdos. Para a autora, isso resultou no crescimento de uma população muçulmana, que representava 85% das 130 a 250 mil pessoas que optaram pela nacionalidade do país. Entre os aproximadamente 400 mil palestinos, apenas 6 mil conseguiram a naturalização.

Finalmente, é necessário considerar a presença de cingaleses, filipinos, indianos, paquistaneses, vietnamitas, bengalis, etíopes, entre outros, que chegam numa forma peculiar do fluxo migratório: com visto destinado ao trabalho doméstico, atingem uma cifra superior a 200 mil pessoas. Para adentrar o país com esse tipo de visto, chamado *kafala*, o imigrante-trabalhador depende do patrocínio de um cidadão libanês que se torna seu empregador, responsável por seu visto de entrada e por garantir suporte legal a sua permanência no país. Considerada uma forma de escravidão moderna, tem atingido sobretudo mulheres, que, longe de ter a garantia de seus direitos trabalhistas, são apadrinhadas pelos próprios empregadores, tornando-se dependentes e vulneráveis a todo tipo de exploração.

Dessa forma, se a emigração libanesa se engendrou como uma possibilidade de melhoria das condições de vida para os que se aventuravam além-mar e como alternativa aos conflitos e perseguições, é na perspectiva inversa, a dos que imigraram para o Líbano em busca de refúgio e de trabalho, que o país deve ser pensado como dinâmica migratória peculiar.

Para finalizar esta discussão, é importante ressaltar a importância dos estudos migratórios para a compreensão da história do Líbano nos últimos séculos e nas recentes décadas. Há muitos dados que evidenciam como a imigração foi e continua sendo um fenômeno político, econômico, social e cultural dos mais relevantes no país. Se a emigração provoca o esvaziamento de seu capital humano – a chamada "fuga de cérebros", com as mais diferentes habilidades e ocupações qualificadas ou não –, a imigração atrai aqueles que fogem dos conflitos e da pobreza no próprio país, sendo o Líbano uma oportunidade de sobrevivência. Do mesmo modo, a emigração e a imigração mantêm as pessoas ligadas a seu respectivo país de origem, faz o capital circular, preserva a conexão entre os *insiders* e os *outsiders*, entre os que ficam e os que partem, sendo a terra, o Líbano, o ponto ou o porto de convergência das idas e vindas das mais diferentes populações em trânsito global.

As migrações podem ser entendidas como uma fissura, uma tragédia, uma cicatriz, uma marca indelével na memória dos que partem, dos que ficam, dos que retornam e dos que chegam, aos poucos ou em fluxos, em pequenas ou grandes levas, dos que fogem e dos que se refugiam.

A título de permitir a amplitude do debate e da relevância do tema em suas diferentes dimensões, apontamos três produções cinematográficas que tratam do tema deste capítulo. A primeira delas é *Yara* (2018), um longa de Abbas Fahdel, que retrata a história de uma menina e de sua avó, que vivem sozinhas e isoladas no Vale do Kadicha, a sudeste da cidade costeira de Trípoli, que abriga um antigo mosteiro cristão e cuja população morreu ou emigrou. A chegada de um jovem põe em questão o dilema "partir ou ficar", o drama do povo libanês.

Já *Cafarnaum* (2019), de Nadine Labaki, põe em cena o drama dos refugiados sírios, dos indocumentados etíopes, senegaleses, quenianos, das mazelas sociais provocadas pela guerra, pela pobreza, pela fome, pelo tráfico humano, a outra faceta dos deslocamentos modernos. Cafarnaum, o lugar de tumulto e de desordem, também é o outro Líbano, não o idílico e bucólico dos vales e das montanhas, mas a periferia pobre, feia e miserável de Beirute, longe das referências europeias pelas quais a capital ficou conhecida.

Por fim, em *O insulto* (2017), de Ziad Doueiri, o conflito judicial entre um cristão maronita e um refugiado palestino expõe o tema da alteridade que acompanha os fluxos migratórios humanos e os dilemas entre a aceitação e a recusa da presença do outro, um tema essencial dos estudos migratórios contemporâneos.

10.
Era só o que faltava: a exploração de petróleo e gás como fator de risco para o Líbano

MURILO MEIHY

LÍBANO CONTEMPORÂNEO: UMA ECONOMIA EM FRANGALHOS

Em setembro de 2022, uma jovem libanesa de 28 anos, chamada Sali Hafiz, foi a protagonista de uma das cenas mais controversas do Líbano atual. Com o intuito de pagar as despesas médicas do tratamento de sua irmã contra um câncer, Hafiz assaltou uma agência do BLOM Bank, em Beirute, levando, à força, cerca de US$ 13.000 em economias da conta de sua irmã. Assim como no caso dessa família, aportes financeiros privados haviam sido congelados por controles de capital impostos da noite para o dia por bancos comerciais, em 2019, mas nunca autenticados pela legislação do país (AZHARI e MADI, 2022). As imagens divulgadas do circuito interno de segurança da agência bancária mostram a jovem engatilhando uma arma, que, após investigação, confirmou-se ser uma arma de brinquedo. A opinião pública libanesa acolheu Sali Hafiz como uma heroína local, voltando sua indignação aos bancos privados e ao sistema político impopular do país, visto como o principal responsável pela maior crise financeira da história libanesa contemporânea.

A situação econômica da República do Líbano nos últimos anos segue desesperadora. Os dados do Banco Mundial sobre o Produto Interno Bruto (PIB) do país entre 2019 e 2021 são tão críticos, que o atual cenário econômico do Líbano pode ser o pior já enfrentado por seus cidadãos desde que sua independência foi internacionalmente reconhecida, em 1943. Para uma economia que já havia demonstrado uma tímida retração de 1,7%, em 2018, o ano seguinte apresentou uma queda brutal de 7,2%, chegando a 21,4%, em 2020, e aproximadamente 7%, em 2021.* As explicações para esse fenômeno são variadas, desde os velhos problemas estruturais do país, até novos sinais de fragilidade política e social. A lista de dificuldades e desafios é interminável, sendo os mais significativos: a) desvalorização brutal da libra libanesa em relação ao dólar; b) inflação anual galopante, chegando a 221,3%, em 2023, e com estagnação salarial recorde; c) o consequente severo empobrecimento da população; e, por fim, d) uma dívida pública estimada em 211,3% do PIB, em 2023.**

Com uma economia historicamente dependente do setor de serviços, beneficiada pelo turismo, comércio, atividades bancárias, remessas estrangeiras oriundas de sua diáspora, e forte tradição de livre mercado, o Líbano foi um dos países mais duramente impactados no campo econômico pela crise sanitária mundial da covid-19. Além disso, ainda teve que incluir no seu cenário de crise o impacto social e econômico da explosão de seu principal porto, em Beirute, no dia 4 de agosto de 2020. As imagens divulgadas do momento em que 3 mil toneladas de

---

* https://data.worldbank.org/indicator/NY.GDP.MKTP.KD.ZG?end=2021&locations=LB&start=1989&view=chart

** https://tradingeconomics.com/lebanon/government-debt-to-gdp#:~:text=Lebanon%20recorded%20a%20Government%20Debt,Gross%20Domestic%20Product%20in%202022.

nitrato de amônio armazenadas explodiram no litoral de Beirute chocou o mundo. Tratou-se de uma das maiores explosões não nucleares da história da humanidade, levando à destruição da cidade, em um raio de aproximadamente dez quilômetros de seu epicentro, com cerca de 220 mortos e 6.500 feridos (CHEAITO, M. A. e AL-HAJJ, 2020).

Como forma de diversificação de sua economia e geração rápida de recursos financeiros para sair da crise, o Líbano parece caminhar para o resgate de uma descoberta realizada, em 2010, pela empresa norte-americana Noble Energy, hoje incorporada ao grupo Chevron Corporation. Trata-se do campo de Leviatã, na chamada bacia do Levante, no Mediterrâneo Oriental, a maior descoberta de reservas de gás natural e petróleo de exploração *offshore* dos anos 2010. As demandas libanesas por energia elétrica e ativos econômicos que garantam solvência à dívida pública do país fazem com que a reivindicação desses recursos energéticos seja considerada essencial para o futuro de seu Estado nacional.

A DISPUTA: GÁS, PETRÓLEO, TERRA E MAR

O clima de instabilidade regional que já acompanha a região desde a primeira guerra árabe-israelense, em 1948, pode escalonar a partir dos interesses dos países do Mediterrâneo Oriental por esses recursos. No embate pela exploração do campo de Leviatã estão diretamente envolvidos Líbano, Chipre e Israel. A disputa pelo reconhecimento de fronteiras marítimas sempre esteve presente na região, mas, até agora, em uma condição secundária, principalmente entre Líbano e Israel, se comparada com os confrontos terrestres históricos envolvendo os dois países. Desde a Guerra de Junho de 1967, o Líbano continua tendo seu território ocupado pelo Exército israelense. As chamadas Fazendas de Chebaa, uma área de aproximadamente 35 quilômetros quadrados no sudeste do Líbano, seguem sob o domínio unilateral de Israel, que se beneficia da posição estratégica dessa porção de terra na tríplice fronteira entre os dois países e a Síria, além do valor de suas terras férteis para a região.

Em 2007, após atividade cartográfica na região, a Organização das Nações Unidas reiterou que as Fazendas de Chebaa se encontram em território libanês e pediu a retirada das tropas israelenses do local.* Obviamente, Israel não valida o arbítrio das Nações Unidas nesse caso, o que alimenta ainda mais as hostilidades entre os dois países, dificulta o entendimento em outras questões de soberania nacional como o estabelecimento das fronteiras marítimas, e impede que ambos se beneficiem dos ganhos econômicos desses ativos. Nesse sentido, há aqui condições mais do que favoráveis para o aumento futuro das tensões entre Líbano e Israel, o escalonamento das tensões regionais históricas, e o aprofundamento da crise econômica libanesa.

Na visão de alguns autores, a exploração do campo de Leviatã é uma questão complexa sem perspectivas de solução, mas, ao contrário, com grandes chances de agravamento dos conflitos vigentes. A manutenção do estado de guerra entre Líbano e Israel impedirá acordos bilaterais efetivos capazes de garantir a exploração dos recursos, ainda que esses países necessitem de fontes de gás natural para o seu próprio desenvolvimento econômico (ABOULTAIF, 2017). Além disso, existe a possibilidade de que o campo de Leviatã seja maior do que semagina inicialmente, podendo se estender para as fronteiras marítimas de outros países da região, como o Egito. E, por fim, o ponto mais crítico dessa disputa é a possibilidade de a reivindicação do campo de gás e petróleo ser incorporada à luta territorial e

---

* https://g1.globo.com/Noticias/Mundo/0,,AA1584258-5602,00-ONU+PEDE+A+ISRAEL+QUE+SE+RETIRE+DAS+FAZENDAS+DE+SHEBAA.html.

ao reconhecimento oficial de um Estado da Palestina, já que, independentemente das ocupações israelenses ao longo dos últimos 70 anos, a Faixa de Gaza é indiscutivelmente palestina, bem como a sua área marítima subsequente.

O QUE FALTAVA: A MALDIÇÃO DA RIQUEZA

A produção de petróleo e gás em cenários geopolíticos considerados estáveis apresenta desafios que, certamente, serão potencializados pelo clima de tensão envolvendo o Mediterrâneo Oriental nas últimas sete décadas. Ao lado das instabilidades econômicas, sociais e políticas do Líbano nesse panorama, a descoberta de grandes reservas de gás e petróleo com potencial de exploração pode ser o elemento final de uma catástrofe que aprofundará ainda mais a fragilidade libanesa como Estado nacional e sociedade civil. A fronteira entre o reconhecimento dos ganhos extraídos da exploração de recursos energéticos como antídoto ou veneno da crise econômica nacional é tão tênue, que não há consenso sobre como pode ser o futuro do Líbano. O risco da má gestão dos recursos energéticos é potencializado pelo histórico de incompetência do Estado libanês em resolver questões mínimas de sua estrutura, sobretudo a solvência financeira, a oferta de serviços básicos como energia elétrica, e até mesmo a ratificação de um presidente da República pelo Parlamento.

A gestão das receitas da exploração de recursos energéticos, quando feita sem a devida fiscalização e zelo, pode levar determinado país ao enfrentamento daquilo que se costuma descrever como as "maldições" que acompanham a descoberta de gás e petróleo em países emergentes. O primeiro aspecto a ser considerado é o fato de que a dependência desses recursos tende a volatilizar a economia nacional, deixando-a mais suscetível às vulnerabilidades do preço dessas *commodities*. O caso histórico da

Líbia nos anos 1980 mostra-se como um alerta, já que gerou déficit orçamentário, instabilidade interna, e até mesmo um giro significativo na política externa líbia, que passou a adotar uma postura mais cooperativa com as potências ocidentais (MEIHY, 2017).

Além disso, outro fator a ser considerado é que a produção ou exploração de petróleo e gás pode ser reconhecida como um elemento de mudança negativa nos índices de desigualdade de renda entre trabalhadores locais, já que a indústria do setor energético emprega poucos trabalhadores, e, na sua grande maioria, exige uma qualificação profissional que não alcança a maioria da mão de obra disponível. Ainda que a arrecadação de impostos aumente, dando certo alívio ao governo, os rendimentos reais dessa indústria concentram-se entre um percentual pequeno de trabalhadores, principalmente em países emergentes, ou com sérios problemas de formação de mão de obra qualificada para o setor, como o Líbano. Em um efeito dominó irrefreável, a partir de uma tímida formação de oferta de trabalho, o empobrecimento da população ganha uma escala galopante, o que desacelera o crescimento econômico do país, aprofundando ainda mais o abismo social entre ricos e pobres.

No caso libanês, um cenário interno de profundas distorções sociais pode também aumentar as hostilidades políticas e sociais históricas entre os grupos confessionais que formam a sociedade civil libanesa. Um Estado nacional dependente de um frágil Pacto Nacional fundante baseado em divisões do poder político entre grupos confessionais, como no caso Parlamento libanês, pode aumentar as percepções depreciativas sobre grupos rivais, fazendo com que o fantasma da Guerra Civil, que atingiu o Líbano entre 1975 e 1990, renasça como um enfrentamento pelo controle dos recursos advindos das *commodities* do setor energético (Id., 2016).

Outro ponto sobre os riscos do surgimento de uma economia voltada aos recursos do petróleo e do gás no Líbano é a percepção de que onde há a dependência dos lucros da exploração de hidrocarbonetos ocorre a formação de governos autoritários ou antidemocráticos, especialmente devido à redução de dependência fiscal do governo. Tomando como modelo regimes políticos de Estados rentistas que se tornaram independentes no século XX, tais como, Arábia Saudita, Argélia, Emirados Árabes Unidos, Irã, Iraque, Kuwait, Líbia e Qatar, a emancipação política que passaram em relação aos antigos colonizadores afiançou certa soberania sobre os recursos nacionais, porém, com os ganhos econômicos concentrados nas mãos de uma elite política local. A forma mais eficiente de se garantir o controle desses recursos é o mando sobre o Estado, o que deu a essas elites a condição de atuar como governo, substituindo a extração tributária de recursos econômicos da população por ingressos gerados pela exportação de *commodities*. Com isso, sem a pressão da cobrança fiscal, a relação do Estado rentista com a população não é de arrecadação de recursos, mas, sim, de distribuição dos ganhos produzidos pela economia rentista. Nesse contexto, a noção de participação popular na política, pelo exercício da cidadania e pela construção de uma agenda social a ser reivindicada, é substituída pela dádiva das elites que controlam o Estado, concentrando o poder nas mãos dessa mesma elite e formando um governo mais autoritário que permite cada vez menos a participação da população na tomada de decisões (IZQUIERDO BRICHS, 2007).

A possibilidade de diminuição da atuação popular em um sistema político prontamente considerado incapaz de atender os anseios dos cidadãos é tudo o que o Líbano não precisa no seu futuro já incerto. O sistema eleitoral e político baseado no Pacto Nacional, que distribui o exercício da cidadania em distritos confessionais, permitiu que a estrutura administrativa do governo fosse construída e mantida nas mãos de um arranjo elitista até a atualidade. O aumento do poder das elites com a adoção de um modelo rentista baseado na exploração de petróleo e gás pode significar não apenas o afastamento maior da participação popular na política libanesa, mas, também, a impossibilidade de uma mudança social, política e econômica local que garantisse um Estado laico e de igualdade civil plena.

Para além do autoritarismo, existem outros cenários vividos pelos países exportadores de petróleo e gás que precisam ser considerados. A chamada "doença holandesa", conceito comum no campo dos estudos petrolíferos, é um mau passo econômico de alto risco para o contexto libanês. Por definição, a doença holandesa é um fenômeno observável de forte desindustrialização econômica em razão da descoberta de recursos naturais, que aumenta significativamente o valor da moeda nacional pelo influxo crescente de divisas oriundas de *commodities* (BRESSER-PEREIRA, 2020; CASTELO BRANCO, 2018). A chegada desses ingressos geraria a imediata capacidade de solvência da dívida pública e, portanto, a valorização da taxa de câmbio. Ao lado da doença holandesa, outra condição própria do fenômeno das economias de hidrocarbonetos pode causar grande impacto ao Líbano: o modelo da "doença nigeriana". Observável originalmente em alguns cenários africanos, tal modelo mostra que em vez da redução dos índices de pobreza e o aumento do crescimento econômico, os ingressos das *commodities* de energia podem significar um enorme desperdício de dinheiro público e o descontrole do nível de corrupção no interior das distintas esferas do Estado rentista. Em vez do uso dos novos ingressos para uma política de diversificação econômica, a confiança na permanente entrada dos rendimentos da produção e exportação do petróleo e do gás alimenta o vício da dependência desses ganhos, independente da volatilidade de preços que atinge esse setor historicamente.

A corrupção como consequência da má administração dos ganhos do Estado fica mais difícil de ser resolvida quando há uma associação entre a aceitação dessa corrupção como um comportamento padrão que compensa o fracasso das instituições públicas. Por essa razão, esse é um problema já vivido pelo Estado libanês e que pode ser aprofundado, como sugere o possível cenário da doença nigeriana. Nesse caso, os baixos indicadores de governança no país, de acordo com o Banco Mundial, são responsáveis pela presença do problema da corrupção no Líbano, perceptível, sobretudo, em atos de suborno, compra de votos e roubo de energia elétrica. Porém, um dos fatores mais expressivos dessa percepção da presença da corrupção na sociedade local é a manutenção do peso da Guerra Civil na sociedade (HAYKAL, 2017). O que valia como uma estratégia de sobrevivência durante os períodos de conflito interno tornou-se a prática social cotidiana, e o aumento do fluxo financeiro no país, com petróleo e gás, ajudaria a normalizar ainda mais os pequenos privilégios de uma sociedade elitista e marcada por instituições frágeis.

No caso libanês, há ainda um risco importante a ser levado em consideração pela sua posição geográfica no Oriente Médio: o perigo de grandes desastres ambientais na zona econômica exclusiva do país, ou mesmo em toda a área de exploração *offshore*. O impacto da contaminação do território marítimo e terrestre libanês, bem como de seus vizinhos mais próximo (Palestina, Israel, Chipre, Turquia e Síria) afetaria desde o fornecimento de água pela deterioração dos rios e lençóis freáticos, até mesmo a produção de alimentos pela pesca e o turismo, principalmente no verão local (TAHER, 2017). Para os libaneses, a memória do uso de vazamento de petróleo como arma de guerra por Israel, em 2006, ainda é um fantasma a ser exorcizado, principalmente por conta dos prejuízos calculados em aproximadamente 850 milhões de dólares.*

---

* https://www.monitordooriente.com/20211119-onu-responsabiliza-israel-pelos-danos-do-vazamento-de-petroleo-no-libano-em-2006.

AS VÍTIMAS PRIORITÁRIAS: MULHERES E POPULAÇÃO PALESTINA

Qual o real tamanho da possível desgraça que se avizinha para a República do Líbano? Com reservas potenciais em torno de 1,7 bilhão de barris de petróleo e 122 trilhões de pés cúbicos de gás (WÄHLISCH, 2011), a exploração da bacia do Levante possui grandes chances de ser o novo fator de conflito envolvendo, sobretudo, Israel e Líbano. Para além do enfrentamento direto entre suas forças militares e paramilitares, a disputa por esses recursos trará prejuízos ainda maiores para alguns personagens locais e regionais. O primeiro deles, a partir dos efeitos internos da chegada desse capital, é a consequência da exclusão paulatina das mulheres da força de trabalho libanesa. O boom da nova riqueza fará pressão para o aumento de bens para o mercado interno, principalmente nos setores da construção e do varejo, gerando uma queda em outros setores produtivos, como a agricultura e a manufatura, ambos com maior participação da mão de obra feminina em países emergentes. Assim, ainda que a chegada da indústria de petróleo e gás gere um possível aumento de salários vigentes, isso ocorre com especial ênfase em atividades laborais qualificadas, que, em países como o Líbano, atinge muito mais a mão de obra masculina, socialmente encorajada aos estudos e aperfeiçoamentos, do que feminina. A estrutura social libanesa incorporou o trabalho feminino especialmente no comércio e em empregos de baixa remuneração no campo e nas fábricas, excluindo-o de setores considerados de "trabalho pesado", ou com contato franco com homens fora do espectro familiar. Portanto, parece ser uma hipótese possível considerar que o aumento no valor da produção de petróleo e gás reduzirá a participação das mulheres no mercado de trabalho libanês, e, sem o peso de suas demandas laborais e participação produtiva na sociedade e economia locais, consequentemente haverá a diminuição da influência política das mulheres no país (ROSS, 2008).

A redução do número de mulheres no mercado de trabalho e na constituição da participação política libanesa cria, como resultado imediato, a manutenção das instituições patriarcais no cenário nacional. Tomando a experiência de outros Estados nacionais ricos em hidrocarbonetos como Arábia Saudita, Argélia, Azerbaijão, Botswana, Chile, Gabão, Kuwait, Líbia, Mauritânia, Nigéria, Omã, e Rússia, a relação entre petróleo, gás e patriarcado é direta (ROSS, 2008). O que geralmente se atribui ao Islã como um elemento cotidiano de discriminação social das mulheres, mostra-se muito mais relacionado a fatores do setor produtivo nacional, do que dessa religião como meio de propagação de desigualdade de gênero, e, portanto, de valores antidemocráticos.

A outra consequência imediata da exploração de petróleo e gás na bacia do Levante é a conservação de um antigo problema que atinge a região como um todo nos últimos setenta anos: a sanha expansionista e colonialista de Israel (AOUDÉ, 2019). O desejo por mais recursos econômicos advindos da produção energética pode alimentar o impulso israelense em tomar para si porções de terra e de território marítimo ainda maiores do que aqueles que vêm sendo anexados desde 1948. Os constantes discursos de membros do governo de Israel com ameaças de invasão e ataques aos seus vizinhos como Líbano, Palestina e Síria comprovam que, do ponto de vista estratégico, a expansão e colonização da área já é uma realidade palpável. A ideia seria garantir maior controle israelense sobre as reservas a serem exploradas, e impedir que as economias nacionais de Estados rivais e inimigos angariassem recursos para amplo acesso ao mercado de material bélico e, desse modo, pudessem anular vantagens militares até agora mantidas nas mãos do Exército israelense. Para tanto, as incursões em direção ao sul do Líbano e à Faixa de Gaza poderiam ficar mais frequentes, escalonando para conflitos marítimos que rejeitariam a diplomacia como solução e conquistariam zonas de exploração exclusiva *offshore* libanesas e palestinas.

Em caráter conclusivo, o que definirá se o petróleo e o gás poderão ser um bem ou um mal para o Líbano e para a região do Levante é o bom senso que, até agora, não se manifestou historicamente na região. Da Guerra Civil aos ataques israelenses, os fantasmas que assombram o país insistem em se materializar e podem se fortalecer, alimentados por dinheiro e poder. Mas a questão ainda sem resposta é: se do solo e das águas libanesas brotarão o combustível para a solução da crise econômica ou mais sangue das vítimas que há décadas esperam por sensatez.

Referências

ABDULKARIM, Amir. *La Diaspora Libanaise en France. Processus migratoire et économie.* Paris: L'Harmattan, 1996.

ABOULTAIF, Eduardo Wassim. "The Leviathan Field Triggering a Maritime Border Dispute: Cyprus, Israel, and Lebanon". *Journal of Borderlands Studies*, 32(3), pp. 289-304 2017. <https://doi.org/10.1080/08865655.2016.1195700>*

ADGHIRNI, Samy. *Os iranianos.* São Paulo: Contexto, 2014.

AMIN, Samir. "O Imperialismo, passado e presente". *Tempo*, 18, pp. 77-123, 2005. <https://doi.org/10.1590/S1413-77042005000100005>

ANDERSON, Benedict. *Comunidades imaginadas: reflexões sobre a origem e a difusão do nacionalismo.* Trad. de Denise Bottmann. São Paulo: Companhia das Letras, 2008.

ANISTIA INTERNACIONAL. "Lebanon: human rights developments and violations", 1997. <https://www.amnesty.org/en/documents/mde18/019/1997/en/>

* Todos os links que constam nas referências foram acessados em 25 de julho de 2024 e estão disponíveis conforme indicado.

ANTONIUS, George. *The Arab Awakening: The Story of the Arab National Movement*. Beirute: Librairie du Liban, 1969.

AOUDÉ, Ibrahim G.. "Conflict Over Oil and Gas in the Mediterranean: Israeli Expansionism in Lebanon". *Arab Studies Quarterly*, 41(1), pp. 95–110, 2019. <https://doi.org/10.13169/arabstudquar.41.1.0095>

AZHARI, Timour; MADI, Emilie. "On the run, Lebanese woman who stole own savings says she's not the criminal". *Reuters*, 22 set. 2022. <https://www.reuters.com/world/middle-east/run-lebanese-woman-who-stole-own-savings-says-shes-not-criminal-2022-09-21/>

ARENDT, Hannah. *The origins of totalitarianism*. Boston: Mariner Books, 1973.

BARAK, Oren. "Don't mention the war? The politics of remembrance and forgetfulness in Postwar Lebanon". *Middle East Journal*, 61(1), pp. 49-70, 2007. <https://www.jstor.org/stable/4330356>

BARNETT, Michael. *Dialogues in Arab Politics: Negotiations in Regional Order*. Nova York: Columbia University Press, 1998.

BBC. "Lebanese Army Raids Syrian Refugee Camps in Arsal", 25 set. 2014. <https://www.bbc.com/news/world-middle-east-29370839>

BETTS, Alexander; LOESCHER, Gil (orgs.). *Refugees in International Relations*. Oxford: Oxford University Press, 2011.

BRANCOLI, Fernando. *Primavera árabe: praças, ruas e revoltas*. São Paulo: Desatino, 2013.

BRESSER-PEREIRA, Luiz Carlos. "Neutralizing the Dutch disease". *Journal of Post Keynesian Economics*, 43(2), pp. 298-316, 2020. <https://doi.org/10.1080/01603477.2020.1713004>

CAMMETT, Melani. *Compassionate Communalism: Welfare and Sectarianism in Lebanon*. Ithaca: Cornell University Press, 2015.

CARDOZO, Poliana Fabíula. *O Líbano ausente e o Líbano presente: espaço de identidades de imigrantes libaneses em Foz do Iguaçu*. Tese de doutorado em geografia. Universidade Federal do Paraná, Curitiba, 2012.

CASTELO BRANCO, Juliana F.. *Política energética: uma análise comparativa das normativas da AIE e da OPEP para a manutenção da Segurança do Sistema Energético (2005-2010)*. Tese de doutorado em história comparada. Universidade Federal do Rio de Janeiro, Rio de Janeiro, 2018.

CHEAITO, Karime Ahmad Borraschi. *Exército Nacional Libanês: reflexos do confessionalismo na instituição militar*. Marília: Lutas Anticapital, 2019.

CHEAITO, Mohamad Ali; AL-HAJJ, Samar. "A brief report on the Beirut port explosion". *Mediterranean Journal of Emergency Medicine & Acute Care*, 1(4), 2020. <https://doi.org/10.52544/2642-7184(1)4001>

CLARK, Janine A.; SALLOUKH, Bassel F.. "Elite strategies, civil society, and sectarian identities in postwar Lebanon". *International Journal of Middle East Studies*, 45(4), pp. 731-49, 2013. <https://www.jstor.org/stable/43304010>

CLEVELAND, William L.; BUNTON, Martin. *A History of the Modern Middle East*. Colorado: Westview Press, 2012.

COSTA, Renato José da. *O islamismo e suas implicações no processo democrático libanês*. Dissertação de mestrado em história social. Faculdade de Filosofia, Letras e Ciências Humanas, Universidade de São Paulo, São Paulo, 2006.

CRUZ, Rodrigo Ayupe Bueno da. *Lugares de interseção: espaços sagrados melquitas e dinâmicas identitárias no Líbano*. Tese de doutorado em antropologia. Universidade Federal Fluminense, Niterói, 2018.

DAGHER, Carole H.. *Bring Down the Walls. Lebanon's Post-War Challenge*. Londres: Palgrave Macmillan, 2001.

DAVISON, Roderic H. "Turkish Attitudes Concerning Christian-Muslim Equality in the Nineteenth Century". In: HOURANI,

Albert; KHOURY, Philip; WILSON, Mary C. (orgs.). *The Modern Middle East.* Londres: I.B. Tauris, 2005.

DEDMAN, Rachel. "Knowledge Bound. Ashkal Alwan and Alternative Arts Pedagogy in the Middle East". In: DOWNEY, Anthony (org.). *Future Imperfect. Contemporary Art Practices and Cultural Institutions in the Middle East.* Berlim: Sternberg Press, 2016.

DI SALVATORE, Jessica; RUGGERI, Andrea. "Effectiveness of Peacekeeping Operations". *Oxford Research Encyclopedia of Politics*, 2017. <https://doi.org/10.1093/acrefore/9780190228637.013.586>

DIONIGI, Filippo. *The Syrian refugee crisis in Lebanon: state fragility and social resilience.* Londres: Middle East Center, LSE, 2016. <http://eprints.lse.ac.uk/id/eprint/65565>

_______. "Statehood and refugees: Patterns of integration and segregation of refugee populations in Lebanon from a comparative perspective". *Middle East Law and Governance*, 9(2), pp. 113-46, 2017. <https://doi.org/10.1163/18763375-00902001>

DOWNEY, Anthony (org.). *Uncommon Ground: New Media and Critical Practices in Middle East.* Londres/Nova York: I.B. Tauris, 2014.

_______. *Dissonant Archives: Contemporary Visual Culture and Contested Narratives in the Middle East.* Londres/Nova York: I.B. Tauris, 2015.

_______. *Future Imperfect: Contemporary Art Practices and Cultural Institutions in the Middle East.* Berlim: Sternberg Press, 2016.

EL HUSSEINI, Rola. "Hezbollah and the Axis of Refusal: Hamas, Iran and Syria". *Third World Quarterly* 31(5), pp. 803-15, 2010. <https://doi.org/10.1080/01436597.2010.502695>

EL KHAZEN, Farid. *The Communal Pact of National Identities: The Making and Politics of the 1943 National Pact.* Oxford: Centre for Lebanese Studies/Oxonian Rewley Press, 1991.

_______. “Ending conflict in wartime Lebanon: reform, sovereignty and power, 1976-88”. *Middle Eastern Studies*, 40(1), pp. 65-84, 2004. <http://www.jstor.org/stable/4289887>

ELIA, Fadia. “Lebanon’s Oscar hopeful: An insult indeed – to the Palestinians”. *Middle East Eye*, 30 jan. 2018. <https://www.middleeasteye.net/opinion/lebanons-oscar-hopeful-insult-indeed-palestinians>

ELIAS, Chad. *Posthumous Images. Contemporary Art and Memory Politics in Post-Civil War Lebanon.* Durham/Londres: Duke University Press, 2018.

ERNI, Fiorella Larissa. “Tired of Being a Refugee: Social Identification among Young Palestinian Refugees in Lebanon”. Genebra: Graduate Institute Publications, 2013. <http://books.openedition.org/iheid/543>

FAKHOURY, Tamiraci. “Lebanon’s Consociational Politics in the post-2011: Middle East”. In: FELSCH, Maximilian; WAHLISCH, Martin (orgs.). *Lebanon and the Arab Uprisings: In the Eye of the Hurricane.* Nova York: Routledge, 2016.

_______; OZKUL, Derya. “Syrian refugees’ return from Lebanon”. *Forced Migration Review*, 62, pp. 26-8, 2019. <https://www.fmreview.org/return/fakhoury-ozkul/>

FISK, Robert. *Pobre nação: as guerras do Líbano no século XX.* Trad. de Vitor Paolozzi. Rio de Janeiro: Record, 2007.

_______. “Foreword”. In: KASSIR, Samir. *Beirut.* Berkeley: University of California Press, 2010.

GATTAZ, André. *Do Líbano ao Brasil: história oral de imigrantes.* Salvador: Pontocom, 2012.

GAUSE III, F. Gregory. “Beyond sectarianism: The new Middle East cold war”. *Brookings Doha Center Analysis Paper*, 11, pp. 1-27, 2014. <https://hdl.handle.net/1969.1/166935>

GHOSN, Faten; KHOURY, Amal. “Lebanon after the Civil War: Peace or the Illusion of Peace?”. *Middle East Journal*, 65(3), pp. 381-97, 2011. <https://www.jstor.org/stable/23012171>

GORIS, Indira; HARRINGTON, Julia; KÖHN, Sebastian. "Statelessness: what it is and why it matters". *Forced Migration Review*, 32, 2009. <https://www.fmreview.org/goris-harrington-kohn/>

GOVERNO DO LÍBANO e NAÇÕES UNIDAS. "Lebanon crisis response plan 2015-16", 16 dez. 2014. <https://www.unocha.org/publications/report/lebanon/lebanon-crisis-response-plan-2015-2016>

GROSFOGUEL, Ramón. "The epistemic decolonial turn beyond political-economy paradigms". *Cultural Studies*, 21(2-3), pp. 211-23, 2007. <https://doi.org/10.1080/09502380601162514>

HADOUCHI, Olivier. "Conversas com Jocelyne Saab". Seleção de várias entrevistas com Jocelyne Saab em Paris, de 2010 a 2013. Trad. de Camila Nogueira e Nathalia Dias. In: MABIRRA, Analu. *Catálogo da 2ª Mostra de Cinema Árabe Feminino*. Belo Horizonte, 2021.

HANAFI, Sari; CHAABAN, Jad; SEYFERT, Karin. "Social exclusion of Palestinian refugees in Lebanon: reflections on the mechanisms that cement their persistent poverty". *Refugee Survey Quarterly*, 31(1), pp. 34-53, 2012. <https://www.jstor.org/stable/45054713>

HARIK, Ilya F.. *Politics and Change in a Traditional Society: Lebanon, 1711-1845*. Princeton: Princeton University Press, 1968.

HAUGBOLLE, Sune. *War and Memory in Lebanon*. Nova York: Cambridge University Press, 2010.

HAYKAL, Sarah Hariri. "Social Norms and Conditional Corruption: The case of Lebanon". *European Scientific Journal*, 13(10), pp. 220-31, 2017.

HOBSBAWM, Eric. *A era do capital: 1848-1875*. Trad. de Luciano Costa Neto. São Paulo: Paz e Terra, 1977.

HOURANI, Albert. "Lebanon: Development of a political society". In: ______. *The Emergence of Modern Middle East*. Londres: Macmillan Press, 1981.

_______; SHEHADI, Nadim (orgs.). *The Lebanese in the World: A Century of Emigration*. Londres: Centre for Lebanese Studies/ I.B. Tauris, 1992.

_______. *Uma história dos povos árabes*. Trad. de Marcos Santarrita. São Paulo: Companhia das Letras, 2001.

HUDSON, Michael C.. "Palestinians and Lebanon: The Common Story". *Journal of Refugee Studies*, 10(3), pp. 243-60, 1997. <https://doi.org/10.1093/jrs/10.3.243>

HUMAN RIGHTS WATCH. "Syrians Deported by Lebanon Arrested at Home", 2 set. 2019. <https://www.hrw.org/news/2019/09/02/syrians-deported-lebanon-arrested-home>

HUYSSEN, Andreas. *Twilight Memories. Marking Time in a Culture of Amnesia*. Nova York: Routledge, 1995.

IÇDUYGU, Ahmet; NIMER, Maissam. "The politics of return: exploring the future of Syrian refugees in Jordan, Lebanon and Turkey". *Third World Quarterly*, 41(3), pp. 415-33, 21 out. 2019. <https://doi.org/10.1080/01436597.2019.1675503>

IZQUIERDO BRICHS, Ferran. "Poder y estado rentista en el mundo árabe". *Revista de Estudios Internacionales Mediterráneos*, 2, pp. 1-31, 2007. <http://hdl.handle.net/10486/670077>

JANMYR, Maja. "Precarity in exile: The legal status of Syrian refugees in Lebanon". *Refugee Survey Quarterly*, 35(4), pp. 58-78, 2016. <https://doi.org/10.1093/rsq/hdw016>

JAULIN, Thibaut. "Citizenship, migration, and confessional democracy in Lebanon". *Middle East Law and Governance*, 6(3), pp. 250-71, 2014. <https://hdl.handle.net/1814/39450>

KASSIR, Samir. *Beirut*. Berkeley: University of California Press, 2010.

KAUFMAN, Asher. "The Formation of an Identity in Lebanon in 1920". *Middle Eastern Studies*, 37(1), pp. 173-94, 2001. <https://doi.org/10.1080/714004369>

KHALAF, Samir. *Civil and Uncivil Violence in Lebanon: A History of the Internationalization of Communal Conflict*. Nova York: Columbia University Press, 2002.

KHALIDI, Rashid. "The Palestinians in Lebanon: The Repercussions of the Israeli Invasion". *Middle East Journal*, 38, pp. 255-66, 1984. <https://www.jstor.org/stable/4326798>

_______. "The Palestinian Dilemma: PLO Policy After Lebanon". *Journal of Palestine Studies*, 15, pp. 88-103, 1985. <https://doi.org/10.2307/2536578>

_______. *Under Siege: PLO Decision-making During the 1982 War*. Nova York: Columbia University Press, 1986.

_______. *The Hundred Years' War on Palestine: A History of Settler Colonial Conquest and Resistance*. Londres: Profile Books, 2020.

KHATIB, Lina. *Lebanese Cinema: Imagining the Civil War and Beyond*. Londres/Nova York: I.B. Tauris, 2008a.

_______. "Gender, citizenship and political agency in Lebanon". *British Journal of Middle Eastern Studies*, 35(3), pp. 437-51, 2008b. <https://doi.org/10.1080/13530190802525189>

_______. *Image Politics in the Middle East. The Role of the Visual in Political Struggle*. Londres/Nova York: I.B. Tauris, 2013.

KHOURY, Elias. *Porta do Sol*. Trad. de Safa Jubran. Rio de Janeiro: Record, 2008.

KNUDSEN, Are. "Widening the protection gap: the 'politics of citizenship' for Palestinian refugees in Lebanon, 1948-2008". *Journal of Refugee Studies*, 22(1), pp. 51-73, 2009. <https://doi.org/10.1093/jrs/fen047>

LEMOS, Gisele Cardoso de. *Literaturas pós-coloniais anglo-indiana e brasileira: questões profanas e sagradas*. Dissertação de mestrado em estudos da literatura. Departamento de Letras, Pontifícia Universidade Católica do Rio de Janeiro, Rio de Janeiro, 2008.

LÖWY, Michael. *Walter Benjamin: aviso de incêndio. Uma leitura das teses "Sobre o conceito de História"*. São Paulo: Boitempo, 2005.

MAKDISI, Karim. “Reconsidering the Struggle over UNIFIL in Southern Lebanon”. *Journal of Palestine Studies,* 43(2), pp. 24-41, 2014. <https://doi.org/10.1525/jps.2014.43.2.24>

MAKDISI, Saree. “Reconstructing History in Central Beirut”. *Middle East Report,* 203, 1997. <https://merip.org/1997/06/reconstructing-history-in-central-beirut/>

MAKDISI, Ussama. “The Modernity of Sectarianism in Lebanon: Reconstructing the Nation-State”. *Middle East Report,* 200, 1996. <https://merip.org/1996/09/the-modernity-of-sectarianism-in-lebanon/>

_______. *The Culture of Sectarianism: Community, History, and Violence in Nineteenth-Century Ottoman Lebanon.* Berkeley: University of California Press, 2000.

_______. *Age of Coexistence. The Ecumenical Frame and the Making of the Modern Arab World.* Berkeley: University of California Press, 2019.

MAKTABI, Rania. “The Lebanese Census of 1932 Revisited. Who Are the Lebanese?”. *British Journal of Middle Eastern Studies,* 26(2), pp. 219-41, 1999. <https://doi.org/10.1080/13530199908705684>

MARKS, Laura U.. *Hanan al-Cinema. Affections for the Moving Image.* Londres: MIT Press, 2015.

MASALHA, Nur. *The Politics of Denial: Israel and the Palestinian Refugee Problem.* Londres: Pluto Press, 2003.

MEIHY, Murilo. *As mil e uma noites mal dormidas: a formação da República Islâmica do Irã.* Rio de Janeiro: Usina de Letras, 2010.

_______. “‘Às vezes, somos todos palestinos’: o uso político da Questão Palestina por líderes árabes na segunda metade do século XX”. *História,* 33(2), pp. 37-56, 2014. <https://doi.org/10.1590/1980-436920140002000004>

_______. *Os libaneses.* São Paulo: Contexto, 2016.

_______. “A descolonização epistêmica do pensamento árabe-islâmico: uma nova proposta para a análise da Política

Externa da Líbia entre 1970 e 1990". *Revista Territórios e Fronteiras*, 10(2), pp. 443-51, 2017. <https://doi.org/10.22228/rtf.v10i2.762>

MERMIER, Franck; MERVIN, Sabrina. "Une approche anthropologique du leadership au Liban". In:______ (orgs.). *Leaders et Partisans au Liban*. Paris: Karthala/IFPO/IISMM, 2012.

MIKDASHI, Maya. "Lebanon". In: AMAR, Paul; PRASHAD, Vijay (orgs.). *Dispatches from the Arab Spring: Understanding the New Middle East*. Minneapolis: University of Minnesota Press, 2013.

MITRI, Tarek. *Conscience de soi et rapport à autrui chez les orthodoxes au Liban (1942-1975)*. Tese de doutorado em ciências jurídicas. Paris: Paris 10, 1986.

MORRIS, Benny. *Righteous Victims: A History of the Zionist-Arab Conflicts, 1881-2001*. Nova York: Vintage Books, 2001.

_______. *The Birth of the Palestinian Refugee Problem Revisited*. Cambridge: Cambridge University Press, 2004.

NAUFAL, Hala. "Syrian Refugees in Lebanon: The humanitarian approach under political divisions". *Migration Policy Centre Research Report*, European University Institute, 2012. <https://hdl.handle.net/1814/24835>

NICHANIAN, Marc. *The historiographic perversion*. Nova York: Columbia University Press, 2009.

NORTON, Augustus R.. "Lebanon after Tai'f: Is the Civil War over?". *Middle East Journal*, 45(3), pp. 457-73, 1991. <https://www.jstor.org/stable/4328316>

_______. *Hezbollah: A Short History*. New Jersey: Princeton University Press, 2018.

OGAWA, Yoko. "Um barco para carregar a voz dos mortos". *Quatro Cinco Um*, 39. São Paulo: Associação Quatro Cinco Um, 2020.

OLIVER, Dominique S.. *Transforming Lebanon*. Tese de pós-doutorado. Department of Politics and International

Studies, School of Oriental and African Studies, University of London, 2018.

OSMAN, Samira Adel. *Entre o Líbano e o Brasil: dinâmica migratória e história oral de vida*. Tese de doutorado em história social. Faculdade de Filosofia, Letras e Ciências Humanas, Universidade de São Paulo, São Paulo, 2007.

PAROLIN, Gianluca P.. *Citizenship in the Arab World: Kin, Religion and Nation-state*. Amsterdã: Amsterdam University Press, 2009.

PETEET, Julie. *Landscape of Hope and Despair: Palestinian Refugee Camps*. Filadélfia: University of Pennsylvania Press, 2005.

PINO, Domingo del. *A tragédia do Líbano: retrato de uma guerra civil*. São Paulo: Clube do Livro, 1989.

QUIJANO, Aníbal. "Colonialidade do poder, eurocentrismo e América Latina". In: LANDER, Edgardo (org.). *A colonialidade do saber: eurocentrismo e ciências sociais. Perspectivas latino-americanas*. Buenos Aires: Consejo Latinoamericano de Ciencias Sociales (CLACSO), 2005.

ROGAN, Eugene. *The Arabs. A History*. Londres: Penguin, 2012.

ROSS, Christine. *The Past is the Present; It's the Future Too. The Temporal Turn in Contemporary Art*. Londres/Nova York: Continuum (Bloomsbury Publishing), 2012.

ROSS, Michael L.. "Oil, Islam, and women". *American Political Science Review*, 102(1), pp. 107-123, 2008. <https://doi.org/10.1017/S0003055408080040>

ROUGIER, Bernard. *Everyday Jihad: The Rise of Militant Islam among Palestinians in Lebanon*. Cambridge: Harvard University Press, 2007.

ROWAYHEB, Marwan G.. "Political Change and the Outbreak of Civil War. The Case of Lebanon". *Civil Wars*, 13(4), pp. 414-36, 2011. <https://doi.org/10.1080/13698249.2011.629871>

SAFA, Elie. *L'Émigration Libanaise*. Beirute: Université Saint-Joseph, 1960.

SAID, Edward. *Cultura e imperialismo*. Trad. de Denise Bottmann. São Paulo: Companhia de Bolso, 2011.

SALIBI, Kamal. *A House of Many Mansions: The History of Lebanon Reconsidered*. Berkeley: University of California Press, 1988a.

_______. *Histoire du Liban: du XVIIème siècle à nos jours*. Paris: Naufal, 1988b.

SALTI, Nisreen. "No Country for Poor Men. How Lebanon's Debt Has Exacerbated Inequality". *Carnegie Middle East Center*, 17 set. 2019. <https://carnegie-mec.org/2019/09/17/no-country-for-poor-men-how-lebanon-s-debt-has-exacerbated-inequality-pub-79852>

SANTOS, Ricardo. "Palestinian Refugees from Syria in Lebanon: An Overview". *Al-Majdal Magazine*, n. 56. BADIL Resource Center for Palestinian Residency and Refugee Rights, 2014. <https://badil.org/publications/al-majdal/issues/items/1605.html>

SAYAD, Abdelmalek. *A imigração ou os paradoxos da alteridade*. São Paulo: EDUSP, 1998.

SAYIGH, Rosemary. *Too many enemies: The Palestinian experience in Lebanon*. Londres: Zed Books, 1994.

_______. "Palestinians in Lebanon: Harsh Present, Uncertain Future". *Journal of Palestine Studies*, 25(1), pp. 37-53, 1995. <https://doi.org/10.2307/2538103>

SCALERCIO, Márcio. *Oriente Médio: Uma análise reveladora sobre dois povos condenados a conviver*. Rio de Janeiro: Campus, 2003.

SCHEFER, Olivier; EGAÑA, Miguel. "Introduction. L'art et le temps des ruines". In: ______ (orgs.). *Esthétique des ruines. Poétique de la destruction*. Rennes: Presses Universitaires de Rennes, 2015.

SCHIOCCHET, Leonardo. "Identidades sociais no Líbano: sectarismo, etnicidade e outras variáveis". In: BAINES, Stephen Gran et al. (orgs.). *Variações interétnicas: etnicidade, conflito e transformações*. Brasília: Ibama, UnB/Ceppac, IEB, 2012, pp. 514-40.

SHABOUT, Nadia M.. *Modern Arab Art. Formation of Arab Aesthetics*. Gainesville: University Press of Florida, 2007.

SHLAIM, Avi. *A muralha de ferro: Israel e o mundo árabe*. Rio de Janeiro: Fissus, 2004.

SHOEMAKER, Emma; KRALY, Ellen P.; MADON, Shirin. "Digital Identity as a Platform for Improving Refugee Management." *Information Systems Journal*, 31(6), pp. 929-953, 2021. <https://doi.org/10.1111/isj.12353>

SLUGLETT, Peter; PAYNE, Andrew. "The cold war in the Middle East". In: FAWCETT, Louise. *International Relations of the Middle East*. Oxford: Oxford University Press, 2019.

SOUSA, Thais. "Comunidade árabe é 6% da população brasileira, diz pesquisa". *Agência de Notícias Brasil-Árabe*, 22 jul. 2020. <https://anba.com.br/comunidade-arabe-e-6-da-populacao-brasileira-diz-pesquisa/>

STAPLES, Kelly. "'The problem with refugees': international protection and the limits to solidarity". *International Politics* 56(2), pp. 158-74, 2019. <https://doi.org/10.1057/s41311-017-0140-y>

TABAR, Paul. "Immigration and Human Development: Evidence from Lebanon". *Human Development Research Paper*, 35, ago. 2009. <https://mpra.ub.uni-muenchen.de/19219>

TAHER, Hanadi. "The Lebanese Pre-salt Oil and Gas Production Economic Challenges and Revenues". *International Journal of Energy Economics and Policy*, 7(3), pp. 300-7, 2017.

TARASCHI, Lilith. *The Reproduction of Neoliberalism in Lebanon: The rupture with the Pre-War Economy and the Reconstruction of Beirut*. Leiden University, 2021. <https://www.academia.edu>

THE GUARDIAN. "Syrians in Lebanon battle crowds to vote for Bashar al-Assad", 28 maio 2014. <https://www.theguardian.

com/world/2014/may/28/syrians-lebaanon-vote-assad-embassies-refugees-boycott>

THOMPSON, Elizabeth. *Colonial Citizens: Republican Rights, Paternal Privilege, and Gender in French Syria and Lebanon.* Nova York: Columbia University Press, 1999.

TOUFIC, Jalal. *(Vampires): An Uneasy Essay on the Undead in Film.* Sausalito: The Post-Apollo Press, 2003.

_______. *The Withdrawal of Tradition past a Surpassing Disaster*. Beirute: Forthcoming Books, 2009.

TRABOULSI, Fawwaz. *A History of Modern Lebanon.* Londres: Pluto Press, 2007.

_______. "Foreword. Posters as weapons". In: MAASRI, Zeina. *Off the Wall. Political Posters of the Lebanese Civil War.* Londres/Nova York: I.B. Tauris, 2009.

UNRWA. "Lebanon: where we work", 2020. <https://www.unrwa.org/where-we-work/lebanon>

WÄHLISCH, Martin. "Israel-Lebanon Offshore Oil & Gas Dispute: Rules of International Maritime Law". *ASIL Insights*, 15(31), 2011.

WEBER, Max. *Economia e sociedade.* Brasília: Editora Universidade de Brasília, 1 2004.

WILKINS, Henrietta. "Lebanese foreign policy and the Arab Spring". In: FELSCH, Maximilian; WAHLISCH, Martin (orgs.). *Lebanon and the Arab Uprisings: In the Eye of the Hurricane.* Londres/Nova York: Routledge, 2016.

WINSLOW, Charles. *Lebanon: War and Politics in a Fragmented Society*. Londres/Nova York: Routledge, 1996.

YAHEL, Ido; HONIG, Or. "The Father's Success and the Son's Failure: Explaining the Growth of Lebanon's Resistance to Syria's Invisible Occupation". *DOMES* 26(1), 17 out. 2016. <https://doi.org/10.1111/dome.12097>

YOUNG, Michael. "The Sneer of Memory: Lebanon's Disappeared and Postwar Culture". *Middle East Report,* 217, 2000. <https://merip.org/2000/12/the-sneer-of-memory/>

ZISSER, Eyal. "The Israeli-Syrian-Lebanese Triangle: The Renewed Struggle over Lebanon". *Israel Affairs*, 15(4), pp. 397-412, 2009. <https://doi.org/10.1080/13537120903198670>

FILMES

CAFARNAUM. Direção e produção de Nadine Labaki. Líbano/Estados Unidos: Michel Merkt, Khaled Mouzanar e Sony, 2019. (122 min.)

CREDITS Included: A Video on Red and Green. Direção e produção de Jalal Toufic. Líbano/São Francisco: Bay Area Video Coalition 1995. (45 min.) <https://vimeo.com/199732259>

ERASED, ______ Ascent of the Invisible. Direção de Ghassan Halwani. Líbano: Mec Film, 2018. (74 min.)

HÉRITAGES. Direção de Philippe Aractingi. Líbano/Emirados Árabes Unidos/França/Suíça/Alemanha: Fantascope Production, Dolce Vita Films e Zélig Films Distribution, 2013. (96 min.)

SOUS LES BOMBES. Direção de Philippe Aractingi. França/Líbano/Reino Unido: Capa Cinéma, Starfield Productions, Art'Mell, Fantascope Production, Rhamsa Productions, ARTE France, Fandango Distribuzione e Art'mell, 2007. (98 min.)

THE INSULT. Direção de Ziad Doueiri. França/Chipre/Bélgica/Líbano/Estados Unidos: Scope Pictures, Tessalit Productions, Cohen Media Group, Rouge International e Douri Films, 2017. (113 min.)

WAR GENERATION: Beirut. Direção de Jean Chamoun e Mai Masri. Líbano: BBC-TV, MTC, Internacional Broadcasting Trust e Arab Film Distribution, 1988. (50 min.)

YAMO. Direção e produção de Rami Nihawi. Líbano/Emirados Árabes Unidos: Dubai Media and Entertainment Organisation, Dubai Film Market (Enjaaz), Screen Institute

Beirut e Fonds Francophone de Production Audiovisuelle du Sud, 2011. (70 min.)

YARA. Direção e produção de Abbas Fahdel. Líbano/Iraque/França: Nour Ballouk, 2018. (101min.)

Sobre os autores

AHMED ZOGHBI
Doutor em filosofia pela Universidade Federal de Sergipe. É membro do Instituto da Cultura Árabe e coordenador da Plataforma Beit21, de mobilidade artística Brasil/Palestina.

ANDREW PATRICK TRAUMANN
Professor de relações internacionais do Centro Universitário Curitiba (UniCuritiba). Doutor em história pela Universidade Federal do Paraná.

CAROLINA FERREIRA DE FIGUEIREDO
Doutora em história social pela Universidade Federal do Rio de Janeiro. Integra o Laboratório de Estudos Orientais – Azimute e desenvolve pesquisa na área de estudos do Oriente Médio.

DEVLIN BIEZUS
Mestre em ciência política pela Universidade Federal do Paraná e pesquisadora do Núcleo de Estudos e Pesquisas em Relações Internacionais (Nepri/UFPR).

FERNANDO BRANCOLI

Professor de segurança internacional e de geopolítica do Instituto de Relações Internacionais e Defesa da Universidade Federal do Rio de Janeiro (Irid/UFRJ). É *visiting scholar* da Universidade da Califórnia/Santa Barbara.

GERALDO ADRIANO CAMPOS

Professor de relações internacionais na Universidade Federal de Sergipe e coordenador do Centro Internacional de Estudos Árabes e Islâmicos (Ceai) e do projeto Arab Latinos! da Unesco.

ISABELLE CHRISTINE SOMMA DE CASTRO

Pós-doutora pelo Departamento de Ciência Política da Universidade de São Paulo. Pesquisadora do Núcleo de Pesquisa em Relações Internacionais (Nupri) da USP e do Grupo de Pesquisa sobre a Tríplice Fronteira da Universidade Federal da Integração Latino-Americana.

JULIANA FOGUEL CASTELO BRANCO

Pós-doutora pela Universidade Federal do Rio de Janeiro. Mestre e doutora pelo Programa de Pós-Graduação em História Comparada (PPGHC) dessa mesma instituição. Dedica-se às temáticas relativas à história contemporânea, às relações internacionais e ao Oriente Médio.

KARIME AHMAD BORRASCHI CHEAITO

Doutoranda em relações internacionais pelo Programa de Pós-Graduação San Tiago Dantas (UNESP/UNICAMP/PUC-SP). Pesquisadora no Laboratório de Pesquisa Nexus: segurança e desenvolvimento na política global e no Grupo de Estudos sobre Conflitos Internacionais (GECI/PUC-SP).

MURILO MEIHY (ORGANIZADOR)
Professor de história contemporânea e do Programa de Pós-Graduação em História na Universidade Federal do Rio de Janeiro. Coordenador do Laboratório de Estudos Orientais – Azimute, na mesma instituição.

NINA FERNANDES CUNHA GALVÃO
Doutoranda pelo Programa de Pós-Graduação em História Social da Universidade Federal do Rio de Janeiro e pesquisadora no Laboratório de Estudos Orientais – Azimute.

PAULA CAROLINA DE ANDRADE CARVALHO
Realiza pós-doutorado na Unifesp, é doutora em história pela Universidade Federal Fluminense (UFF). Pesquisadora do LEOA (Laboratório de Estudos Orientais e Asiáticos).

RODRIGO AYUPE BUENO DA CRUZ
Doutor e pós-doutor em antropologia pela Universidade Federal Fluminense (PPGA/UFF). Pesquisador vinculado ao Núcleo de Estudos do Oriente Médio (Neom/UFF).

SAMIRA ADEL OSMAN (ORGANIZADORA)
Professora de história da Ásia da Universidade Federal de São Paulo e do Programa de Pós-Graduação em História. Coordenadora do LEOA (Laboratório de Estudos Orientais e Asiáticos).

TAMIRES ALVES
Professora do Departamento de Direito Penal da Universidade da Bahia, na Cátedra Alejandro Alagia, e do curso Tecnologia em Segurança Pública da Universidade Federal Fluminense. Coordena o grupo de pesquisa Violência de Gênero e Acesso à Justiça: Estratégias de Controle dos Crimes contra a Mulher no Estado do Rio de Janeiro, na Fundação Getulio Vargas.

Editora Laura Di Pietro
Preparação Isabel Jorge Cury
Revisão Clara Baldrati e Gabrielly Alice da Silva
Capa e projeto gráfico Marcelo Pereira | Tecnopop
Foto de capa Laura Di Pietro
Diagramação Balão Editorial

Dados internacionais de Catalogação na Publicação (CIP)

D486
Deus e o diabo na terra dos cedros : o Líbano contemporâneo / organizadores: Murilo Meihy e Samira Adel Osman. – Rio de Janeiro : Tabla, 2024.
264 p. ; 21 cm.

Publicado com apoio da FAPERJ.

ISBN 978-65-86824-83-4

1. Líbano – História. I. Meihy, Murilo. II. Osman, Samira Adel.

CDD 956.92

Roberta Maria de O. V. da Costa – Bibliotecária CRB-7 5587

Esta publicação recebeu o apoio da Fundação Carlos Chagas Filho de Amparo à Pesquisa do Estado do Rio de Janeiro (FAPERJ).

[2024]

+55 21 997860747
editora@editoratabla.com.br
www.editoratabla.com.br

ESTE LIVRO FOI COMPOSTO EM RICHMOND
E IMPRESSO EM PAPEL AVENA 80G/M^2
PELA LEOGRAF EM OUTUBRO DE 2024.

FSC
www.fsc.org
MISTO
Papel | Apoiando o manejo florestal responsável
FSC® C075537